Urwaldhus, Tierhag, Ochsenhütte & Co.

Die schönsten Ostschweizer Beizen und die (Wander-) Wege zu ihnen

Von Werner Bucher, in Zusammenarbeit mit
Irene Bosshart, René Sommer und Erika Koller

D1696842

orte-Verlag

Copyright 1997 by
orte-Verlag, Postfach, 8033 Zürich
und 9427 Zelg (Wolfhalden) AR
Alle Rechte vorbehalten
3. überarbeitete und erweiterte Auflage: 4501-7000, 2000
Umschlag: Designalltag, Zürich
Umschlagfoto („Scheidegg", Wald ZH)
und Foto der Autoren: Erika Koller
Kroki: Virgilio Masciadri
Lektorat, Gestaltung: Irene Bosshart
Schrift: Novarese
Druck: MZ Verlagsdruckerei GmbH, Memmingen
Printed in Germany
ISBN 3-85830-109-4

Nicht angekränkelt von unserer Plastik- und Betonkultur

Gemeinsam mit der Fotografin Erika Koller und René Sommer hatte ich das Vergnügen, im Verlaufe eines Jahres die schönsten Ostschweizer Bauernwirtschaften, Berggasthäuser und Beizen zu besuchen. Manche kannte ich bereits zuvor, andere haben wir entdeckt. Hin und wieder wurden wir von Ueli Schenker begleitet. Uns allen ging es darum, Wirtschaften und Gasthäuser in Wort und Bild vorzustellen, die noch nicht von unserer Plastik- und Betonkultur vereinnahmt oder angekränkelt sind.

Herausgekommen ist, wie wir meinen, ein Buch, das von einer Schweizer Welt berichtet, die noch nicht völlig abgesunken ist und wohl manchen Leser, manche Leserin zu längeren oder kürzeren Wanderungen animieren wird. Ob nun im Zürcher Oberland, im Thurgau, im Schaffhausischen, im Toggenburg, im Rheintal, am Walensee, im Alpstein oder im Appenzeller Vorder-, Mittel- und Hinterland, immer wird vermeintlich Verlorenes beschworen. Ein Buch also, das hoffentlich „gluschtig" macht und verlockt, in und vor diesen Beizen einen Halben zu trinken, Landschaften auf sich wirken zu lassen und dann zur nächsten Wirtschaft, zur nächsten Höhi oder zum nächsten Tobel weiterzuziehn. Das umfangreiche Buch bietet zudem Krokis, Telefonnummern, zählt die jeweiligen kulinarischen Spezialitäten auf und berichtet von Besonderheiten. Kurzum, wer die Schweiz und ihre Gegenden liebt, dem dürfte das vorliegende Buch vielleicht zu einem ständigen Begleiter werden.

Werner Bucher, Zelg-Wolfhalden,
14. 7. 97

Zur dritten Auflage

Für die dritte Auflage haben wir alle Angaben überprüft und, wenn nötig, verändert. Nichts ist in Sachen Wirtschaften oft kurzlebiger als Besitzer oder Pächter. Etwas weniger zum Glück in Bauern- und Landgasthöfen, denen dieses Buch gilt. Aber auch hier arbeitet die Zeit. Falls etwas in jüngster Zeit wieder anders geworden ist, informieren Sie uns doch bitte.

Zudem: Im recht umfangreichen Anhang haben wir für Sie und zum Teil auf Bitten von Leser/innen hin neue Beizen entdeckt. So etwa jene des legendären „Chapf"-Köbi, die Schenke „Gertau" an der Sitter oder poetische Besenwirtschaften auf dem Seerücken. Wir hoffen daher doppelt, unser „Urwaldhus" vermittle Ihnen Anregungen und bereite Spass. Ein trockenes Buch mit lauter Aufzählungen herauszubringen, war und ist wahrlich nicht unser Ziel.

wb, Zelg-Wolfhalden
2. 4. 2000

3

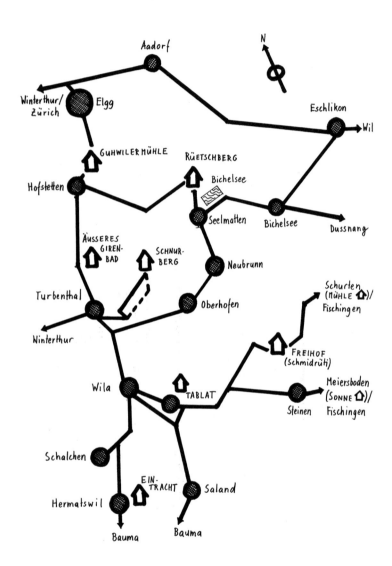

Das Zürcher Oberland – eine herbe, von tiefen Tobeln durchschnittene Landschaft

(wb) Ähnlich dem Appenzeller-land ist das Zürcher Oberland von tiefen Tobeln durchschnitten. Verlässt man jedoch diese meist recht engen Schluchten auf der linken oder rechten Seite der Töss oder eines andern Baches, so geht es oft bis auf tausend oder gar dreizehnhundert Höhenmeter (Schnebelhorn) hinauf. Aber im Gegensatz zu den beiden Appenzell ist das Zürcher Oberland von riesigen Wäldern überzogen, in denen sich heute wieder Gemsen und andere Alpentiere tummeln; ebenso kann man das Wild, falls man die nötige Geduld aufbringt, nur zwanzig oder dreissig Luftlinienkilometer vom Moloch Zürich entfernt, in den zahlreichen Felswänden des Tösstalgebietes beobachten, die aus Nagelfluh, Sandstein oder Mergel gebildet sind.

Auch die Flora hat häufig alpinen Charakter: Gegen ende der letzten Eiszeit wurden die höheren Regionen der Berge des heutigen Zürcher Oberlandes von einer arktisch-alpinen Flora besiedelt. So ist es möglich, noch heute an einzelnen Stellen beim Hörnli und Schebelhorn Männertreu oder die bewimperte wie die rostblättrige Alpenrose zu entdecken.

Die Bewohner des Berggebietes waren früher meist richtige Waldbauern; sie brannten im Sommer Kohle und stellten im Winter Heugabeln und geflochtene Körbe her oder schnitzten Kellen und Wäscheklammern. Der Name „Chelleland" entstand dadurch für das Land rund ums Tösstal. Wo aber anderswo im Zuge der Industrialisierung die Emigration der Bergbevölkerung in städtische Regionen negative Auswirkungen für deren einstige Heimat zur Folge hatte, erwies sich diese zumindest in landschaftlicher Hinsicht für das Zürcher Oberland als positiv. Der Kanton kaufte nämlich bereits im 19. und zu Beginn des 20. Jahrhunderts einen grossen Teil der von den Bauern zuvor gerodeten Wälder und forstete sie wieder auf. Dies dürfte der Hauptgrund sein, dass das auf den Höhen sehr abwechslungsreiche und im Verhältnis zum sonstigen Kantonsgebiet regelrecht wilde Zürcher Oberland heute nicht durch unzählige Ferienhäuschen und Hotelkästen (wie grosse Teile des Toggenburgs) verschandelt ist. Im schweizerischen Mittelland eine intaktere Landschaft zu benennen, dürfte schwierig sein.

Viel Interessantes bietet das Zürcher Oberland jedem, der es erkundet. Da wären sowohl im Tösstal unten wie im Oberland die sogenannten Flarzhäuser zu nennen, in denen früher in erster Linie Heimarbeiter und Kleinbauern gelebt haben. (In einem Flarz sind, um es kurz zu sagen, mehrere Häuser unter einem gemeinsamen, nur um eine Spur geneigten Dach, einem „Tätschdach", zusammengefasst und durch einen langen Giebel vereinigt.)

Geschichtliches begegnet einem zudem öfters in abgelegensten Winkeln. So etwa die Teufelskanzeln oberhalb von Bauma oder die Täuferhöhle am Allmen, nicht unweit des Bachtels. Hinter einem Wasserfall öffnet sich dort die etwa 20 Meter breite und rund 3 Meter hohe Höhle, die gut 10 Meter ins Berginnere führt. Sie verdankt ihren Namen den Wiedertäufern, Christen also, die mit Zwinglis Lehre nicht einverstanden gewesen sind und die Kindertaufe als unchristlich erachteten; deshalb wurden sie von Zwingli bekämpft und die Kantonsregierung inszenierte sogar Verfolgungen. Viele Anhänger flüchteten daraufhin in die Wälder am Allmen, machten die erwähnte Höhle bewohnbar und trafen sich in ihr zu Gottesdiensten. Gottfried Keller hat in seiner Novelle „Ursula" von den Täufern am Bachtel berichtet, ohne sich, die Freiheit des Dichters, exakt an die historischen Gegebenheiten zu halten.

Auch gebadet hat man einst fleissig im Zürcher Oberland. So wurde das innere Girenbad an der Westseite des Allmen bereits im 16. Jahrhundert von reichen Unter- und Ausländern wegen seiner Schwefelquellen immer wieder besucht, weil dieses Wasser, wie es in einer Chronik heisst, gegen „Räuden, Kräzen, Grinde, Schäbigkeiten, Eiterfrass und das überflüssige Erbrechen" hilft; und gesichert ist heute, dass schwefelhaltiges Wasser erfolgreich bei rheumatischen Erkrankungen wirkt. Das gilt ebenso für das äussere Girenbad oberhalb von Turbenthal. Auch dort wurde schon zu Beginn des 16. Jahrhunderts wacker gebadet – und, weil das Wasser den Appetit weckte, kam allmählich der Name „Fressbädli" auf.

Nun, wenn wir schon beim Essen angelangt sind: Schöne Beizen sind im Zürcher Oberland, insbesondere im Berggebiet, keine Seltenheit. Einige von ihnen haben wir für unsere Leser und Leserinnen besucht (darunter den **„Schindelberg"**, der wie die **„Kreuzegg"**, der **„Hüttenberg"** oder das **„Schwämmli"**, auf St.Galler Gebiet liegt, geologisch aber zum Zürcher Oberland gehört). Und sollte jemand dank unserem Buch das einstige „Chelleland" erst kennenlernen, er dürfte es bald zu lieben beginnen. Nicht umsonst gibt es viele Winterthurer und Stadtzürcher, die man am Wochenende immer wieder auf der Stralegg, auf dem Hörnli, dem Schnebelhorn, dem Tössstock und andern Gipfeln und Kreten sieht. Man kehrt gerne in diese Landschaft zurück und erholt sich in ihr vom Stress einer Gesellschaft, die sich die moderne nennt.

In der „Guhwilmühle" dreht das Mühlrad den Grill

In einem malerischen Winkel, eingebettet im Hang unter der Landstrasse, die von Elgg über Hofstetten nach Turbenthal führt, liegt die vor rund 450 Jahren erbaute Wirtschaft „Zur Guhwilmühle". Auf den ersten Blick erkennt man, dass sich hier zwei Arbeitsbereiche überschneiden, Bauernbetrieb und Gastwirtschaft, ohne einander zu stören. Im Gegenteil, wie ein Schild verrät: „Bi eus wird no sälber g'metzget und g'wurschtet." Blut-, Leber- und Bratwürste, Leberli, Schinken, Schnitzel, Kotelett, Schweinsfilet, Geschnetzeltes, Buureschüblig und Speck sind vom Hof, den der Bruder der Wirtin Elisabeth Schellenberg betreut; und was geräuchert werden muss, kommt aus der eigenen Rauchkammer.

Vor der alten, gut erhaltenen

Wirtschaft „Guhwilmühle"
Elisabeth Schellenberg
8354 Hofstetten ob Elgg ZH
Tel. 052' 364 21 63
Ruhetag: Montag und
Dienstag

Holzfassade, die von einem Trompetenbaum und Wilden Reben überwachsen ist, findet man die sonnigen Plätze der Gartenwirtschaft. Im hinteren, fast parkartig

Die Guhwilmühle

geräumigen Teil bieten weitkronige Bäume Schutz vor der Sonne. Obwohl Haus und Anlage, bis 1910 war die Mühle in Betrieb, im besten Sinne ländlich wirken, ist die Wirtin allen Neuerungen gegenüber offen. An jedem Mittwochabend spielt im Saal, der hundert Personen Platz bietet, eine Tanzmusik, jeden Monat eine andere. Auch Edmund Schaufelberger, der Bauer, tritt gelegentlich mit einer Musikgruppe auf. Die Gäste selber kommen mehrheitlich aus dem näheren und weiteren Einzugsgebiet; so etwa aus dem Weinland und vor allem von Zürich. Hochzeitspaare, die dabei sind, eine Auswahl unter den Lokalen für ein Festessen zu treffen, kann man die „Guhwilmühle" nur empfehlen. Nachdem wir die Wirtstube betreten hatten, begrüsste uns die Wirtin in der kleinen Gaststube persönlich; und die von mir bestellte Ovomaltine wurde mir nicht in einem Fertigbeutel gebracht. Zur frischen Kuhmilch stellt sie eine Büchse auf den Tisch.

... und ihr Mühlrad

Aber nicht nur die freundliche Bedienung färbt ab. Zwei runde, schwere Tische, von Eckbänken umsäumt, das altehrwürdige Täfer, der Kachelofen, alte Kästchen, der Holzboden und die mit Bauernmalereien verzierte Decke sorgen für eine behagliche Stimmung; als Gast fühlt man sich sofort wohl in der kleinen Wirtschaft. Dem aufmerksamen Besucher dürfte auch kaum die Haselmaus entgehen, die vom Blumenkistchen auf dem Fenstersims hin und wieder hereinguckt, ein Zeichen für die intakte Natur um den Hof, zu dem schon lange drei Forellenteiche gehören. Forelle blau oder gebacken ergänzen darum die reichhaltige Speisekarte.

Die „Guhwilmühle" ist ein Familienunternehmen. Die Wirtin und ihre Mutter kochen; der Vater ist Metzger. Fleisch und Fische kann man überdies direkt in der Wirtschaft kaufen. Doch die Liebhaber von Süssspeisen kommen ebenfalls auf ihre Rechnung: Zwetschgensorbet mit hausgebranntem Zwetschgenwasser, Buuremeringues mit Schokoladerahm oder gebrannte Crème sind dazu angetan, uns zu verwöhnen.

Während im Winter die „Guhwiler Metzgete" nicht vergessen werden darf, sorgt im Sommer der von einem Mühlrad angetriebene Grill nicht nur für Aufsehen, sondern gleichzeitig für Appetit und lockt viele Gäste an. Gespiesen wird der Einlauf von einer eigenen Quelle. Die Geschwindigkeit kann reguliert werden. Dass man zu den Grilladen, oft werden Ochsen und Schweine am Spiess gebraten, am besten einen „Schnasberger" trinkt, verraten wir Ihnen gern.

Um ein derart altes Gebäude ranken sich ausser der Wilden Rebe eine Vielzahl von Geschichten. Wie die Chronik von der „Gübelmühle" berichtet, soll es vorgekommen sein, dass zuweilen ein Müller seinem Konkurrenten wortwörtlich das Wasser abgegraben hat.

Früher gehörte die Mühle zum Schloss Elgg. Man nimmt an, dass seit eh ein kleiner Gastbetrieb angegliedert war. In diesem mochten die Bauern aufs Mehl gewartet haben. Aus heiztechnischen Gründen wurde die Decke im Saal abgesenkt. Ursprünglich trieb darin das Rad die Mühle an. Im langen Gebäude stand eine Säge. Ältere Männer von Hofstetten frischen zuweilen Erinnerungen an ihre Bubenzeiten auf, als sie noch für einen Zwanziger in der Stunde die Kegel der Bahn aufgestellt haben. Das ist vorbei. Aber die „Guhwilmühle" bringt uns Vergangenes nah.   *René Sommer*

Auf dem „Rüetschberg" ist die Zeit stehen geblieben

Ein Wanderer, der in der Nähe des Bichelsees alle Möglichkeiten erwägt, zum Essen oder zu einem erfrischenden Getränk zu kommen, wird hoffentlich früher oder später das Gasthaus „Rüetschberg" entdecken und zu ihm hinaufsteigen. Mag man den etwas zu gross geratenen Parkplatz auch als Kunstfehler ansehen, der Riegelbau mit den Vorfenstern, die Gaststube mit dem stattlichen Kachelofen, dem alten Holztäfer und den Fenstern entlanggezogenen Bänken wirkt einladend. Wer die Uhr nicht ticken hört, könnte meinen, die Zeit sei in diesem Raum schon lange stehen geblieben. Dass aber nichts verstaubt wirkt, hierfür sorgte

Gasthaus „Rüetschberg"
Familie Feuz
8488 Seelmatten (Turbenthal) ZH
Tel. 052' 385 14 28
Ruhetag: Dienstag und
*   Donnerstag*

fünfzig Jahre lang Frau Marie Feuz mit ihrem Mann Hans. Schon ihre Eltern und Grosseltern hatten in dem 130 Jahre alten Riegelhaus gewirtet und gebaut. Nach dem Tod von Hans Feuz kann sich seine

Der „Rüetschberg" der Familie Feuz

Frau nicht immer an die Öffnungszeiten halten. Ab und zu hilft auch der Sohn aus.

„Bei uns muss trotzdem niemand verhungern", betont sie, ihr liege viel daran, den Gästen eine bewährte und unveränderte Gastwirtschaftskultur anzubieten. „Man schaut, dass man das Haus erhalten kann, wie es ist. Würde unsere Familie was ändern, würden wir es nur verderben."

Eindrücklicher Zeuge der langen Tradition ist nicht zuletzt der weitkronige Lindenbaum, der die Gartenwirtschaft beschattet. Im Winter beherbergt er vor allem Vögel, im Sommer auch Katzen.

Oft werden Geschichten, die weit zurückliegen, im „Rüetschberg" beschworen. Und wenn man unter der Linde sitzt, die Aussicht ins Tal geniesst, möchte man eigentlich recht lange vor oder im „Rüetschberg" bleiben.

rs/wb

11

Schnur(r)berg, mit einem oder zwei „r"?

(wb) Zwischen 1911 und 1977 gab es auf dem Schnurberg nur eine Sommerwirtschaft, deren Alpweiden bis zum Ramsberg reichten. Doch dann entschied sich die Gemeinde Turbenthal, stolze Besitzerin des Schnurbergs, die wunderschöne und knapp über siebenhundert Meter gelegene Alp samt der Wirtschaft ganzjährig zu verpachten. Zwischen 1985 bis Frühling 2000 wirtete Frau Fankhauser auf dem Schnurberg, weiss aber wie ihr Mann, der im Sommer hundert Rinder von Turbenthal und Umgebung betreute, nicht, ob Schnurberg mit zwei „r" oder nur mit einem geschrieben wird, ob der Name also von Schnur oder eher von Schnurren kommt; niemand in ganz Turbenthal scheint dies zu wissen.

Item, als Gast hält man sich gern im „Schnurberg" oder, bei schönem Wetter, in seiner Gartenwirtschaft auf; die Alpwirtschaft ist vor allem unter Wanderern sehr beliebt. Frau Fankhauser dazu: „Am Wochenende kann es schon streng werden, besonders am Sonntagnachmittag. Zum Glück kenne ich einige Frauen, die ich kurzfristig um Hilfe bitten kann."

Im Sommer ist dies oft bitter nötig. Auch die Speisekarte erweist sich eben als Lockvogel. Da gibt es verschiedene Arten von Rösti (Käserösti, Sennenrösti, Speckrösti), Bauernbratwürste, mit Käse überbackene Ravioli oder Älplertoast. Damit nicht genug: Wer sich telefonisch anmeldet, kann auch Älplermagronen, Fondue, Raclette oder richtige Menüs bestellen. Nur nicht am Mittwoch und Donnerstag; dann ist der „Schnurberg" geschlossen.

Zu erreichen ist die zauberhafte Alp am besten von Turbenthal

Alpwirtschaft „Schnurberg"
Irene und Erwin Sibold
8488 Turbenthal ZH
Tel. 052' 385 13 23
Ruhetag: Mittwoch und
Donnerstag

aus; doch steigt die Naturstrasse im Wald selbst für Autos derart steil an, dass viele es vorziehen, die Wirtschaft auf einem romantischen Wanderweg zu Fuss anzupeilen. Und dies ist ohnehin bedeutend schöner. Besonders im Winter, wenn man durch verschneite Tannenwälder höher und höher kommt, und dann auf einmal ganz unerwartet auf einer ringsum von Wald umgebenen Ebene steht, weit weg Alpengipfel entdeckt und sich in einer völlig andern Welt wähnt. Ebenso kommt man zum Schnurberg aber von Elgg, Hofstetten oder Balterswil aus; und fahren oder

wandern „Schnurberg"-Besucher nach einem Aufenthalt auf der Alp Richtung Seelmatten nach Elgg, so lohnt es sich, im **„Rüetschberg"** einen kurzen Halt einzuplanen.

Der „Schnurberg" selber wird am Abend meist relativ früh geschlossen, es sei denn, es würden vor neun Uhr mehrere Gäste auftauchen. Dann kann es geschehen, dass länger geöffnet bleibt. Es hängt also von Ihnen ab. Das Wirtepaar Irene und Erwin Sibold aus dem aargauischen Wil hat nichts dagegen.

Die Schmidrüti hat einen Bauernhof-Zoo und Gäste von den Plejaden

Aus der Nähe wirkt der Riegelbau mit der roten Balkenstruktur in der weissen Fassade eher klein. Auch in der gemütlichen Gaststube kann der Gast kaum eine Übersicht über die Grösse des Gasthofs gewinnen. Beim Hereinkommen sieht er den Brotla-den, dann, in der ebenfalls kleinen Wirtschaft, die Wappenscheiben unter den winzigen Vorhänglein, die den Blick auf von Geranien geschmückte Fenster lenken. Eine lange Eckbank zieht sich durch den ganzen Raum. Kürzer ist das Bänklein neben dem Beistellofen. Der schwarze Aufbau, den man zunächst vielleicht für eine Dörrkammer hält, heisst „Tambour". Er heizt den Raum, bevor die Platten warm geben.

Wer die ausgestellten Ansichtskarten betrachtet, kommt in Versuchung zu glauben, dass die Wirtsleute eine Schwäche für UFOs und Ausserirdische haben. Tatsächlich hat die Wirtin Ursula Furrer ein UFO gesehen. Wer Gästen von den Plejaden begegnen möchte, dem stehen auf der Schmidrüti alle Möglichkeiten offen. Unweit vom „Freihof", auf einem Hügel, befindet sich der nachts stets beleuchtete Landeplatz für ausserirdische Flugobjekte. Er gehört zu einem Beobachtungszentrum, das Billy Eduard Albert Meier, bekannt unter dem Namen „UFO-Meier",

aufgebaut hat. Meier, der nicht zuletzt wegen seinen häufigen Wanderungen im Wald als Sonderling gilt, erklärte, er stehe dort in Verbindung mit Ausserirdischen vom Sternhaufen der Plejaden. Er schoss Fotos von Objekten, die angeblich Raumschiffe zeigen. Weitere Bilder wollte er

Gasthaus „Freihof"
Ursula und Jakob Furrer
8495 Schmidrüti (Turbenthal) ZH
Tel. 052' 385 13 04
Ruhetag: Montag und Dienstag

auf Ausflügen mit seinen ausserirdischen Freunden im All aufgenommen haben. 420mal habe er bis heute persönliche Kontakte mit Ausserirdischen gehabt, 630mal telepathische und 255mal offizielle. Meier konnte viele Leute überzeugen. Selbst Skeptiker räumen ein, dass die Aufnahmen, falls eine Fälschung vorliegt, äusserst raffiniert gemacht sind.

Zurück zum „Freihof": Die Grösse des Festsaals überrascht. Mit seiner Stuckdecke sieht er sehr einladend aus. Der Anbau wurde 1911 errichtet. Neben Hochzeitsapéros und Banketten findet darin jeden Sonntag ein „Super Frühstücksbuffet" statt, das regen Zuspruch findet. Der Saal ist für siebzig bis hundert Personen eingerichtet. Die Bühne soll noch ausgebaut werden.

Im kleinen Brotladen dagegen können Einheimische selbstgebackenes Brot aus dem Holzofen kaufen. Besonders beliebt sind die „Kümmi-Weggen", die Jakob

Furrer, der Ehemann der Wirtin, bäckt. Sechsmal im Winter lädt man zu einer Metzgete ein. Das Fleisch stammt von eigenen Tieren. Die Vorarbeiten sind aufwendig, weil es, wie die Wirtin sagt, noch ziemlich „urtümlich" zu und her geht. Bauernspezialitäten wie selbstgeräucherter Schüblig, Speck und Schinken stehen das ganze Jahr auf der Speisekarte. Im zugehörigen Landwirtschaftsbetrieb werden Kälber und fünf Schweine gemästet.

Das Ehepaar Furrer hat die Wirtschaft vor zweieinhalb Jahren übernommen. Sie wirten in der elften Generation, was gewiss eine Rarität sein dürfte. Im Saal kann man die Bilder der Urahnen anschauen. Der „Edi-Kafi", ein „Pflümli-Schümli" erinnert an den verstorbenen Vater des jetzigen Wirts, eine Figur, um die sich viele Legenden ranken. Seine eher schweigsame Frau wird aber kaum eine verraten, höchstens, dass die Tochter im Kanton heute als SP-Präsidentin bekannt ist.

Die Tradition des „Freihofs" geht bis aufs Jahr 1711 zurück. 1832 brannte er ab, 1834 wurde er neu aufgebaut. Weit eher als Tradition wird der Erfindungsgeist der heutigen Wirtin spürbar, wenn Gäste von der Vielfalt besonderer Angebote hören: Suppenwoche à discretion, eine Rösti-Palette mit fünfzehn Gerichten nach Wahl, Empanadas aus Blätterteig, eine Art Krapfen. Während der Country-Woche wird amerikanisches Essen serviert, der Festsaal in einen Western-Saloon verwandelt.

Die Wirtin im Gespräch mit Gästen

Frau Furrer bemüht sich, trotz aller Aktivitäten Zeit für ihre vier Kinder zu finden. Dass die Wirtsleute ein Herz für Kinder haben, beweist ein Gang durch den Stall, der immer mehr die Gestalt eines Bauernhof-Zoos gewinnt. Hängebauchschweine, Zwergziegen, Meerschweinchen, Enten, Gänse, Ponies und ein Pferd üben mit den Jungtieren nicht nur eine anziehende Wirkung aus. Die Kinder dürfen sie auch streicheln, pflegen und bürsten. Man sieht es den Tieren an: Sie sind Besucher gewöhnt, kommen mit grossen, neugierigen Augen auf einen zu.

Damit nicht genug, im Frühling 1997 hat Herr Furrer im Heustock einen Kinderspielplatz eingerichtet. Dort können die Kinder an einem Regensonntag spielen, während die Eltern ungestört bei einem Glas Wein plaudern. Einen derartigen Regenspielplatz gibt es wohl noch nirgends in der Schweiz. Ausserdem wurde die Heubühne mit begehbarem Glas versehen, so dass die Kinder direkt auf die Jungtiere im Stall hinunterblicken können.

Geöffnet ist der „Freihof" von 8 bis 22 Uhr oder nach Vereinbarung, sonntags bis 18 Uhr. Allfälligen Übernachtungsgästen stehen vier Fremdenzimmer mit je zwei Betten zur Verfügung.

René Sommer

Vor dem „Tablat" ist für Durstige der Brunnen wichtig

(wb) Geht oder, wenn's sein muss!, fährt man von der Schmidrüti abwärts Richtung Wila und Saland, ragt plötzlich ein schönes, schon zweihundert Jahre altes Bauernhaus in die Strasse hinein. In ihr führt die Bauernfamilie Haubenschmid ein Restaurant mit dem seltenen Namen „Tablat" (geht auf das lateinische Wort „tabulatum", klösterlicher Kornspeicher, zurück). Wer es betritt, dem kommen die beiden winzigen Gaststuben wie Wirtschaft und Stube zugleich vor und er denkt möglicherweise, hier könne man im besten Fall einen Saft trinken.

Doch weit gefehlt: Wer so denkt, hat sich getäuscht. Im „Tablat", es gehört zur grossen Gemeinde Turbenthal, kriegt man, sofern man Hunger und Durst verspürt, fruchtige Landweine aus der Umgebung und urchige Speisen. Nur dann nicht, wenn die Wirtefamilie mit Heuen beschäftigt ist, das Vieh gefüttert oder sonst in der Landwirtschaft

hart gearbeitet werden muss. Verdursten muss aber in diesem Fall niemand. Der Brunnen vor dem Haus ist nämlich bei schönem Wetter mit vollen Flaschen gefüllt, und das Geld für die Getränke kann der Gast in ein Kässeli stecken. Und hierauf darf er oder sie unter einer grossen Linde Platz nehmen und vielleicht sogar warten, bis die Bauersleute zurückkehren und die Wirtschaft wieder öffnen. Einzig am Montag wird gar nie geöffnet.

Gruppen melden ihren Besuch am besten telefonisch bei der Wirtin Verena Haubenschmid an (Tel. 052' 385 15 13). Und wer zum Beispiel im „Tablat" in einem kleineren Rahmen ein Hochzeitsmahl einnimmt, hat gut entschieden. Die Küche ist deftig und voll ländlicher Gerüche. Das Gemüse wie der Salat wuchs im Garten, das Schweinsvoressen mit Kartoffelstock (bitte vorbestellen) mundet hervorragend wie auch der selbstgeräucherte Speck, die Buureschübligund die Zvieri-

Das 200jährige Bauernhaus „Tablat"

plättli. Kurz und gut: Wer an den mit farbiggewürfelten Tüchern bedeckten Tischen sitzt, fühlt sich in jene altehrwürdigen Zeiten zurückversetzt, als es noch keine Plastikstühle und -tische gab und keine elektronisch gesteuerte Kassen. Auch wir werden wiederkommen. Keine Frage.

Eine weitere „Beiz" in der Nähe verdient ebenfalls unser Interesse: Die **„Eintracht"** in Hermatswil (in Wila muss Richtung Pfäffikon abgeschwenkt werden). Sie öffnet allerdings vom Mittwoch bis Freitag erst um 16.00 Uhr, am Wochenende aber den ganzen Tag (Montag und Dienstag wird ausgeruht); aber der „Speckteller" von Heinrich und Verena Gubler, der eigentlich mit seinen Früchten eher „Paradiesteller" heissen müsste, kommt beinah einem guten Gedicht gleich. Ihn in der hochräumigen Bauernwirtschaft vor sich auf dem Tisch zu haben, ist schon allein einen Besuch wert. Auch in der „Eintracht" dürften viele Besucher nicht nur einmal zu sehen sein.

Wo der Teufel am Sonntag seine Predigt hält!

(wb) Auch wenn es schwierig ist, an einem schönen Sonntagmittag vor oder im „Sunehof" einen freien Platz zu finden, so wissen doch nicht viele Zürcher, dass es auf den Hügeln direkt gegenüber dem Hörnli eine Bauernwirtschaft gibt, die aus einem alten und einem neueren Teil besteht und die man beim ersten Besuch wohl unweigerlich in sein Herz schliesst. Dazu trägt Margrit Spörri, die Wirtin, Entscheidendes bei. Stets gut aufgelegt, bewirtet sie einem in ihrer Tracht drinnen wie draussen; und werktags ausschliesslich in der alten Wirtsstube.

Bergwirtschaft „Sunehof"
Familie Zangger und Spörri
8344 Bäretswil ZH
Tel. 01' 939 12 79
Ruhetag: Mittwoch (und Montag
bis 14.00 Uhr)

Auch sonst hat der „Sunehof", manchmal „Sonnenhof" geschrieben, von dem aus man über den Wäldern die Spitzen der

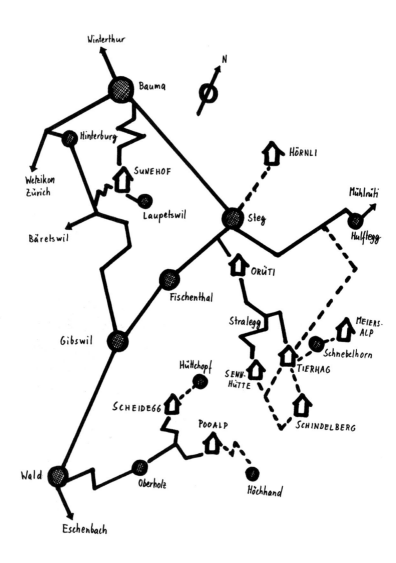

höchsten Alpengipfeln erblickt, einiges zu bieten. So kommen etwa die Tierfreunde auf ihre Rechnung: Stolze Pfauen spazieren rund um den Bauernhof,

Der alte Teil des „Sunehofs"

Hühner, Zwerghühner, Enten und Gänse sind zu sehen, Pferde schnauben, Schweine grunzen fern von Zäunen, Kühen und Rindern gefällt es auf den grossen Weiden und die eine oder andere Katze schläft hin und wieder gar auf einem unbesetzten Wirtshaustisch. Es handelt sich dabei aber nicht um einen Zoo, der Gäste anziehen soll, sondern um die Tierhabe des Bauernhofes.

Und wer von Okkultem angezogen wird, der muss unbedingt die sogenannten Teufelskanzeln besichtigen (den Weg erklärt die Wirtin gern). Es sind Felsvorsprünge, auf denen einst der Teufel Hunderten von Gläubigen gepredigt haben soll, die weit unterhalb der Felsen in einer Art Kessel seinen Worten lauschten. Noch heute werden dem Vernehmen nach in diesem Gebiet manchmal schwarze Engel gesichtet. Ein bekannter, bei der Teufelwiese lebender Frauenfelder Experte in Sachen Satanskult hat es uns bestätigt.

Aber nicht der Teufel macht uns den auf 960 m ü.M. gelegenen „Sunehof" und seine Wälder, Weiden und Tobel sympathisch, sondern vielmehr die herrliche, weit weniger als das Hörnligebiet von Invasionen Sonnenhungriger heimgesuchte Landschaft. Erreichen kann man die heimelige Bergwirtschaft übrigens entweder von Bauma her, indem man, von Wetzikon oder Winterthur her kommend, links

... und die eigentliche Wirtsstube

vom ehemaligen Pfarrhaus durch Wald- und Wiesenpartien hinauffährt oder dann, indem man zwischen Bäretswil und Neuthal zum Weiler Hinterburg (mit Wirtschaft) abschwenkt und nach diesem die Strasse zu den zwei oder drei Höfen von Laupetswil wählt, die nach etlichen Kurven und immer im Wald drin zum „Sunehof" führt. Kaum einer dürfte es bereuen, diese einstige Alpwirtschaft für sich entdeckt zu haben. Und dies nicht nur, weil dort noch währschaft gegessen und getrunken werden kann. Weit mehr wegen der meist nebelfreien Landschaft, wegen der freundlichen Atmosphäre!

Mit Fackeln vom „Hörnli" hinunter

(wb) Nicht nur alle Wege führen nach Rom, alle führten einst auch übers Hörnli, *den* Berg des Kantons Zürich. Auch jener nach Rom natürlich. Und besonders jene Pilger, die vor langer Zeit im „Finsteren Walde" (Einsiedeln) zur schwarzen Madonna oder auf dem sogenannten Jakobsweg ins ferne Spanien zum Grab des Heiligen Jakobus (Santiago de Compostela) wollten, kamen beinah ausnahmslos übers Hörnli, besonders die aus dem süddeutschen Raum. Aber schon früh entdeckten ebenso Wandervögel das bis heute wenig verbaute und zersiedelte Zürcher Oberland und mit ihm das Hörnli. Denn der Hörnligipfel, der der schweizerischen Landesvermessung als trigonometrischer Punkt erster Ordnung dient, bietet eine Aussicht, wie sie beeindruckender nicht sein könnte. Diese erstreckt sich im Westen bis zum Chasseron im Waadtländer Jura und im Osten bis zum Hochvogel im bayrischen Allgäu und natürlich im Süden bis zu den Hochalpen mit Jungfrau, Mönch und Eiger. Weniger rühmlich dagegen, dass sich vor und während des zweiten Weltkrieges öfters zahlreiche Fröntler auf dem Hörnli versammelten und mit Blick Richtung Deutschland ihren Führer feierten ...

Derzeit wirtet auf dem Hörnli,

dessen Weiden samt den Wäldern und dem Berggasthaus 1919 vom Kanton Zürich aufgekauft wurde, die Familie Häne. Und obwohl der ehemalige und beliebte Wirt Fredel Rüegg mit seinen vor der Wirtschaft herumliegenden Schweinen und den grasenden Eseln bei vielen Wanderern noch unvergessen ist – obwohl dem so ist, bei den Hänes ist man seinerseits gut aufgehoben.

Das Wirtshaus, fast direkt über dem riesigen Sandstein- und Nagelfluhfelsen erstellt, in dem gelegentlich Gemsen und (stelle ich auf die Dichterin Heidy Gasser ab) weisse Alpenkrokodile zu beobachten sind, ist auch nach der Renovation und dem Bau eines noch höheren PTT-Turmes gemütlich wie eh und je. Und da

Das „Hörnli" heute

nach wie vor die Strasse vom Bahnhof Steg zum Hörnli hinauf nur vom Wirtepaar und den wenigen einheimischen Bauern benutzt werden darf (im Winter wird sie gar als Schlittelweg freigegeben), trifft man im und vor dem Hörnli nur Menschen an, die zu Fuss den 1133 m ü.M. hohen Berg bezwungen haben, entweder eben von Steg aus, von den Allenwinden oder vom Gfell, von der Hulftegg oder von sonst woher. Auch so gesehen, führen viele Wege zum Hörnli.

Und jeder Gast kann im „Hörnli" nicht nur gut essen, etwa Älperrösti oder Älperhörnli, ebenso kann er sich über das Vieh der landwirtschaftlichen Schule Strickhof freuen oder,

wenn er müde geworden ist oder zu viel getrunken hat, gar im Massenlager die Nacht verbringen. Wir zogen es aber trotz Nebel am späteren Nachmittag vor, noch zwei oder drei Stunden im „Hörnli" zu bleiben und bei Nacht und Nebel Richtung Allenwinden zu unserm Auto zurückzukehren.

Ohne das Licht einer Fackel, die uns die Wirtin freundlicherweise mitgab, hätten wir es freilich auf dem schmalen, hoch über Schluchten führenden Weg kaum geschafft. Besonders mein Begleiter René, der lange meinte, es gehe doch ohne Fackel, am Hörnli stürze keiner ab, ist ihr deswegen bis heute dankbar. Möglicherweise müsste er ohne Frau Hänes Fürsorge für immer

... und einst

an Krücken durch die Welt humpeln. Und vor allem: Wir wären vom Bauer Täfel unten bei den Allenwinden bestimmt nicht zu einem Kafifertig eingeladen worden, hätten wir die Fackel zurückgewiesen. Mit andern Worten: Auch im Zürcher Oberland darf keiner das Phänomen Berg auf die leichte Schulter nehmen. Etliche Tote und Verletzte hat das Hörnli mit seinen Nagelfluhfelsen schon gefordert, und nicht

So wurde vor Jahrzehnten geworben

sehr lange ist's her, dass einer glaubte, er könne auf einem Pferd das Hörnli umreiten. Es stürzte Hunderte von Metern in die Tiefe; und es war dann am erwähnten Fredel Rüegg, in die Tiefe zu klettern und zu rutschen, dem schwer verletzten Pferd den Gnadenschuss zu geben, das tote Tier nachher anzuseilen und mit andern Männern hochzuziehen. Dem Vernehmen nach soll der überforderte Reiter nicht mitgeholfen haben ...

Eine Sennhütte voller Legenden

(wb) Wer das Buch „Menschen am Schnebelhorn" von Otto Schaufelberger oder den orte-Krimi „Mord im Zürcher Oberland" des Bündners Jon Durschei gelesen hat, weiss schon vieles von der hoch über den Quellen der Töss gelegenen Stralegg. Beispielsweise, dass einst zwei Venezianer am Dägelsberg nach Gold gesucht haben (und man noch heute die von ihnen ausgehobenen Stollen besuchen kann), oder dass früher auf winzigen Bauernhöfen die schmale Grasnarbe zwischen dem Warten und den steilen, schründigen Waldhängen zur Töss hinunter Kühe, Ziegen, Schafe und die wenigen Bewohner der Stralegg

22

ernähren musste. Oder er hat erfahren, dass in der wunderhübschen und heute zum Bedauern vieler geschlossenen Wirtschaft **„Alpenrösli"** Generationen der Familie Reiser gewirtet haben, dass im **„Tierhag"**, direkt unterhalb des Schnebelhorns, am meisten Wanderer anzutreffen sind und dass in der „Sennhütte" einst ein einbeiniger Greis, genannt der Storch, die Wirtschaft geführt, aber nicht jedem potentiellen Gast etwas zum Trinken oder Essen gebracht hat.

Das hat sich heute so ziemlich geändert: Kein misstrauischer Wirt schaut einem entgegen, wenn man die langgezogene, zweigeteilte und stilvoll renovierte Wirtschaft nach einer wahr-

scheinlich langen Wanderung betritt (sie gehört wie die halbe Stralegg dem Kanton Zürich), sondern der junge Wirt Hansruedi Hirschi lacht den Eintretenden zu; mit sporadischen Hilfskräften führt dieser die „Sennhütte" und,

> **Gasthaus „Sennhütte"**
> *Hansruedi Hirschi*
> *8496 Stralegg (Steg) ZH*
> *Tel. 055' 245 13 64*
> *Ruhetag: Mittwoch und*
> *Donnerstag*

wohl keine Behauptung unsererseits, tritt unverkennbar im erwähnten Durschei-Roman als durchaus positive Figur auf.

Wie immer, in der „Sennhütte", schon leicht in den gewaltigen Wald des Schindel- und Dägels-

Die „Sennhütte" und ihre Wälder und Hügel

23

Der Chef schreibt unsere Rechnung

nehin schon war: Von mitte April bis ende Oktober finden monatlich zwei bis vier Ländlerabende statt, an denen Formationen wie die „Tösstaler-Buebä", das „Echo vom Hüttnersee" oder die Gruppe vom „Stockhorn" auftreten.

Hansruedi Hirschi, von Kindsbeinen an mit der Stralegg verwachsen, versteht es kurzum, eine gemütliche Atmosphäre zu schaffen; und dass in der „Sennhütte" früher genauso wie im „Alpenrösli" renommierte Kulturtäter, etwa Othmar Schoeck oder Hermann Hesse verkehrten, versteht jeder, welcher auf der von einem gewaltigen Gartenzwerg beschützten Terrasse gesessen ist und zum Schnebelhorn hinaufgeschaut hat. Der Spruch „Neapel sehen und sterben" lässt sich durchaus auf die Stralegg übertragen, wobei ich lieber sagen möchte: „Die Stralegg sehen und leben". Auch Pater Ambrosius, die Hauptfigur im Durschei-Krimi, brachte es auf den Punkt, als er sich sagte, er fände es „wunderbar, dass es die Stralegg gibt, das Schnebelhorn, die Kühe mit ihrem Glockengebimmel, diese unendlichen Wälder mit ihren Tannen", noch sei „nicht alles auf der Welt zubetoniert", noch gebe es „Hoffnung, Gutes".

Dem ist so. Und ich bin sicher, Sie werden dies bestätigen, nachdem Sie einmal auf der Stralegg gewesen sind. Es wird kaum bei einem Mal bleiben, zumal viele Wanderungen locken. Beispielsweise zum **„Tierhag"** hinauf, zum **„Schindelberg"** hinüber (stets

bergs hineingeschoben, isst und trinkt man vorzüglich. Die Speisekarte ist weitaus reichhaltiger als anderswo in der Hügelwelt des Zürcher Oberlandes; und wer an einem günstigen Platz sitzt, kann dem jungen Wirt beim Kochen in der recht grossen Küche zusehen.

Eine Selbstverständlichkeit, dass niemand vom Patron vorzeitig nach Hause, auf eines der zwei Gästezimmer oder in die beiden kleinen, sehr angenehmen Massenlager geschickt wird, in denen selbst Leute gern übernachten, die sonst (wie ich) auf Massenlager eher allergisch reagieren. Allerdings: Sollten andere Benutzer des Massenlagers zuvor ein Hirschi-Fondue genossen haben, wird die Übernachtung möglicherweise zur Qual. Die gewaltigen Knoblauchzehen, die in der „Sennhütte" zum Fondue gehören, zeigen halt so ihre Wirkung ...

Der Wirt hat es verstanden, die „Sennhütte" weit herum noch bekannter zu machen als sie ohnehin schon war:

durch einen riesigen Wald), zur Bauernwirtschaft **„Orüti"** und nach Steg hinunter (es gibt vier oder fünf Wege, die man aus- wählen kann) oder sogar bis zur Hulftegg, zur **„Kreuzegg"** oder zum „**Hüttenberg**".

Auf dem „Tierhag" sieht sich keiner satt!

Die Alpwirtschaft „Tierhag", auf 1140 m gelegen, ist ein Ganzjahresbetrieb und gehört dem landwirtschaftlichen Verein Pfäffikon-Hittnau-Russikon. Sie befindet sich am Fuss des höchsten Berges des Kantons Zürich, dem Schnebelhorn. Schon von der Gartenwirtschaft hat man eine herrliche Aussicht. Die Mythen und Eiger, Mönch und Jungfrau sind mit blossem Auge zu erkennen. Und oft hat ein Wanderer das eigentliche Ziel, das Schnebelhorn, nicht erreicht; denn auf den gemütlichen Bänken an der Fensterwand oder vor dem Haus ist es bequemer, die Aussicht zu geniessen. Sogar bei schlechter Witterung sieht man häufig Leute draussen sitzen; dann aber liegt es nicht am Panorama, sondern am Platzmangel im heimeligen Beizli. Und dies, obwohl auch das Säli für jeden Gast zugänglich ist. Gewiss fragen sich auch einige Leute, weshalb eine so junge Familie das ganze Jahr „hier oben" leben kann. Es gibt nur eine Antwort: viele nebelfreie Tage!

Die Wirtin bemüht sich, saisongerecht zu kochen und so wenig als möglich Fertigprodukte zu verwenden. Neben einem währschaften Tagesmenue werden hungrigen Wanderern und -innen ein hausgemachtes Steinpilzrisotto, Gerstensuppe und frische Salate angeboten. Auch, was Kinder freut, Schnitzel mit Friten sind zu haben, ebenso Käse, Speck, Schinken-Speck und Hauswürste. Auch der Dessert darf sich sehen lassen: Beliebt vor allem: Meringue mit oder

Alpwirtschaft „Tierhag"
Familie H. Walker
Schnebelhorn
8496 Steg im Tösstal
Tel. 055' 245 12 23
Ruhetag: Montag und Dienstag
und Sonntagabend ab 18 Uhr

ohne Glace, Eiskaffee mit oder ohne Kirsch oder, je nach Saison, Früchte und Beeren, manchmal hausgemachte Kuchen und Torten oder Nussgipfel und feine Fladen vom Dorfbäcker. Wer die kleine Küche einmal gesehen hat, kann mit einem Wort nur staunen ....

Auf der riesigen Alp, die zur Wirtschaft gehört, sömmern mehr als 120 Rinder. Natürlich haben die Walkers auch selber

Einer geht zum „Tierhag"

Tiere. Auf der Weide, in der Nähe der Gartenwirtschaft, tummeln sich Esel, Ziegen und eigene Kühe, mit deren Milch, Kinder hören es wohl nicht gern, Kälber für eine Kalbsmetzgete gemästet werden.

Von der Gartenwirtschaft aus sieht man weit unten über dem Waldhang im „Buräbodä" den ehemaligen Stall, der schon lange zu einem Ferienhaus umgebaut wurde. Der Weg zum jetzigen Stall ist kürzer. Er befindet sich direkt neben dem viel begangenen Wanderweg zum Schnebelhorn.

Und der nachstehend erwähnte Möhlkrug, der seit einigen Jahren auf dem Tierhag steht, ist den Walkers „auch ein Dorn im Auge", wie uns die Wirtin bestätigte. Er wird daher eines Tages verschwinden — oder ist es bereits, wenn Sie auf den Tierhag kommen. Und was die Gartenzwerge betrifft: Die Künstlichen gefallen ihr wie mir. Noch mehr aber gefällt mir die herzliche Gastfreundschaft dieses Wirtepaares. Sie wird mich wieder einmal zum „Tierhag" locken. Einige Zeit war dies weniger der Fall.

Im übrigen: Auch Jon Durscheis Pater Ambrosius (sh. „Mord im Zürcher Oberland", orte-Verlag) war schon auf dem Tierhag. Und obwohl er sich, wie es seine Art ist, fürchterlich über die Gartenzwerge und den überdimensionierten „Möhlkrug" aufregte, überwog seine Freude. So heisst es im Buch: „Er suchte mit den Augen das Schnebelhorn, die Weiden, die Kühe, die Wälder, konnte sich an den verschiedenen Grün nicht sattsehen — und wollte zukünftig alles tun, um jedes Selbstmitleid, jede nicht gerechtfertigte Angst zu überwinden."

Werner Bucher

26

„Meiersalp" – nicht immer offen!

(wb) Wer vom Tierhag auf einem steilen Pfad zum Schindelberg hinüber wandert, steht unverhofft, direkt über einer Felswand, vor einem Schild, das mit Gabel und Messer verlockend zur Bergwirtschaft „Meiersalp" weist. Und lässt man sich vom Schild verführen und entscheidet sich für den recht schmalen, bei schlechtem Wetter überaus schlüpfrigen Weg, erkennt man bereits nach wenigen Metern unten rechts eine Hütte samt Stall. Hernach ist jedermann gut beraten, darauf zu achten, ob eine Schweizer Fahne vor den Gebäuden flattert oder nicht. Flattert sie nämlich nicht, ist niemand in der „Meiersalp", in einer Hütte, die eine Bauernfamilie aus Krinau bewirtschaftet, jedenfalls während jener Zeit, in der das Vieh auf der Alp des Meiers sömmert.

Sind die Besitzer jedoch dort, kann man sich nur freuen. Man ist meilenweit entfernt von der sonstigen Welt, sieht auf einen riesigen Felskessel (wäre als Kulisse für jeden Western geeignet) und ins Säntismassiv und wird erst noch als Gast verwöhnt. Ohne gute Bergschuhe hat man in der „Meiersalp" allerdings wenig bis gar nichts verloren. Frau Pappa, die im Winter in Grabs wohnt, kocht übrigens nur mit Holz und Gas. Am Donnerstag ist immer zu; dafür brennt der Wanderer normalerweise vom 1. Mai bis zum 1. November in der „Meiersalp" nicht an.

Der „Schindelberg" wird vom einem Hang beschützt

Ein Netz von Wanderwegen durchzieht das Zürcher Oberland. Wer keine Zeit oder Lust aufbringt, die weitläufige Landschaft intensiv zu erkunden, wählt am besten einen Höhenweg, um sich einen Überblick zu verschaffen. Mit dieser Methode kommt man immer durch. Hat man zum Beispiel den Toggenburger Höhenweg gewählt, dann sollte die Gelegenheit genutzt werden, das Bergrestaurant „Schindelberg" zu besuchen. Auf 1153 m ü.M. finden wir das Restaurant direkt am Höhenweg; es bietet 22 Personen in einem Massenlager Übernachtungsmöglichkeiten an.

Der „Schindelberg" macht den Eindruck einer soliden, gut in den Hang eingebetteten Alpwirtschaft. Auf den ersten Blick glaubt wohl keiner, dass das Haus erst 1943 erbaut worden sein soll.

Auch die gemütliche Gaststube mit den langen Tischen verblüfft; sie ist weit geräumiger, als es von aussen den Anschein erweckt. Aber bei schönem Wetter wird der Gast gewiss lieber in der Gartenwirtschaft vor dem Haus Platz nehmen wollen.

Der Hang schützt vor Windstössen. Bänke und Tische würden auch einem Sturm standhalten; sie sind fest montiert. Die geschützte Lage könnte zum Irrtum verleiten, dass die Wirtschaft das ganze Jahr über geöffnet sei. Gäste können jedoch nur vom 1. Mai bis zum 1. November einkehren. In der übrigen Zeit lebt die Wirtefamilie in Wattwil, wo Herr Länzlinger als Metzger arbeitet.

Keine Frage, die Speisekarte weckt das Interesse des hungrigen Gastes. Solange er sie studiert, wird er in seiner Wahl zwischen Schweinskotelett, Schnitzel, Rösti, Kartoffelsalat, Bratwurst oder Schüblig hin- und herschwanken. An heissen Tagen bestellt er vermutlich eher einen „Schindelbergteller", Schwartenmagen, Buureschüblig oder Knoblipantli.

Die Speisekarte wartet zwar mit ordentlich vielen Angeboten auf, ist aber zum Glück doch nicht so gross, dass sie die Sicht auf den Schattenriss der Höchhand versperrt; sie hebt sich

Bergrestaurant „Schindelberg"
Familie Länzlinger
8638 Goldingen SG
Tel. 055' 284 11 37 / 071' 988 81 36
Ruhetag: Montag (offen 1. Mai bis 1. November)

Durstige Gäste vor dem „Schindelberg"

scharf vom Hintergrund ab. Und bald gibt man es auf, für die vielen Blautöne von Himmel und Wäldern Namen zu finden. Von blossem Augenschein lässt sich jedoch von der Gartenwirtschaft aus ein Hauptmerkmal des Zürcher Oberlands erkennen: In der Tiefe der Täler könnte die Abgründigkeit erschrecken, wäre da nicht die weiche Höhe, von der eine heitere Strahlung ausgeht.

Dem Namen „Schindelberg" wird der Gast nicht mehr vollkommen verständnislos gegenüberstehen, wenn er die rot getönten Schindeln an der Eingangsfassade sieht. Dafür gibt es keinen Strom. Frau Länzlinger kocht nur mit Holz und Gasflaschen.

Kommt man freilich vom Goldingertal hoch, könnte die Diskrepanz kaum grösser sein. Die Riesenrutschbahn (angeblich mit rund fünfhundert Metern die längste Europas), der Skilift, die Sesselibahn, der Streichelzoo, die Campingplätze und an der Talstation ein Anonymität ausstrahlendes Selbstbedienungsrestaurant sind nicht gerade das, was Berggänger lieben. Darum nichts wie hinauf zum Schindelberg! Da gibt es nichts Hässliches, nur Schönes ...

René Sommer/wb

„Pooalp"-Meringues fast höher als der Tössstock

Aus der Nähe nimmt sich das fast ganz weissgetünchte Gebäude wie ein neueres Landgasthaus aus. Wäre da nicht der Name Pooalp, der an die Alpgenossenschaft erinnert, und die hohe Lage, 1086 m ü.M., zwischen Tössstock und Höchhand eingebettet, so würde, wie ich meine, allein die aromatische Milch des angegliederten Bauernbetriebs verraten, dass die Kühe auf meist steilen und kräuterreichen Wiesenhängen wei-

den; und möglicherweise vermuten nur wenige, dass sie die Neuauflage eines abgebrannten Gebäudes vor sich haben. Übri-

Bergrestaurant „Pooalp"
Annemarie und Eugen Kessler
8636 Wald ZH
Tel. 055' 246 14 93
Ruhetag: Mittwoch und Donnerstag
(am Sonntag ab 18.00 Uhr)

gens werden Wanderer von Wald, vom Dörfchen Oberholz (eine Enklave des Kantons St.Gallen) und von der Wolfsgrueb her auf

Ob sie wohl alle eine Meringue bestellen?

breiten, bequemen Wegen zur kleinen, von stotzigen Hängen eingerahmten Hochebene geführt, wobei der Aufstieg an heissen Tagen trotzdem durchaus zum Schwitzen bringen kann. Allfällige Anstrengungen sind bald vergessen; in der Gartenwirtschaft wird die lange Wanderung durch die Aussicht auf die Uetlibergkette, den Albis und die umliegenden Gipfel des Zürcher Oberlandes belohnt.

Gewisse Geschichten, die sich Gäste in der hellen und geräumigen Gaststube erzählen, wirken manchmal aufs erste Zuhören hin unglaubhaft. Wenn aber etwa von Gemsen die Rede ist, die jemand auf dem Weg zur Pooalp gesehen haben will, stimmt dies wohl. Wanderer könnten wirklich eine oder mehrere Gemsen beobachtet haben, denn solche wurden von der Kantonsregierung vor etlichen Jahrzehnten im 1912 zum Schonrevier erklärten Gebiet des Tössstockes ausgesetzt, nachdem Wilderer Gemsen und andere Wildtiere beinah ausgerottet hatten. In der Zwischenzeit haben sich die Gemsen jedoch nicht im selben Mass wie die Känguruhs in Australien vermehrt; sie sind einfach wieder präsent und bald dürften ihnen Steinadler und Luchse folgen.

Auf der Speisekarte suchen wir (zum Glück) vergeblich nach Gamspfeffer. Aber ein Schweinssteak mit Kräuterbutter und feinen Salaten wird Ihnen gewiss ebensoviel Schwung verleihen wie das geheimnisvolle Gemsenfett, das sich die Engländer bei der Erstbesteigung des Matterhorns hinter die Ohren gestrichen haben sollen. Ebenso kann man einen „Poo-Teller" und etliche Buurespezialitäten bestellen.

Und beinah höher als Tössstock und Matterhorn türmen sich die legendären Meringues in der „Pooalp". Kurz, jeder muss weit gewandert sein oder einen ausgedehnten Verdauungsspaziergang planen, um sich an diesen kulinarischen Gipfel zu wagen. Bei der Verdauung hilft bestimmt ein „Pooalp-Kaffee" mit. Über seine Zusammensetzung dürfen wir so unsere Fantasien hegen. Routinierte Besucher von Bergwirtschaften begegnen freilich der Geheimhaltung des Rezepts respekt- und verständnisvoll. Sie verfallen auch weniger dem Irrtum, zu meinen, dass etwas besser schmecke, wenn man die Zusammensetzung kennt und weiss, was man genau trinkt. Aber spannend bleibt's dennoch, aufmerksam zuzuhören, wie die Geheimhaltung jeweils begründet wird.

Die Pooalp, machmal auch Poalp, dann wiederum Boalp geschrieben, ist eine eigentliche Rinderalp; auch die Kesslers haben hier ihre eigenen Tiere. Mit einigem Glück können wir an sonnigen Tagen sogar die Klänge eines Alphorns hören, entweder vor der „Pooalp" selbst oder auf dem Weg zur nicht unbedingt gemütlich anmutenden Alpwirtschaft **„Farner"** oder zu einem der zahlreichen Berge ringsum, die da Schwarzenberg, Scheidegg, Hüttchopf, Obere Pooalp, Höchhand (früher hiess sie Welschenberg), Tössstock, Schindelberg, Schnebelhorn, Dägelsberg oder Tweralpspitz heissen. Der Klang, ich kann's versichern, kommt nicht aus einem Lautsprecher. Ob hingegen der Name Pooalp von Baum („boum") stammt, vom oberitalienischen Fluss oder vom Allerwertesten, entzieht sich meiner Kenntnis. In der „Pooalp" hat's mir keiner verraten.

René Sommer

„Scheidegg" – Paradies für Autofahrer und Deltasegler

(wb) Wer nicht zur aussterbenden Gattung der Fussgänger gehört, sondern mit seinem Auto überall hinkommen muss, der fahre von Wald zur „Scheidegg" hinauf. Er wird, genau wie die wenigen richtigen Wanderer, ein Panorama erfahren, wie es auch das Berner Oberland mit seiner Kleinen und Grossen Scheidegg nicht schöner zu bieten hat. Man sieht gar von der Scheidegg die wunderhübschen Rauchpilze der Kernkraftwerke von Gösgen und Leibstadt. Und in der „Scheidegg" speist man zudem vorzüglich. Wer aber auf dieser Höhe für sich sein möchte, der wandere an zukünftigen und gegenwärtigen Gleitschirm- und Deltaseglern (Schüler jederzeit willkommen) vorbei auf den Hüttchopf zu. Von diesem sieht er zu den wenigen Häusern der Stralegg hinüber und zum Schnebelhorn

Der einsame Alphornbläser von der Scheidegg

hinauf. Meist allein übrigens, es sei, ein Alphornbläser habe sich auf diesen zuoberst völlig baumlosen Berg verirrt.

Geschlossen ist die „Scheidegg" am Montag und Dienstag. Das Telefon lautet: 055' 246 12 94

Iddazyklus von Leonhard Stüssi nach den 1704 zerstörten Fresken in der Iddakapelle.

Oben, wo der Thurgau das Zürcher Oberland berührt

(wb) Dass der Kanton Thurgau wie der Kanton Zürich oder der Kanton Bern sein Oberland hat, wissen vielleicht nicht einmal alle Schweizer. Und doch hat er es: das sogenannte „Hinterthurgau" im Süden des vor allem durch seine grossen Obstkulturen (und unzähligen Autostrassen) berühmt gewordenen Kantons.

Das Hinterthurgau leitet direkt zum Zürcher Oberland über,

hängt geologisch mit diesem zusammen. Der höchste Punkt liegt auf 991,3 m ü.M. (der sogenannte Grat über dem Gehöft Höll) und hat eine grosse geschichtliche Bedeutung. So führt der einst viel begangene schwäbische Pilgerweg durchs Hinterthurgau auf den Übergängen ins Zürcher Oberland nach Einsiedeln und von dort ins spanische Santiago de Compostela ans Grab des Heiligen Apostel Jakobus. Davon zeugen noch heute einzelne Wirtschaften, die früher, wie das „Kreutz" von Allenwinden, zu den eigentlichen Pilgerherbergen des sogenannten Schwabenweges gehörten. Auch die legendäre Heilige aus dem thurgauischen Fischingen, einem der schönsten Klöster der Schweiz, hat viel zum Ruhme des Hinterthurgaus beigetragen. Wir meinen die Idda vom Toggenburg, die von ihrem Gatten vor lauter (unbegründeter) Eifersucht aus einem Burgfenster in die Tiefe geschleudert wurde; sie kam mit dem Leben davon – und bewirkt vielleicht deshalb noch heute Wunder an kranken oder verletzten Beinen und Füssen. In unserem Buch kümmern wir uns aber mehr um die schönen Wirtschaften im Hinterthurgau als um die Legenden, die der heiligen Gräfin gelten. Einige dieser Wirtschaften wollen wir Ihnen nachstehend vorstellen.

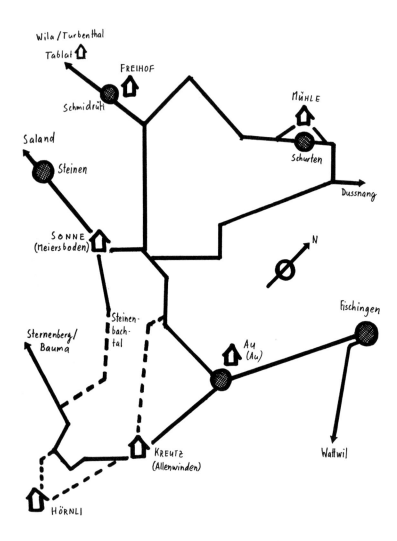

I dä „Sunnä" vom Meiersbodä säged alli dü!

Dem unvermittelten Duzen haftet nicht selten die Aura des Anbiederns an. Und einzelne befürchten gar, in den archäologischen Aushub einer 68er Baustelle geraten zu sein. Worüber man wenig weiss, sollte man aber weder schwatzen noch schreiben. Darum frisch gewagt und hinein in die „Sonne" vom Meiersboden im engen, eher selten von der Sonne besuchten Steinenbachtal, bei deren Eingang eine Tafel die Spielregel verkündet: „Bi ois säged alli du." Die Tafel macht neugierig.

Und ob man nun auf den drei Eckbänken oder am runden Tisch Platz nimmt – sofort wird man nicht nur von der Wirtin Susi Bacchini, sondern auch von den Gästen herzlich begrüsst und ins Gespräch gezogen. Die Wirtin führte den Brauch des Duzens gleich ein, als sie vor siebzehn Jahren die „Sonne" übernahm.

Sie stellt den Gästen die Wirtsstube und das Sälchen auch als Ausstellungsraum zur Verfügung. Bei unserem Besuch zeigen bizarre Holzuhren an den Wänden, dass sich da einer intensiv mit dem Zählen der Jahrringe beschäftigt hat, und zwar so lange, bis die sperrigen Holzfasern keine Rolle mehr spielten und dem Uhrwerk mit einer Selbstverständlichkeit Raum boten, als würde eine Spechtfamilie einziehen. Die Zeit hat in dieser behaglichen Atmosphäre weniger Bedeutung – wie eine Uhr belegt, die rückwärts läuft.

Beim Essen muss der Gast jedoch keine lange Wartezeit in Kauf nehmen. So ist es kein Wunder, dass alles, was auf der Karte steht, eifrig bestellt wird: Poulet im Chörbli, selbstgeräucherter Speck von Freilauf-Schweinen, Meiersboden-Teller, Schnitzel, Käshörnli, Käseschnitte, Rösti, Steak, Leberli, Pommes-Frites,

> **Restaurant „Sonne", Meiersboden**
> Susi Bacchini
> Steinen, 8499 Sternenberg ZH
> (postalisch)
> (gehört aber zur Gemeinde Fischingen TG)
> Tel. 052' 386 14 68
> Ruhetag: Montag und Dienstag

Salate und – Wachteleier. Bald wird man auch in den Genuss eines währschaften Ziegenkäses oder Gitzibratens kommen. Susi Bacchinis Sohn hält nämlich nicht nur Wachteln. Er hat unlängst einen grossen Stall für Ziegen fertiggestellt.

Das Steinenbachtal ist im Winter eher den Schattenzonen zuzurechnen. Dabei wird häufig übersehen, dass man im Meiersboden immer in die „Sonne" kommt, auch wenn kein Strahl den Talgrund streift. Ganz früher war das Gasthaus berüchtigt. Wenn in Winterthur die Polizeistunde schlug, fuhren noch nicht bettreife Männer und Frauen zum Meiersboden, holten die Serviermädchen aus dem Bett und zechten bis in die frühen Morgenstunden weiter. Die zuständige Polizei aus dem Klosterstädtchen Fischingen kam praktisch nie. Energisch merkt jedoch die Wirtin Susi Bacchini an, sie habe diesen Missstand gründlich ausgeräumt. Heute, so die Wirtin, sei die „Sonne" hoffentlich berühmt, nicht aber berüchtigt. Nach wie vor trennt aber der Steinenbach die Kantone Thurgau und Zürich. Kommt man von unten, so befindet man sich rechts vom Bach auf Zürcher Boden, links auf thurgauischem. Ein Gast meint, die früheren Behörden hätten gut daran getan, das Steinenbachtal nur zur Hälfte dem Tösstal und dem Kanton Zürich zuzuschlagen.

Susi Bacchini erinnerte sich dagegen an den Scheunenbau vom vergangenen Jahr. Zuerst sei ein wandernder Zimmermannsgesell aufgetaucht, ein Hamburger mit weitkrempigem Hut und breiten Hosen. Bald habe er Gesellschaft bekommen. Zu guter Letzt arbeiteten sieben wandernde Gesellen an der Scheune; und alle sieben wollten natürlich auch verköstigt werden.

Der Name Meiersboden steht übrigens in Zusammenhang mit Meierei und deutet auf eine ehemalige Fuhrhalterei hin. Das Haus ist gegen zweihundert Jahre alt und hat während seiner ganzen Geschichte als Bauernrestaurant gedient. Früher waren eine Färberei und eine Käserei angegliedert.

Eine Geschichte ergibt in der „Sonne" die andere. Am runden Tisch sucht man nach dem Namen des Winterthurers mit den längsten Füssen. „Da kannst du nicht mehr von Schuhen reden, eher von Dampfschiffen", lautet die Beschreibung des Schuhwerks. Ein Gast zweifelt, ob ein so grosser Kerl überhaupt die Gaststube betreten könnte. Ein Riese würde uns unter der tiefen Holzdecke auf alle Fälle merkwürdig anmuten. Näher betrachtet, findet jedoch im Meierboden alles seinen Platz, auch hundert Sorten Bier und vor allem Gäste, denen es nicht an Eifer fehlt, neue und alte Geschichten zu erzählen oder zu erfinden.

René Sommer

Gasthof „zum Kreutz", Treffpunkt aller Winde

Die Mutter des leider im September tödlich verunglückten Wirtes übernahm den Gasthof 1977. Seit bald zehn Jahren sorgt ihre Schwiegertochter für das Wohl der Gäste. Nach wie vor sieht man aber gelegentlich die ehemalige Wirtin in der schönen

Wirtsstube. Nicht ohne Stolz blickt sie zur alten Holzdecke auf. Sie laugte sie eigenhändig ab. Die Holzfasern kommen so deutlich zum Vorschein, als sei die Decke sandgestrahlt worden. „Heute würde ich das auch nicht mehr machen", gesteht sie. Aber, wir können es bestätigen, die Arbeit hat sich gelohnt.

Der „Gasthof zum Kreutz" dürfte mindestens 300 Jahr alt sein. Als das Kloster Fischingen abbrannte, konnte man leider auch die Chronik nicht retten, in der man die genauen Daten hätte nachschlagen können. Die Jahreszahlen können freilich ruhig im Dunkel der Geschichte ruhen;

von Bauernspezialitäten. Riecht es einmal nach Lebkuchen, sollte niemand vermuten, der Samichlaus wohne auf Allenwinden. Hausgebackene Lebkuchen gehören nämlich zum Angebot des

Gasthof „zum Kreutz",
Allenwinden
Familie Röthlisberger
8376 Au (Fischingen) TG
Tel. 071' 977 15 10
Ruhetag: Donnerstag und Freitag

auf 916 m ü.M. gelegenen Restaurants, das einst eine der wichtigsten Pilgerherbergen auf dem von uns bereits erwähnten Schwabenweg gewesen ist.

Von welcher Seite Sie den Gasthof auch ansteuern, Winde werden Sie immer begleiten; diese stossen uns vorwärts oder blasen ins Gesicht. Von überallher finden Winde Zugang nach „Allenwinden", wie der Gasthof von vielen Besuchern ebenfalls genannt wird. Dafür geniesst

Das „Kreutz" einst

denn die Renovation ist gelungen und die ursprüngliche Einrichtung geschickt mit modernen Ansprüchen in Verbindung gebracht. In der Gaststube herrschen die hellen warmen Farbtöne des Holzes vor. Man fühlt sich wie früher wohl im „Kreutz".

Dem Gasthof ist ein Bauernbetrieb angegliedert, der aber nun verpachtet werden musste. Nicht von ungefähr kommt man in der Wirtschaft in den Genuss

... und heute

man eine Aussicht bis nach Deutschland hinüber. Wer die Mühe nicht scheut, auf den kleinen Hügel nahe der Wirtschaft zu steigen, erblickt gar das Jura und den Bodensee. Thurgauer, die zudem aufs Hörnli wollen, können dieses nur über Allenwinden erreichen. Dann sehen sie, nachdem sie den Dreiländerstein passiert haben, noch erheblich weiter: auf den Zürichsee, nach Österreich und in die ganze Alpenwelt mit den wichtigsten Gipfeln.

René Sommer

Die „Au" einst auch ein Spezereiladen

(wb) Nur ab 14 Uhr ist derzeit die ungefähr in der Mitte zwischen Fischingen und der Wirtschaft **„Zum Kreutz"** gelegene „Au" geöffnet (am Montag und Dienstag bleibt sie geschlossen, am Sonntag ab 18 Uhr). Eine Rast bei Edith Leutenegger aus Sirnach lohnt sich alleweil. Manchmal schaut auch die frühere, ebenfalls gesprächsoffene Wirtin Helen Meile hinein. Sie hat die Wirtschaft von ihrem Vater übernommen, und bereits vor ihm wirteten zwei Generationen von Meile im gleichnamigen Weiler Au, direkt neben der St. Annakapelle.

Die hohe, ganz von Holz eingefasste Wirtschaft, zu der einst wie bei der „Mühle" von Schurten ein Spezereiladen gehörte, lädt auf alle Fälle zum Verweilen ein. Das haben früher bereits zahllose Pilger realisiert, die von Fischingen aus zur Allenwinden hinauf wollten, um dann auf dem Schwabenweg über das Hörnli oder das Gfell nach Steg und von

So sah's 1904 in der „Au" aus

dort über Rapperwil nach Einsiedeln zu gelangen.

Heute spricht man allerdings in der „Au" (Tel. 071' 977 13 31) kaum mehr gross über religiöse Themen; der Pilgerstrom ist im Zeitalter des Automobils komischer- oder vielleicht eher typischerweise versiegt. Aber in der unverfälschten Wirtsstube einen „Iselisberger" zu trinken und dazu Buurespeck zu geniessen, ist eine gute Sache, bevor man dann vielleicht gemütlich oder im Eiltempo zum „Kreutz" von Allenwinden oder direkt zum Hörnli, *dem* Aussichtsberg der Thurgauer wie der Zürcher und mancher St.Galler, und damit zum gleichnamigen Berggasthaus hochsteigt.

Die höchstgelegene Mühle des Thurgaus

(wb) Fährt man mit dem Auto von der Schmidrüti und vom Sitzberg, also vom Zürcher Oberland, gegen das Hinterthurgau hinunter, sieht man irgendeinmal links und relativ weit von der zum Glück nicht sehr breiten Strasse entfernt eine Art Fabrikgebäude. Und man muss schon wissen, dass dieses Gebäude die ehemalige Mühle des kleinen Dorfes Schurten gewesen ist, in der seit 1884 die gleiche Familie wirtet, nämlich die Familie Siegfried – sonst käme keiner auf die Idee, links auf eine noch schmalere Strasse abzubiegen und entweder in die Wirtschaft einzukehren oder in der hübschen Gartenwirtschaft einen zu „genehmigen".

Heute lebt, arbeitet und wirtet in der 1982 sehr behutsam renovierten „Mühle" sage und schreibe die vierte Generation der Siegfrieds. Was freilich das Arbeiten betrifft: Die höchstgelegene Mühle des Thurgaus (680 m ü.M.) ist seit Beginn des 19. Jahrhunderts nicht mehr im Betrieb. Dafür wird weiterhin ein grosser Bauernhof bewirtschaftet; und im Sommer sind die Wirtsleute besonders stolz darauf, dass sie für die kleine, im wahrsten Sinn des Wortes paradiesisch anmutende und neben einem Bächlein gelegene Gartenbeiz keinen einzigen Sonnenschirm benötigen. Kastanienbäume geben jenen Schatten, nach dem sich erhitzte Wanderer möglicherweise schon lange gesehnt haben, egal, ob sie nun vom Hörnli oder vom Sitzberg heruntergekommen sind oder von Fischingen oder Dussnang auf dem Wanderweg zur „Mühle" gefunden haben.

Auch die einstige Säge, die früher vom nahen Wasserfall mittels einer Turbine betrieben wurde, gibt es nicht mehr; ebensowenig das Spezereilädeli, in dem bis 1970 selber gebackenes Brot und andere Köstlichkeiten gekauft werden konnten. Die Einkaufscentren in Wil, Winterthur und anderswo haben das Sterben solcher Läden sowohl in Schurten wie anderswo in der Umgebung mitverursacht. Allenthalben ist, ob zu unserm Vorteil, bleibe dahingestellt, der mitmenschliche Kontakt zwischen Kunden und Ladenbesitzern durch Anonymität und sterile Verkaufsfabriken ersetzt worden ...

Das heutige Wirtepaar Liselotte und Ulrich Siegfried haben die „Mühle" vor gut neun Jahren über-

Wirtschaft „zur Mühle"
Familie Siegfried
8374 Schurten (Dussnang) TG
Tel. 071' 977 13 70
Ruhetag: Montag und Dienstag

nommen; die meistens von ihren Kindern umscharte Wirtin verriet uns auch, dass die vielleicht schönste, im Winter von einem stattlichen Kachelofen geheizte Wirtschaft des Hinterthurgaus 1673 von einem Hans Müller erbaut wurde, diese 1874 leider niederbrannte und gleich wieder neu aufgebaut worden ist. Bei der letzten Renovation war es übrigens der Familie Siegfried ein Anliegen, die Substanz nicht zu verändern. Das Täfer an den Wänden und die Arvenholzdecke sind nicht der einzige Beweis dafür.

Früher soll, wie wir erfuhren, die Mühle dem Fürstbischof von Konstanz gehört haben, später dem nahen Benediktinerkloster Fischingen, das bis weit in unser Jahrhundert hinein immer wieder Pilger anzog, die nach Einsiedeln oder auf dem sogenannten Jakobsweg zum vermutlichen Grab des hl. Jakobus des Älteren nach Santiago de Compostela wollten; auch Gläubige, die sich am Grab der Heiligen Idda in der barocken Klosterkirche Heilung von Gebresten erhofften oder dies weiterhin tun, fanden und finden den Weg nach Fischingen.

Heute würden allfällige Pilger, die sich nach Schurten verirrten, bestimmt über die gute Küche der jungen Siegfrieds erfreut sein. War

Seit vier Generationen:
Dieselbe Familie in der „Mühle"

40

in den letzten Jahren vor allem der sonntägliche „Buurezmorge" ein grosser Anziehungspunkt (die damalige Wirtin Ruth Siegfried hilft bei Bedarf immer noch in der Gaststätte mit), so gibt es heute in der höchstens fünfzig Personen Platz bietenden „Mühle" gutes und gesundes Fleisch aus dem eigenen Betrieb. Das Geräucherte kommt aus dem „Mühle"-Kamin (Buureschüblig, Buurespeck, Buureschinken) und die Schweinsbratwürste, -kotelettes oder -schnitzel stammen nur von Sauen, die zuvor ein weitgehend glückliches Schweineleben gelebt haben. Selbst während der Wintermonate werden sie nämlich stets draussen gefüttert, egal, ob es kalt ist oder schneit ...

Überhaupt können sich Kinder, ähnlich wie im nahegelegenen „Freihof" von der Schmidrüti, bei den Siegfrieds an kleineren und grösseren Tieren erfreuen. Sie dürfen sogar in die einzelnen Gehege klettern, in denen sich unter anderem Geissen, Hasen und Meerschweinchen tummeln. Nur wenn irgendein Kind mit einem Tier nicht gut umgehen sollte, greift die Wirtin ein. Dann aber schon. Am Montag und Dienstag bleiben freilich die Wirtschaft und der kleine Zoo geschlossen. Wer mit einer grösseren Gruppe die Schurtener „Mühle" mit ihren sechs oder sieben Tischen kennenlernen möchte, rufe am besten vorher an.

Schon damals ein Wanderziel!

Nicht nur im Hinterthurgau, auch im Thurgau ...

(wb) Nicht nur im von den Thurgauern wohl seit je etwas vernachlässigten Hinterthurgau gibt es Beizen in unserem Sinn, sondern auch im „richtigen" Thurgau. Vor allem Radfahrer und Wanderer können dies bestätigen, jene Menschen also, die den unentwegt befahrenen Hauptstrassen und jenen zersiedelten Landschaften ausweichen, die heute leider ebenfalls zum Thurgauischen gehören. Für Sie haben wir einige dieser Beizen „herausgepickt". Weitere zu Fuss oder per Velo zu finden, könnte für Sie zum Abenteuer werden.

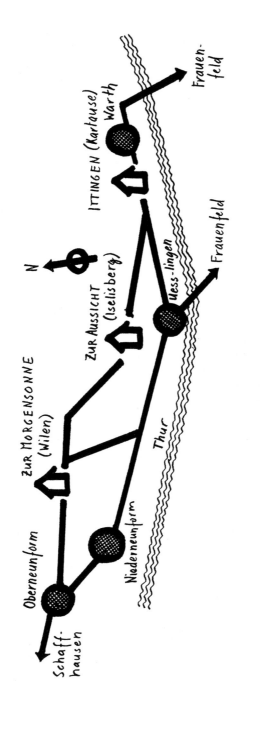

Tolle Sicht vom Iselisberg hinunter

(wb) Von Üsslingen aus kann man mit dem Auto zum Iselisberg hinauffahren. Weit empfehlenswerter ist es aber, sein vierrädriges Vehikel auf dem grossen Parkplatz hinter der ehemaligen und heute als Tagungsort bekannten Kartause Ittingen stehen zu lassen oder überhaupt mit dem Postauto (Ausgangspunkt Frauenfeld) zur Kartause zu fahren und von dieser über eine langgezogene und breite Krete zum Weiler Iselisberg hinüberzulaufen. Zuerst führt der schmale Weg durch einen Wald, dann über Wiesen und Äcker oder Kornfelder nach Iselisberg, das an sonnigen Tagen eine Fernsicht in die Welt der Alpen bietet, die wohl jeden begeistern wird. Wunderbar auch die am Südhang hingeschmiegten Rebberge, denen der nicht allein im Thurgau bekannte und süffige Landwein „Iselisberger" zu verdanken ist ...

Übrigens, wer die Kartause, die 1152 als Augustinerpropstei gegründet wurde, noch nicht kennt,

Restaurant „Zur Aussicht"
Brigitte Wiesmann
8524 Üsslingen (Iselisberg) TG
Tel. 052' 746 10 90
Offen: 10 – 23 Uhr
(sonntags 10 – 22 Uhr)
Ruhetag: 1. April – 30. Nov.:
Dienstag;
im Winter: Dienstag und
Mittwoch bis 16 Uhr

sollte sie vor der Wanderung unbedingt besuchen. Seit 1982 ist sie zu einem Kulturzentrum mit Hotelbetrieb umgebaut worden; vor allem der Besuch des Klostermuseums ist für jeden Kunstliebhaber ein Muss. Wer dagegen jenem einst so abgeschiedenen und von der Welt, nicht aber von Gott vergessenen Kloster mit seinen an die Mauer gebauten Kartäuserhäuschen nachtrauert, das Ittingen einmal gewesen ist, wird vielleicht nicht gerade auf seine Kosten kommen.

Auch die Gaststätte auf dem Iselisberg sieht von aussen nicht unbedingt einladend aus. Sobald man aber das Restaurant „Zur Aussicht" über eine steinerne Treppe betreten hat, ist man über die holzgetäferte Wirtsstube an-

Die Wirtschaft „Zur Aussicht"
(Brigitte Gegner)

genehm erfreut. Im Sommer und Herbst kann man zudem in der Gartenwirtschaft unter Bäumen sitzen, die einmalige Fernsicht auf sich wirken lassen und sich von Brigitte Wiesmann kulinarisch und in Sachen „Iselisberger" verwöhnen lassen. Immer freilich ist die Wirtschaft nicht geöffnet. Wenn die Reben, die Kornfelder oder Wiesen rufen, kann es schon vorkommen, dass die Gaststube von den Bauersleuten geschlossen wird. Die geräuchten Bauernspezialitäten, den einheimischen Wein und das selber gebackene Buurebrot sollte man aber unbedingt einmal geniessen.

Und ebenso sind die nicht weit vom Iselisberg entfernten drei Seen (Hüttwiler-, Hasen- und Nussbaumersee) einen weitere Wanderung wert. Sie gehören zu einem grossen Naturschutzreservat, in dem einst Biber ausgesetzt worden sind; wegen den im Uferbereich intensiv gedüngten Äckern wurde leider das Wasser stark verschmutzt, was nicht allein den Bibern, sondern auch den Fischen nicht gerade gut bekam. Noch viel anderes wäre oder ist in der Umgebung zu ent-

Und so sieht's im Innern aus

(Irene Bosshart)

decken (etwa die Ruine Helfenberg oder die römischen Ruine Stutheien). Ebenso kann ich empfehlen, den Seerücken auf Schusters Rappen zu überqueren und der Insel Werd am Untersee einen Besuch abzustatten. Sich zuvor aber in der „Aussicht" mit einem „Iselisberger" in Schwung zu bringen, halte ich für angebracht, wenn nicht lebensnotwendig ...

Die versteckte Wirtschaft „Zur Morgensonne"

(wb) Wer einmal das Dörfchen Wilen und die in diesem versteckte Wirtschaft „Zur Morgensonne" knapp hundert Meter über Niederneunforn entdeckt hat, wird – so meine ich – bestimmt wieder kommen. Ein intakteres Ostschweizer Dörfchen zu finden, dürfte ein schwieriges Unterfangen sein. Und die Brunnen vor den Fachwerkhäusern, die Kühe auf den Weiden, die Hühner auf den

Miststöcken, die Reben, die Gärtchen, sie künden irgendwie von vergangenen, abgesunkenen Zeiten, von Zeiten, die ein Mörike in seinen Gedichten oder Gottfried Keller im „Grünen Heinrich" zu beschwören verstanden.

Interessant auch, dass Wilen sowohl zum Kanton Zürich wie zum Kanton Thurgau gehört, kurzum, in zwei Teile getrennt ist. Die Wirtschaft „Zur Morgensonne" freilich, einer der seltenen alten Streckhöfe, steht auf thurgauischem Boden. Man muss aber wissen, wann die Familie Stürzinger ihre Wirtschaft öffnet. Am Freitag und Samstag ist jeweils zu, die genauen Öffnungszeiten der hübschen Bauernbeiz finden Sie auf unserem Schild. Auf Anfragen wird für

Gesellschaften freilich auch zu andern Zeiten geöffnet. Interessant für Wanderer und Biker vor allem der Sonntag: Dann kann man die kleine Beiz oder die lauschige Gartenwirtschaft den ganzen Tag betreten.

Dass dem so ist, hat mit der

Restaurant „Zur Morgensonne"
Jakob und Gabriele Stürzinger
8525 Wilen b. Neunforn TG
Tel. 052' 745 12 33
Öffnungszeiten: Mo – Do 17 – 24 Uhr
Sonntag 10 – 19 Uhr
Ruhetag: Freitag und Samstag

Landwirtschaft zu tun; seit jeher gehört vor allem der Weinbau zum Haupterwerb der Familie Stürzinger. Für die Gäste hat dies positive Folgen: Dank den nahegelegenen Reben kann man in der Wirtschaft einen herrlichen fruchtigen Wein trinken, den „Morgesünneler" (roten, weissen oder rosé).

Heute wird die Wirtschaft in erster Linie vom jungen Jakob Stürzinger und von seiner Frau Gabriele geführt, während der Vater eher für die Landwirtschaft zuständig ist. Das Innere der von Holz eingekleideten und von einem gemütlichen Kachelofen dominierten Gaststube kennen nach Auskünften des Wirtes vor allem Stammkunden und Einheimische; am Wochenende aber tauchen auch Wanderer und Velofahrer auf, die unter anderem vom Iselisberg her den Weg zur „Morgensonne" gefunden haben. Sie müssen nämlich, wenn sie einmal auf der Höhe des Iselisbergs sind, nicht mehr

Die Katze der „Morgensonne" ...

(Irene Bosshart)

zur Thur hinunter, sondern können auf der fruchtbaren, von zahlreichen Wäldchen, Äckern und kleinen Siedlungen geprägten Hochebene bleiben. Und wenn auch von Wilen aus im Gegensatz zum Dörfchen auf dem Iselisberg die ferne Bergwelt nicht bewundert werden kann, der freie Blick zum Seerücken hinüber hat seine eigenen Schönheiten.

Wer abends übrigens vor dem romantischen Wilemer Seeli steht oder auf einem der Sitzbänke Platz nimmt, wird beobachten können, wie Krebse ans Ufer kriechen und sich von ihm, wenn er deren Verhaltensweisen kennen sollte, gar füttern lassen ...

Apropos Füttern: Die Morgesunnetäller und -brättli der Stürzingers sind weitherum gepriesen. Die Zutaten liefern eigene Sauen, deren Speckseiten nach dem Schlachten der Tiere von der Wirtefamilie im Kamin geräuchert werden. Auch im Gärtchen neben der Wirtschaft munden sie an lauschigen Sommernachmittagen vorzüglich. Wer's nicht glaubt, soll's probieren.

Das Schloss des mutigen Benediktiners

(wb) Das vielleicht schönste Schloss des Kantons Thurgau steht über Stettfurt auf dem westlichen Ausläufer des Immenbergs. Es heisst Schloss „Sonnenberg", liegt auf 653 m ü.M. und verdient seinen Namen zurecht. Wenn nämlich die Sonne scheint, ist das prächtige Schloss stets beschienen, mal von vorn, mal von hinten, dann wieder von der Seite. Das Geschichtliche können Sie dort selber erfahren. Nur so viel: Das Schloss gehört seit 1678 dem Kloster Einsiedeln; und seit diesem Jahr amtet immerzu ein Benediktiner Mönch als Statthalter. Seit dem Jahre 1962 ist dies Pater Benno Felder aus dem luzernischen Ballwil.

Mehr noch als Statthalter wirkt der Pater freilich als Wirt. Und obschon Neid nicht gerade eine erstrebenswerte Eigenschaft ist, diesen Pater muss man insgeheim beneiden: Schöner wie er kann man kaum wohnen. So sieht man vom Schloss oder von

Schloss „Sonnenberg"
9507 Stettfurt SG
Tel. 052' 376 11 12 / Fax 376 25 80
Ruhetag: Donnerstag;
Ferien im Januar

der Terrasse aus nicht nur ins Thurgau hinunter, man sieht ebenso das Säntismassiv, die Gipfel der Churfirsten, die hohen Hügel des Zürcher Oberlandes und die Alpen bis ins Berner Oberland. Damit nicht genug:

Wer sich um die eigene Achse dreht, erkennt in der Ferne etliche Kreten des Juras. Und wo ein Besucher hinblickt, niemals wird er sich sattsehen.

Der Weg zum Schloß „Sonnenberg"
(Brigitte Gegner)

Aber auch sonst hat das Schloss allerhand zu bieten: So gibt es eine prächtige Wirtschaft samt Terrasse und Innenhof; in einem andern Gebäude werden innerhalb einer Ausstellung Alternativenergien vorgestellt und in einem oberen Geschoss des weiträumigen Schlosses warten bereitstehende Pantoffeln für eine Besichtigung des Rittersaals und der Schlosskapelle, in der Pater Benno nicht nur jeden Sonntag die Messe liest, sondern all jene Paare höchstpersönlich traut, die im Schloss „Sonnenberg" heiraten wollen.

Gleichzeitig führt der Pater zusammen mit zwei Mitarbeiterinnen die Wirtschaft, die gleich zwei Speisekarten anbietet: eine für Bankette und Hochzeitsgesellschaften und eine andere, deren Preise für normal Sterbliche (lies: Wanderer) erschwing-

lich sind. Ich übertreibe freilich ein bisschen. Selbst auf der Karte für Bankette findet man Menüs, die durchaus nicht nur von einem Krösus berappt werden können. Dass zudem am Hang des Schlossberges Reben wachsen und Pater Benno seinen Gästen einen eigenen Wein präsentiert, sei nur nebenher erwähnt; und ebenso der hinter alten, oft von der Sonne erwärmten Mauern verborgene Kinderspielplatz.

Keine Frage, mehr Ruhe vermittelnde Flecken als das Schloss „Sonnenberg" hat der Thurgau selten zu bieten. Den-

Die Gartenterrasse   *(Brigitte Gegner)*

noch: Auf dem Sonnenberg ist die Welt keineswegs nur heil. Im Jahre 1996 erlebte dies auch Pater Benno. An einem Donnerstag, jeweils der Ruhetag auf Schloss „Sonnenberg", sah er sich auf einmal drei gebrochen

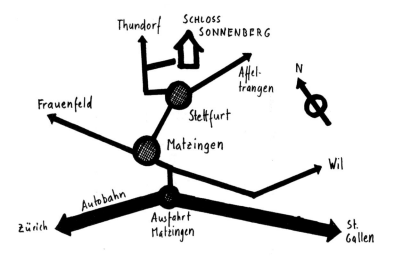

deutsch sprechenden und vermummten Männern gegenüber, die ihn zwangen, den Tresor zu öffnen, und ihn hierauf fesselten. Als wir ihn fragten, ob er damals Angst empfunden habe, verneinte dies der mutige Pater und lachte uns verlegen ins Gesicht.

Dass er sich selber von den Fesseln befreit hatte, verschwieg er uns bescheiden. Wir haben es aber einer Zeitung entnommen. Dass ich nicht so cool wie er einen Überfall wegstecken könnte, gebe ich ohne Umschweife zu.

Die Waldschenke von Bischofszell

(wb) Wandert man von Hauptwil, zuerst vorbei am stattlichen, heute als Altersheim benutzten Schloss und hernach an Villen und Einfamilienhäusern, den Hang zum Bischofsberg hoch, sieht man zwar weiterhin die hässlichen Öltanks eingangs des Dorfes, aber ebenso das Alpsteinmassiv mit dem Säntis. Und wer literarisch ein klein bisschen informiert ist, denkt möglicherweise an den unglücklichen deutschen Poeten Friedrich Hölderlin, der unten im Schloss im Jahre 1801 drei Monate lang die Kinder der sehr begüter-

49

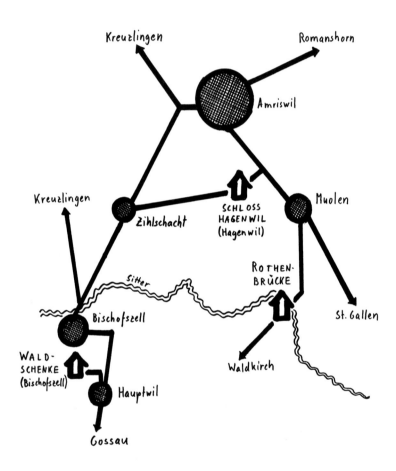

Kreuzlingen

Romanshorn

Amriswil

Kreuzlingen

Zihlschacht

SCHLOSS
HAGENWIL
(Hagenwil)

Muolen

ROTHEN-
BRÜCKE

Sitter

St. Gallen

Bischofszell

WALD-
SCHENKE
(Bischofszell)

Waldkirch

Hauptwil

Gossau

ten Familie von Gonzenbach unterrichtet und dann nach seiner Heimkehr grossartige Alpengedichte geschrieben hat (etwa „Unter den Alpen gesungen") – in der falschen Annahme, der Säntis und die andern von den Hügeln über Hauptwil aus sichtbaren Berge würden zu den Alpen gehören.

Nun, es gibt, ich hab's getestet, weiterhin Bewohner von Hauptwil, die meinen ja ebenfalls, wenn man sie nach Hölderlin fragt, der sei ihnen unbekannt, sie seien nicht hier aufgewachsen. Wie immer, dafür weiss Gabriela Burlet, die Wirtin der „Waldschenke", was sie an ihrer Wirtschaft hat, in der man bei jedem Wetter nur draussen, aber nie in der recht grossen Waldhütte drin sitzen darf. Frau Burlet zu uns: „Wir haben nur acht Monate offen, aber während dieser Zeit lohnt es sich zu wirten. Allerdings achte ich darauf, keine überrissenen Preise zu verlangen. Wir haben ja

„Waldschenke"
Gabriela Burlet
9220 Bischofszell
Gesellschaften melden sich unter
Tel. 071' 422 16 45 / 422 17 44
Offen: März/April: 14 – 17 Uhr,
Mai – August ab 11 Uhr,
September/Oktober 14 – 17 Uhr
(bei schlechtem Wetter zu)

auch Familien, die zu uns kommen und auf das Geld achten müssen. Schade bloss, dass der Kanton uns das Wirten in der Hütte drin nicht bewilligt. Bei plötzlichen Wetterumschlägen wäre ich froh darum."

Dennoch kann man vor der „Waldschenke" („Bei schönem Wetter werden wir oft regelrecht überrannt") gut und einfach essen: nämlich vom Grill. Da gibt es Entrecôtes oder Bratwürste mit Pommes-Frites und sogar Salatteller. Dazu Weine, die zur Gegend passen; und wem das Kindergeschrei an Sonn- oder Ferientagen auf dem grossen Spielplatz zu bunt werden sollte, der kann sich zwischendurch bei einem Spaziergang im Wald erholen. Die Schenke, die der Bürgergemeinde Bischofszell gehört, ist am Abend bei Gesellschaften oft lange geöffnet, und bereits vormittags ab elf Uhr hat die Wirtin die Läden der Selbstbedienungstheke aufgestossen. „Mir gefällt's da oben", verriet sie uns, „dies ist eine der wenigen Wirtschaften, in der man den ganzen Tag frische Luft einatmen kann."

Das Hauptwiler Schloss der von Gonzenbach (Irene Bosshart)

Dies trifft zu. Aber erwähnt sei doch, dass es in Romanshorn mitten in einem finsteren Wald ebenfalls eine **„Waldschenke"** gibt, die viele Erwachsene noch heute gerne besuchen, weil sie dort als Kind Geheimnisvolles erfahren haben. Sie ist allerdings, weil nicht am Waldrand hingebaut, weit schattiger als jene von Bischofszell bzw. Hauptwil, aber ähnlich romantisch wie ihre Namenskollegin. In diesem Zusammenhang wäre auch die **„Lochmühli"** von Mörschwil zu nennen, die direkt an der Goldach liegt und wo jeder, falls er's möchte, sein eigenes Essen fischen kann. Bei Regen darf man allerdings ins Häuschen fliehen. Offenbar sind die St.Galler Behörden humaner und weniger stur eingestellt ...

Das Wasserschloss von Hagenwil

Wer auf einfachem Weg zu einem schlossherrlichen Gefühl kommen möchte, der sollte unbedingt das im ursprünglichen Zustand erhaltene, 1227 erbaute Wasserschloss „Hagenwil" besuchen. In der Deutschschweiz blieben meines Wissens nur zwei Wasserschlösser stehen, Hallwil und Hagenwil. Weltweit einzigartig dürfte im Schloss von Hagenwil der im Kachelofen eingebaute Fernseher sein, eine durchdachte Wärmenutzung hitziger TV-Debatten und heisser Filme.

Möchten Sie Ihren liebsten Feind aufs Glatteis führen, dann leistet Ihnen der von Enten, Gänsen und Fischen bevölkerte Schlossweiher im Winter hervorragende Dienste. Über die alte Zugbrücke gelangt man zum Tor. Dass sie plötzlich hochgezogen wird, steht nicht zu befürchten; die Tragbalken sind fest im Boden verankert. Aber ausrutschen kann man alleweil ...

Doch Spass beiseite: Die Fische im nahen Hudelmoos sollen handzahm sein. Auf noch einfachere Weise kommt man ihnen mit einem Fisch-Fondue näher, eine Spezialität des Schlossre-

Schloss „Hagenwil"
Familie Angehrn
8580 Hagenwil b. Amriswil TG
Tel. 071' 411 19 13
Ruhetag: Dienstag ab 14.00 Uhr
und Mittwoch
Mo/Do/Fr offen, aber 14 – 17 Uhr
geschl., Sa/So ganzer Tag offen

staurants, das neben einer „Metzgete" und Zvieriplättli mit Bauernspezialitäten eine grosse Auswahl an gediegenen Menüs und gepflegten Weinen anzubieten hat. Das Pfeffersteak stammt zwar nicht aus Madagaskar, trägt jedoch den klangvollen Namen „Tournedo Rossini"; es wird mit dem Witz des italienischen Komponisten angerichtet. Im Schloss darf ein Châteaubriand nicht fehlen. Wer hinter Nasi Goreng einen geheimen Code für ein

Das Wasserschloss „Hagenwil"
(*Irene Bosshart*)

Nazi-Goldkonto vermutet, sollte mehr Speisekarten und weniger Zeitungen studieren.

Etwas zugeriegelt wirkt die Schlosskapelle. Betreten kann man sie nicht. Aber niemand hindert Besucher daran, vor der in der Tür eingelassenen Scheibe zu beten. Die dicken Mauern des Wehrturms verbergen zwei Rittersäle. Der obere ist gotisch, der untere pietätvoll renoviert und ebenfalls geschlossen.

Das Restaurant im Biedermeierstil wurde 1958 restauriert. Liebhaber von Bauernmalerei wird die Holztäferung anziehen. Nach einer Beizentour erwähnten die Chronisten des Klosters St.Gallen den Turm und das Weiherhaus 1227 zum erstenmal sowohl nachhaltig als auch urkundlich.

Der erste Hausherr, Rudolf von Hagenwil, wollte auch als erster UNO-Soldat nach Palästina reisen. In Apulien soll er das Fässchen mit dem gepflegten Thurgauer Wein ausgetrunken haben. Der Nachschub stockte. Die italienischen Weine schmeckten ihm nicht. So kehrte er kurzerhand um und vermählte seine beiden Töchter mit den berühmten Edelweinhändlern von Hattenau, auch Hattenov von Glasgow genannt.

1803 kaufte der damalige Am-

... und sein Schlossweiher
(*Irene Bosshart*)

mann von Hagenwil, Benedikt Angehrn, das Schlossgut. Es ist seither in sechster Generation im Besitz der Nachkommen. Der Pächter Ruedi Angehrn ist der Bruder des jetzigen Schlossbesitzers. *René Sommer*

53

Durchs postmoderne Tor in die „Rothenbrücke"

(wb) Als ich vor ein paar Jahren, verlockt vom Wirtshausschild „Rothenbrücke", durch eine ganz gewöhnliche Haustür, unterhalb von St.Pelagiberg in diese Wirtschaft getreten bin und mich auf einmal in einer mit Holz ausgekleideten hohen Stube fern jeder Plastikkultur gefunden habe, kam dies einer Überraschung und Entdeckung gleich.

Wie ich aber im Frühjahr 1997 vor eben diesem knapp hundertjährigen Haus, nicht weit der Sitter, einen regelrecht postmodernen Eingang mit viel Glas und modernem Schnick entdecken musste, meinte meine Begleiterin ziemlich entschieden, da gehen wir nicht rein, solche Restaurant mögen ja in St.Gallen oder in einer andern Stadt am Platze sein, aber nicht hier auf dem Land.

Wir gingen nach einigem Zögern trotzdem hinein und haben es nicht bereut. Wie vor ein paar Jahren entpuppte sich die Wirtschaft wieder als sehr heimelig

Restaurant „Rothenbrücke"
Joseph und Barbara Gomes
9225 Pelagiberg (Rothen)
Tel. 071' 433 12 66
Ruhetag: Dienstag und Mittwoch

und gleichzeitig angenehm; trotz des leicht alternativen Touches gefällt es einem bei Rita Rechsteiner und Urs Kraner auf den ersten Blick. Den Eingang (wie ein Faust aufs Auge) haben die beiden ebensowenig wie den grässlichen Balkon zu verantworten, sondern der Besitzer der „Rothenbrücke" – und einer von vielen unsäglichen Architekten, die sich halt unbedingt noch zu Lebzeiten ein Denkmal setzen möchten. Ein Glück, dass bald einmal Glyzinien und andere starkwuchernde Pflanzen den Balkon überdecken werden ...

Wie immer, unter der kostbaren Kassettendecke lässt es sich an einem der schmalen, wunderschönen Tische gut sitzen, zumal auf den für einmal keineswegs unbequemen Wienerstühlen; und das Klavier vor dem gepflegten Büffet, auf dem eine

Nicht gerade einladend

(Irene Bosshart)

54

alte Waage steht, und die Fotos an den Wänden zeigen sofort, dass in der „Rothenbrücke" kulturelle Anlässe keine Seltenheit sind, und zwar von Ausstellungen bis hin zu Jazzkonzerten (hinter dem Haus in der neu eingerichteten, überaus sonnigen Gartenwirtschaft treten gelegentlich gar Gruppen auf).

Interessant das Angebot: Der aus Kalifornien kommende Koch und seine in Pfyn aufgewachsene Frau bieten nur Fleisch und Gemüse aus Bio-Betrieben an. So etwa ein recht pikantes Chili con Carne, Pizzocheri (Buchweizennudeln) aus dem Puschlav, eine asiatische Gemüsepfanne mit verschiedenen Gemüsen, Salbei, Knoblauch, Kartoffeln und Käse – und vieles mehr. Am Wochenende gibt es sogar oft ein spezielles Menue. Auch die Desserts sind vorzüglich. Kurzum, die ehemalige Bauernwirtschaft ist unter dem vorherigen und jetzigen jungen Wirtepaar zu einer Landbeiz geworden, in der sich Stammgäste, Familien mit Kindern und ebenso Freaks zu Hause fühlen. Und wenn man im Verlauf von Gesprächen erfährt, dass der sofort auffallende Tropenholzboden vor vierzig oder gar fünfzig Jahren gelegt worden sei, kriegt der Gast oder die Gästin kaum ungute Gefühle wegen des Abholzens der Tropenwälder: In jener Zeit, als der Boden eingebaut wurde, wusste noch keiner, welch immensen Schaden man durch den Handel mit Tropenholz der Umwelt zufügt. Mit andern Worten: In dem äusserlich

... und drinnen ganz anders

(Irene Bosshart)

etwas aufgemotzten Haus verbirgt sich ein Kleinod. Mit Bestimmtheit werden wir die „Rothenbrücke" wieder besuchen. Vielleicht treffen wir Sie ebenfalls an? Etwa, nachdem Sie nachts in der Scheune auf Stroh geschlafen haben …

Frau Füllemanns „Biene"

(wb) Im winzigen Dörfchen Maltbach, nicht weit von Weinfelden und an der Strasse zwischen Amlikon und Affeltrangen gelegen, findet sich ein wunderschönes, uraltes Riegelhaus. Es ist die Wirtschaft „Zur Biene" der Frau Emmy Füllemann. Sie liegt genau am berühmten Schwabenweg von Konstanz nach Santiago

55

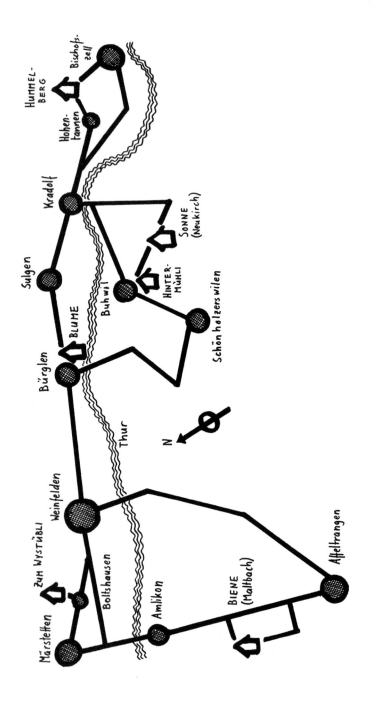

Bischofs-
zell

HUMMEL-
BERG

Hohen-
tannen

Kradolf

Sulgen

BLUME

Bürglen

SONNE
(Neukirch)

HINTER-
MÜHLI

Buhwil

Schönholzerswilen

Thur

N

Weinfelden

ZUM WYSTÜBLI

Märstetten

Bottshausen

Amlikon

BIENE
(Maltbach)

Affeltrangen

de Compostela, soll aber laut Information der Wirtin früher keine Pilgerherberge gewesen sein.

Und mit etwas Glück hat die eine gute Ambiance vermittelnde „Beiz" geöffnet. Seit bald hundertfünfzig Jahren wird das biedermeierliche Bauernhaus als Wirtschaft benutzt. Dass es eine solche ist, muss man jedoch wissen. Es gibt nur ein verstecktes Schild und nirgends einen Hinweis, dass das schmucke Haus öffentlich zugänglich ist; und über Mittag schliesst die energische Frau Wirtin ohnehin zu.

Sie will eben nicht unbedingt eine volle Stube und hat, wie sie uns bekannte, noch nie Werbung für ihre Wirtschaft betrieben.

Obwohl man zum Essen nur Kaltes bestellen kann, rate ich

Wirtschaft „Biene"
Frau Emmy Füllemann
Maltbach, 8514 Bissegg TG
Tel. 071' 651 12 33
Ruhetag: Montag und Dienstag

dringend, die „Biene" sowohl von aussen wie von innen zu besichtigen. Neue Täfer grüssen von den Wänden und alles entspricht noch der originalen Einteilung Gaststube/Küche/Nebenstube.

Bauernwirtschaften wie die „Biene" hat es früher im Thurgauischen viele gegeben; heute scheinen Pubs, Pizzerien und dergleichen gefragter zu sein. Darum ist zu hoffen, dass die „Biene" schon als Relikt aus einer vergangenen und nicht unbedingt üblen Zeit eine Zukunft hat. Wir könnten von dieser Zeit möglicherweise einiges lernen. Stillesein etwa, Poesie, Kontemplation ...

(*Brigitte Gegner*)

Die „Blume" von Bürglen
oder Ein Roman von Joseph Roth

(wb) Immer wieder hörten wir von dieser Wirtschaft. Erst nach drei oder vier Anläufen haben wir sie jedoch – unser Problem, ich weiss – gefunden. Die einen sagten uns, sie sei in der Nähe von Sulgen,

andere orteten sie in Weinfelden. In Tat und Wahrheit steht sie auf dem Gemeindegebiet von Bürglen.

Doch unsere Ausdauer beim Suchen hat sich mehr als gelohnt:

Die „Blume" von Bürglen ist ein Bijou, ganz und gar Relikt (und doch weitaus mehr) aus einer Zeit, die nie mehr zurückkommen wird und kann. Die Wirtschaft befindet sich direkt am Bahngeleise zwischen Bürglen und ...

Nein, das ist nicht ganz wahr! Will man in die „Blume", muss man zuerst übers Geleise der Bahnlinie Zürich-Romanshorn (oft gilt es, vor geschlossenen Barrieren Geduld zu üben), dann ist eine Kanalbrücke zu überqueren – und erst hernach steht man vor einem schönen, eher an Italien als ans Thurgau erinnernde Gebäude, liest die Aufschriften „Restaurant", „Bäckerei zur Blume" und rechts davon über einem kleinen Schaufenster das Wort „Conditorei". Und das Überraschende folgt sogleich: die Aufschrift stimmt, die Conditorei gibt es nach wie vor.

Dies bleibt nicht das einzige, was Besucher der „Blume" überrascht: Erstens verliebt man sich gleich in die grosszügig und ganz natürlich angelegte Gartenwirtschaft (deren Dach im Sommer die Blätter und Äste von Bäumen sind), und wenig später verblüfft das Innere der Wirtschaft. Etwas düster, vielleicht gar kantinenartig mag sie auf den ersten Blick anmuten; im Handumdrehn wird sie aber zahlreichen Gästen so etwas wie Heimat vermitteln. Und als wir sie über die drei

> **Restaurant und Bäckerei**
> **„Zur Blume"**
> *Anna und Hermann Fritschi*
> *8575 Bürglen TG, Kanalstr. 10*
> *Tel. 071' 633 11 51*
> *Ruhetag: Nur bei schlechtem Wetter gelegentlich geschlossen*

Die „Blume" von Bürglen   (Irene Bosshart)

Im Hintergrund die Plättliwand des einstigen Backofens (Irene Bosshart)

Treppentritte betraten, erkannten wir im Hintergrund, direkt vor der Kachelwand des einstigen Backofens, sofort die Wirtin, Frau Anna Fritschi.

Schon allein diese Frau kennenzulernen, ist ein Erlebnis. Ihr offenbar stets gut aufgelegter Sohn Hermann, der die Conditorei betreut, sagte uns denn auch lachend, eigentlich heisse seine Mutter Donna Anna Maria Fritschi. Das war nicht übertrieben. Frau Fritschi ist eine Donna, könnte durchaus einem alten italienischen Adelsgeschlecht angehören. Die Selbstsicherheit der älteren Frau darf nicht als Arroganz verstanden werden, sie kommt aus mancherlei Erfahrungen und harten existentiellen Kämpfen während der Kriegs- und Nachkriegsjahre.

Irgendwie hat sie auch das Flair einer italienischen Mamma, aber ebenso von einer Frau, die gelebt hat und weiterhin lebt und trotz bösen Beinen nicht davor zurückschreckt, die langen Wirtshaustische mit einem Lappen zu reinigen oder Stühle zurechtzurücken. Dass es ohne Arbeiten nicht geht, hat Frau Fritschi im Verlauf ihrer Kindheit im rheintalischen Widnau gelernt, als es für die Heranwachsende galt, möglichst bald Geld zu verdienen und auf eigenen Füssen zu stehen.

Es gäbe allerhand über die im besten Sinne eigenartige Wirtschaft zu erzählen, die schon wegen der hellen Kacheln oder Plättli an der Rückwand auffällt; und irgendwie hat mir auch gefallen, dass die Wirtin und ihr Sohn keine Scheu bekunden, während ihres Mittagessens am hintersten Beizentisch mit einem transportablen Fernseher Nachrichten zu hören – ohne allfällig

... in einer kleinen Conditorei

(*Irene Bosshart*)

anwesende Gäste zu fragen, ob ihnen dies passt oder nicht.

Gerne lasse ich die Wirtin selber über ihre Wirtschaft reden, die wie der Umschwung einem Roman des Österreichers Joseph Roth entsprungen sein könnte. „Schon mehr als hundert Jahre gibt es die 'Blume'", berichtete sie auf unsere Frage, nachdem sie sich standhaft geweigert hatte, sich von meiner Begleiterin fotografieren zu lassen. „Meine Schwiegereltern wirteten seit 1927 hier und führten auch eine Bäckerei. Dies haben wir beibehalten. Ich selber habe die Wirtschaft 1941 übernommen. Damals sind Lieferanten noch oft mit Ross und Wagen bei uns vorgefahren ..."

Dann verriet sie uns, im Verlauf des Krieges habe sie jeden Mittag Arbeiter und Arbeiterinnen aus einer nahen Fabrik verköstigt und auch heute bringe sie über Mittag jeweils ein Menü auf den Tisch. Ihre Spezialitäten sind weitherum bekannt: Etwa die Käse- und Eieromeletten oder der „Buureteller" mit eigenem Speck und Käse. Wenn der Sohn oder die Aushilfe diesen auf den Tisch stellt, staunt man nur so; wie eine Scheiterbeige sind Käsestäbchen und Specktranchen aufeinandergeschichtet. Wer danach noch Hunger verspürt, muss meines Erachtens fresssüchtig sein ...

Was zudem Spezialitäten anbelangt: Die wunderhübsche, an alte Schlager erinnernde Conditorei wartet ebenfalls mit Leckerem auf. So sollen gar Leute von Deutschland herbeireisen, um die Amaretti von Hermann Fritschi, als Konditor ein richtiger Zauberer, zu kaufen (wir erfuhren es von einem Stammgast, nicht von den Fritschis). Auch die in Schnaps und Schokolade getauchten Kirschen (samt Stein) vergehen einem auf der Zunge wie so viele andere Gebäcke des erfindungsreichen Konditors. Dass es daneben Käsetüllen, Zwiebeltüllen (Wähen), Käschüchli und herrliche Nussgipfel in der Wirtschaft gibt, versteht sich von selbst; und Bürli wie jene von Hermann Fritschi kriegt man wahrscheinlich in keiner andern Bäckerei oder Wirtschaft der Schweiz.

Dass der bereits erwähnte Buureteller – wie Frau Fritschi sagt – aus „eigener Schlacht" kommt, wurde uns nicht vorenthalten. Stets haben die Fritschis im Stall sechs Schweine, die jede Woche mehrmals ins Freie können und „langsam gefüttert", also nicht wie bedauernswerte Mastschweine gehalten werden. Man merkt's dem selber geräuchten Speck an. Und dass weit herum über die „Metzgete" bei ihr geschwärmt wird, ist begreiflich. Noch schöner als die Schweine der Frau Fritschi haben es die Hühner: Sie leben ewig, d.h. bis sie von alleine sterben.

Ins Paradies „Zur Blume" kommen nicht nur Mütter mit ihren Kinderwagen, Wanderer, Velofahrer und Reiter samt ihren Pferden (entlang der Thur oder des Kanals) – auch Menschen, die im Zug beim Vorbeifahren die Wirtschaft gesehen haben, besuchen sie gelegentlich. „Darunter sind sogar einige Bähnler", verriet uns die Wirtin, „täglich fahren 144 Züge bei uns vorbei ..."

Einen eigentlichen Ruhetag kennt die „Blume" nicht. Dafür wird bei schlechtem Wetter die Wirtschaft gelegentlich geschlossen, zumal im grossen Naturgarten einiges an Arbeit wartet. Steht die Tür aber offen, wird man es nicht bereuen. Die alten Lampen, Stühle, Tische strahlen etwas Geheimnisvolles und Schönes aus – und irgendwie sind auch jene längst verstorbenen Gäste präsent, die vor Jahrzehnten in der „Blume" ein „Weinfelder"-Bierchen (es wird noch heute ausgeschenkt) oder sonstwas getrunken haben. Die vielleicht originellste Beiz des Thurgaus berichtet im Heute ein wenig vom Gestrigen. Trinkt man mehrere Gläschen „Blumengeist", könnte man Vergangenes gar zu sehen bekommen.

Andere Wirtschaften rund um Weinfelden

(wb) In der Gegend von Weinfelden und Bürglen gibt es neben der „Blume" von Bürglen noch einige interessante Wirtschaften. So im Dörfchen Boltshausen die kleine Beiz **„Zum Wystübli"**, die meist erst um 17.00 Uhr aufgeht, Mittwoch und Donnerstag zu ist, dafür am Freitag um 14 und Samstag um 13 Uhr aufgeht und am Sonntag ganztägig geöffnet ist (am ersten Wochenende im Monat aber geschlossen bleibt). Mehr als Aussichtsrestaurant darf oder muss hingegen der **„Hummelberg"** erwähnt werden zwischen Hohentannen und Zihlschlacht, Orte, in denen es ebenfalls Beizen zu entdecken gilt. Und obwohl der Hummelberg an Höhe nur gerade

schäbige 560 Meter aufweist, bietet er eine Sicht auf den Alpstein, die Vorarlbergeralpen, die Rückseite der Churfirsten und die Gipfel und Hügelzüge des Zürcher Oberlands, die zum Verweilen verlockt. Auch die **„Sonne"** in Neukirch an der Thur ist nach unserm Dafürhalten durchaus einen Besuch wert.

Ein roter Öpfel wird Sie begrüssen

(wb) Wer in der Gegend von Hefenhofen, zwischen Dozwil und Amriswil gelegen, unter einem grossen roten Apfel durchkommt, der befindet sich nicht nur vor einem prächtigen Thurgauer Riegelbau, sondern vor allem vor der Buurewirtschaft „Roter Öpfel". Das Haus ist im Jahre 1811 erbaut worden, und seit 1888 gehört es der gleichen Familie: der Familie Stäheli. Heute wirtet der Bauer Alfred Stäheli zusammen mit seiner Schwester Verena, während Bruder Ernst, ehemaliger Posthalter von Amriswil, recht aktiv als Servicemann amtiert und sich ohne Einwände als solcher titulieren lässt.

Die Wirtschaft besteht aus zwei durchgehenden Stuben – und ist vielleicht die schönste und gemütlichste Beiz im Oberthurgau. Sie war einst ein Zwischenziel für viele religiöse Menschen, die auf dem schwäbischen Pilgerweg halt auch essen und trinken und übernachten

Wirtschaft „Roter Öpfel"
Alfred und Verena Stäheli
8580 Hefenhofen (Amriswil) TG
Tel. 071′ 411 12 43
Ruhetag: keinen

mussten. Heute sind es aber, wie uns der freundliche Wirt berichtete, abgesehen von zahlreichen, meist jassfreudigen Stammgästen und Rentnern in erster Linie Wanderer und Velofahrer, denen der „Rote Apfel" ein Begriff ist. Sie kommen öfters vom Romanshornerwald her und müssen bei den Stähelis weder hungern noch verdursten.

Bekannt sind in erster Linie die kalten Teller, aber auch die Käseschnitte erachte ich als bedeutend besser als an den meisten Orten. Auf Bestellung wird Beinschinken mit Kartoffelsalat offe-

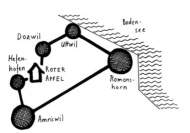

Der rote Apfel vor dem „Roten Öpfel"

Korn- sowie die Rauchkammer zeigen lassen. Bereits beim Eintreten wird man freilich überrascht: Es läutet nämlich eine Hausglocke, und zwar ganz ohne Strom. Und dass mir beim Verlassen der Wirtschaft eine Strophe des Gedichtes „Einkehr" von Ludwig Uhland in den Sinn kam, verrate ich gern:

> Bei einem Wirte wundermild,
> Da war ich jüngst zu Gaste;
> Ein goldner Apfel war sein Schild
> An einem langen Aste.

Auch wenn unsere Wirtschaft zum „Roten Öpfel" heisst, sie dürfte durchaus einen „goldenen" verdienen.

riert; und weil man im „Roten Apfel" selber räuchert, könnte das Aroma des Specks oder der Buureschüblig nicht kräftiger sein. Dass Most und Schnaps der ebenfalls als Obstbauern tätigen Familie besonders urchig schmecken, wollen wir nicht verschweigen. Zwischen acht- und neuntausend Liter Saft verschwinden alljährlich in der Wirtschaft bzw. in den Bäuchen der Gäste ...

Vieles gefällt in dieser Wirtschaft: das gestemmte Holztäfer mit seinen Intarsien (aus Kirschenholz), der Parkettboden, die Decke aus Tannenholz oder die eingebaute Uhr mit Spieldosen. Wer überdies den Wirt dazu überreden kann, der soll sich im Dachgeschoss die ehemalige

Eine der beiden Stuben

(Irene Bosshart)

63

Das „Landhaus" der Familie Keller

(wb) „Unsere Beiz läuft irgendwie nebenher", meinte Frau Maria-José Keller zu uns, als wir ihr eine entsprechende Frage stellten. Kann sein, dass diese Tatsache das „Landhaus" von Bettenwil (bei Roggwil) gerettet hat. Während andere bürgerliche und bäuerliche Wirtschaften längst zu Pubs, italienisch oder amerikanisch angehauchten Futterhallen verkommen sind, hat sich das „Landhaus" so erhalten, als ob es die unseres Erachtens keineswegs nur erfreuliche Entwicklung hin zur Plastikkultur nie gegeben hätte.

Seit 1808 ist das „Landhus", wie es manche nennen, eine Wirtschaft. Schon damals verdienten seine Bewohner eher mit dem Obstbau ihr Geld, weniger mit der Gaststätte. Das hat sich bis heute nicht geändert. Kirschen, Zwetschgen, Äpfel und Birnen sind die Existenzgrundlage der Familie Keller.

Wirtschaft „Landhaus"
Maria-José und Rolf Keller
9325 Bettenwil (Roggwil) TG
Tel. 071′ 455 12 21
Ruhetag: Montag und wenn
das Tafelobst ruft

Wie der Name verrät, ist die Wirtin eine Spanierin. Da sie aber in Winterthur aufwuchs, käme man, wenn man ihre Stimme vernimmt, nie auf die Idee, sie könnte keine gebürtige Schweizerin sein. Wir

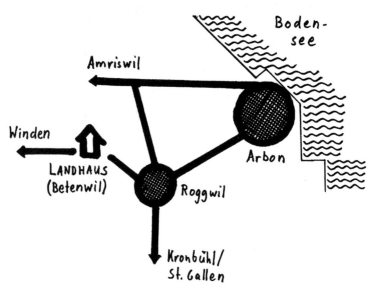

erfuhren es erst, als sie uns verriet, dass es im „Landhaus" normalerweise nur kalte Küche gebe, man jedoch telefonisch durchaus eine Paella und andere warme Gerichte bei ihr bestellen dürfe. „Mehr als dreissig Personen nehmen wir aber nicht an, dafür fehlt der Platz", sagte sie uns und ebenso, dass am Montag die Wirtschaft stets geschlossen sei, manchmal aber auch, wenn sie ihrem Mann bei der Obsternte helfen müsse.

Kommt man in die Wirtschaft, fallen als erstes der blassgrüne Kachelofen, die zwei alten, einfachen Tische in der Wirtschaft und drei weitere im Sälchen nebenan auf. Das Täfer ist vor vielen Jahren noch vom Vater des heutigen Besitzers abgelaugt worden, während Fachleute das Tannenholz mit einer inzwischen weitgehend vergessenen Technik derart kunstvoll maserierten (Einzeichnen der Holznarben), dass es heute wie Arvenholz aussieht. Herr Rolf Keller zu uns: „Wer früher kein Geld für Intarsien aufbrachte, maserierte eben – und wir sind stolz, dass mein Vater unsere Wirtschaft so liebevoll und sanft renoviert hat."

Darauf dürfen die Kellers wirklich stolz sein. Und nachdem man am steinernen Brunnen vorbei (in dem heute Goldfische schwimmen) die Steintreppen zum Haus hochgestiegen ist, gefällt es praktisch jedermann in der nicht von Bildern und Schnick überschwemmten Gaststube. Hat man Glück, so bringt die Wirtin oder der Wirt gar Zeit auf, mit den Gästen bei einem

Die Wirtin vom „Landhaus" bewirtet einen Gast   (Irene Bosshart)

Glas „Neufener" oder „Nussbaumer" (Eulenwein) über dies oder jenes zu plaudern. Die Zeit verfliegt dann schnell.

Das „Landhaus" von Bettenwil zu finden ist freilich nicht so leicht. Am besten geht oder fährt man in Roggwil am „Ochsen" vorbei Richtung Winden; dann muss man es finden. Wanderer, Reiter wie viele Velofahrer kennen es allerdings längst als Geheimtip. Besonders im Frühling, wenn im Thurgau alles blüht, empfehlen wir einen Besuch in Bettenwil. Dem schliesst sich auch ein Vorderländer Wirt an: Werner Hanny vom „Gemsli" in Zelg-Wolfhalden. Während des Blusts soll er dem Vernehmen nach mehr im „Landhaus" der Familie Keller gesichtet werden denn in seiner eigenen Wirtschaft!

Stein am Rhein mit der Burg Hohenklingen

Schaffhausen – und sein Stein am Rhein

(wb) Auch im Schaffhausischen und in Schaffhausen selbst finden sich schöne und heimelige Wirtschaften. Aber da wir in unserm Buch bewusst grössere Städte ausgeklammert haben (es hätte sonst den doppelten Umfang erhalten), stellen wir Ihnen keine Gasthäuser und Beizen der Munotstadt vor, die uns gefallen; welche zu finden, die Ihren Vorstellungen entsprechen, überlas-

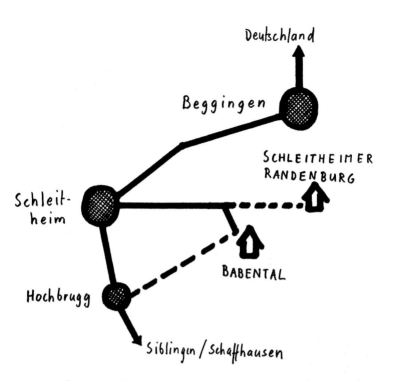

Deutschland

Beggingen

SCHLEITHEIMER
RANDENBURG

Schleit-
heim

BABENTAL

Hochbrugg

Siblingen / Schaffhausen

sen wir Ihnen. Dafür sei der **„Schleitheimer Randenturm"** erwähnt, eine Schutzhütte (895 m) mitten im Wald und unterhalb der einstigen Randenburg. Die von Tischen, Bänken und Feuerstellen umgebene Hütte wird von Werner und Vreni Furrer geführt und ist an den Wochenenden von April bis Ende Oktober offen (052' 680 17 41). Es gibt keinen Strom und kein Wasser. Letzteres wird wie das Gas hochgebracht. Ausser Fleisch verkaufen die Furrers auch andere selber hergestellte Produkte.

Auch die einzige Alp des Kantons, die Babenalp mit dem Restaurant **„Babental"** auf 615 m ü.M. (Tel. 052' 680 12 72), verdient unser Interesse. Sie gehört ebenfalls zum Gemeindegebiet von Schleitheim und wird besonders von Kindern geliebt, die wirklich noch Kinder sind. Der Grund: Es gibt bei Liliane und Peter Bühler viele Tiere zu bestaunen. Zur Alpwirtschaft „Babental" (Mittwoch/ Donnerstag ist Ruhetag) und vor allem zum „Schleitheimer Randenturm" gelangt man meist nach recht ausgiebigen Wanderungen auf den Waldhöhenzügen des Randens (bis 930 m hoch auf deutschem Gebiet), der – was viele nicht wissen – zwischen dem Schwäbischen- und dem eigentlichen Schweizer Jura ebenfalls Bestandteil des Juras ist.

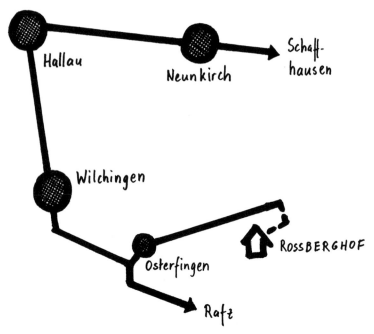

Hallau

Neunkirch

Schaff-
hausen

Wilchingen

Osterfingen

ROSSBERGHOF

Rafz

Ebenso scheint uns der **„Rossberghof"**, auf einer Waldwiese
über Osterfingen, eine Erwäh-
nung wert. Am Dienstagabend
und am Mittwochabend schliessen Monika Tanner und Niklaus
Obrist ihre Wirtschaft (Tel. 052'
681 10 63). Sonst aber hat sie eine
gutbürgerliche Küche und im
Herbst vor allem Wildspezialitä-

Der „Rossberghof" am Südranden

ten aus den nahen Wäldern des Südrandens anzubieten. Auch Zimmer gibt es im übrigen im „Rossberghof", der, wie seine Umgebung, Bestandteil der bekannten Weinbaugemeinde Wilchingen ist.

Ein Kleinod namens Stein am Rhein

Wir möchten Ihnen aber besonders zwei Gasthäuser im allerdings von Touristen, vor allem aus dem benachbarten Deutschland, bei schönem Wetter geradezu überfluteten **Stein am Rhein** ans Herz legen.

Dennoch, das Städtchen unterhalb der Burg Hohenklingen und grosser Rebberge ist ein richtiges Kleinod mittelalterlicher Baukunst und fasziniert mit seinen Häuserfronten, seinen von kunstvollen Fassaden und Erkern geschmückten Fachwerkbauten, dem ehemaligen Benediktinerkloster St.Georgen samt seiner alten Trotte (das Kloster ist heute ein eindrückliches Museum) oder mit dem bereits 1601 erwähnten Brunnen auf dem Rathausplatz, auf dessen vier Meter

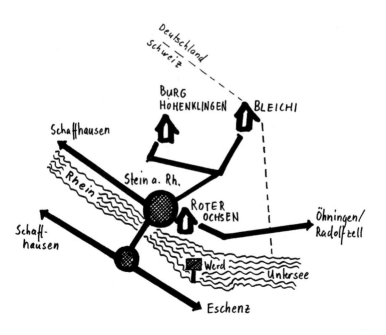

Die „Altschweizerische Weinstube zum Rothen Ochsen"

chen und schmalen Weinschenke, sah die dunklen, getäferten Wände, die lebensgrossen Figuren aus Holz und Metall, die Decke weit oben, die alten Schiefertische, die wohl aus der Zeit des Barock stammenden und mit Löwenköpfen verzierten Stabellen, die geschichtlichen Bilder, den grünen, vermutlich ebenfalls barocken Kachelofen, der auf ihn wie ein Kamin wirkte ..."

Noch manch anderes wäre zum Thema „Roter Ochsen" zu erwähnen, der zur Häuserzeile „Vordere Krone" (ebenfalls mit einer Weinstube), „Steinerne Trauben", „Sonne", „Meise" und „Schwarzes Horn" gehört: Etwa das beeindruckende Wirtschaftsschild „Zum Rothen Ochsen", das einen metallenen roten Ochsen zeigt, unter dem „Altschweizerische Weinstube" zu lesen ist; oder dass auf jedem Schiefertisch eine schlanke Kerze in einem Messingkerzenständer steckt, an der Decke ein grosses Rebenoval zu sehen ist und die zahlreichen Wandbilder 1913 von Lore Rippmann und August Schmid ausgemalt wurden. Gelingt es aber, die Wirtin zu überreden, dann sollte man sich unbedingt im Saal des zweiten Stocks das Wandbild „Arche Noah" von Andreas Schmucker ansehen, das dieser 1615 gemalt hat und auf dem zu sehen ist, wie die Tierpaare über eine Holzbrücke in die Arche steigen.

Die herrliche Weinstube (am Montag ist Ruhetag) wurde über zwanzig Jahre lang von der Wirtin Verena Weissmüller geprägt. Sie

hoher Mittelsäule seit Jahrhunderten unverwüstlich ein Eidgenosse Wache steht.

Im wohl ältesten urkundlich erwähnten Bürgerhaus **„Zum roten Ochsen"** am Rathausplatz findet sich eine der schönsten, wenn nicht die schönste Weinstube der Schweiz; schon aussen wissen die 1615 entstandenen Malereien von Meister Andreas Schmucker zu gefallen, ebenso der vierseitig ausspringende Erker mit Rippengewölbe. Auch Jon Durscheis Benediktinerpater Ambrosius – bereits öfters in diesem Buch zitiert – hat die Weinstube (Tel. 052' 741 23 28) schon mehrmals besucht und dort ahnungslos mit einem Mörder geplaudert. Im Krimi „Mord in Stein am Rhein" (erscheint 1998) beschreibt der Autor die Weinstube der Verena Weissmüller (trotz anderslautender Gerüchte nicht verwandt mit Johnny Weissmüller): „.... nun sass Ambrosius gemütlich am Stammtisch dieser unvergleichlichen, längli-

Das Hotel Garni „Bleichehof" der Frau Diessler

hauchte der einmaligen Wirtschaft erst so richtig Leben ein und wer bei ihr einen „Steiner" trank und dazu vielleicht Fische aus dem Untersee ass oder einen der nur leicht gesüssten „Rebstecken", die weitaus knusperiger als Bierstengel sind, dem war es mehr als recht, die Weinstube durch die alte Glastüre neben dem grossen Bogenfenster betreten zu haben. Dass in ihrer Weinstube auch Bücher zum Durchblättern auflagen, darunter ein Roman, der dem „Roten Ochsen" gilt, gab ihr einen zusätzlichen Reiz. Heute wirtet aber mit Marianne Küng aus Romanshorn ebenfalls eine Wirtin, die ein gutes Klima schafft und vor allem einheimische Weine führt und auf ihrer kleinen Karte einige Leckerbissen anbietet. Der „Rote Ochse" lebt also weiter. Zum Glück. Und geöffnet ist die einmalige Weinstube von 11 – 24 Uhr.

Wer freilich eher die Natur um Stein am Rhein als das Städtchen liebt, der hat einigen Grund, gegen die Rebberge hochzugehen, dann aber zuerst einmal nicht die steilen Treppen zur Burg Hohenklingen zu benutzen, sondern sich, mehr rechts haltend, dem **„Bleichehof"** von Dorothea Diessler anzunähern. Das einmalige, sehr herrschaftlich wirkende Bauerngut der Frau aus der sächsischen Schweiz galt früher als regelrechte und weit herum berüchtigte Schmugglerbeiz, heute jedoch ist es ein wunderhübsches **Hotel Garni** mit vier oder fünf Zimmern. In ihm übernachten und in der ehemaligen Wirtschaft, die man über ein hölzernes Brückchen betritt, frühstücken zu dürfen, ist ein Privileg. Darum verraten wir gern die Telefonnummern: 052' 741 22 57 (vom 20. Nov. – 20. März geschlossen).

Ein Rat nur: Verlässt man den

Hof der Frau Diessler, darf man den Pass nicht vergessen. Schon nach wenigen Metern sind Sie nämlich auf deutschem Boden und finden im Unterholz herrliche Wanderwege zum Dorf Schienen hinüber. Ebenso können Sie aber durch einen der seltenen Eichenwälder der Schweiz zur stattlichen, im 13. Jahrhundert erbauten Burg und Wirtschaft „Hohenklingen" (Tel. 052' 741 21 37) aufsteigen und sich dort in einer ebenfalls barocken Stube vom Koch Hansjörg Zaugg kulinarisch verwöhnen lassen (Betriebsferien jeweils mitte Dez.-mitte März; ab mitte März bis Ostern und mitte Okt. bis mitte Dez. Montag und Dienstag geschlossen, sonst immer nur am Montag). So oder so wird's für die meisten dabei bleiben: Stein am Rhein ist und bleibt ein Bijou – auch an regnerischen Tagen und dann vielleicht, weil keine Touristenscharen stören, gar mehr.

Die „Mühle" wird gesucht

Als letzte Wirtschaft im Schaffhausischen empfehlen wir Ihnen die „**Mühle**" im Weiler mit dem eindrucksvollen Namen Wunderklingen (Tel. 052' 681 32 10, Montag ist Ruhetag). Für einmal sind wir jedoch so frei und fordern Sie auf, den Weg zu ihr selber zu suchen. Nur dies sei verraten: Sie müssen oberhalb von Hallau durch das wunderschöne und grösste zusammenhängende Rebgebiet der Ostschweiz gehen, und zwar nicht an der Bergkirche St.Moritz vorbei. Die Bauernwirtschaft von Gertrud Neukomm im Wutachtal verdient es, so meinen wir, besucht zu werden – und dies nicht nur, weil das badisch-schweizerische Klettgau, zwischen Wutach und Rhein bis hin zum Randen bei vielen als schönste Schaffhauser Region gilt! Auch der Wein aus dem Eigenanbau hat es in sich, ebenso die Bauernspezialitäten.

Auf dem Weg zur „Mühle" von Wunderklingen

Auf der Sonnenseite des Toggenburgs und des Walensees

(wb) Von Buchs im Rheintal oder von Wil aus kann man das Toggenburg erobern. Mit dem Auto, dem Fahrrad oder am besten auf dem Toggenburger Höhenweg, der (wohl glücklicherweise) für Mountainbiker nicht geeignet ist, jedoch für Berggänger, die wissen, dass man auf engen Pfaden bei jedem Schritt vorsichtig sein muss.

Wie immer wir uns aber mit dem Toggenburg auseinandersetzen, ständig stossen wir auf geschichtliche Bezüge. Hier, im thurgauischen Fischingen, hat die Heilige Idda mit ihrem Gatten, dem laut Legende äusserst eifersüchtigen Grafen von Toggenburg, gelebt, gelitten und einen Sturz aus dem Turmfenster und eine Felswand hinunter heil überstanden, um dann in den Wäldern des Hörnligebietes als Eremitin zu leben. Hier ist Zwingli gross geworden (Wildhaus) und hier hat Ulrich Bräker, der arme Mann vom Tockenburg, am

Schattenhang über Ebnat-Kappel seine Tagebücher und Betrachtungen über Shakespeare geschrieben.

Wir freilich haben uns nicht allzu sehr um die Toggenburger Geschichte gekümmert, sondern, von Ausnahmen abgesehen, lieber die von der Sonne beschienene Seite des Toggenburgs aufgesucht und die gegenüberliegende Seite hinauf zu den Churfirsten in der Gegend von Unterwasser und Wildhaus ganz und gar Touristen, Ferienhäuschenbesitzern und Skifahrern mit und ohne Marsmenschausrüstung überlassen. Dass es aber weiter unten gegen Alt St. Johann, Nesslau und Ebnat-Kappel zu auch auf der sogenannten Schattenseite des Toggenburgs einmalige Landschaften, Beizen und weit oben nicht nur vormittags von der Sonne bestrahlte Gegenden gibt, sei ebenfalls festgehalten.

Nur Sonne (bei schönem Wetter, wohlverstanden) grüsst allfällige Berggänger hingegen, nachdem sie die Churfirsten auf nicht ungefährlichen Pfaden überquert haben und hoch über oder unten am Walensee unverhofft meinen, sie seien in eine andere Welt als die übliche geraten. Vor allem am See, zwischen Weesen und Walenstadt, beglückt einem das Gefühl, im Tessin oder gar an einem norditalienischen See zu sein. Feigen wachsen hier, Reben, Kastanien und Essigbäume, auch Tyhmian und Zyklamen blühen entlang der Wege, und würde man nicht hin und wieder zu den stotzigen und auf manchen bedrohlich wirkenden Felsen der Churfirsten hochblicken, könnte man sich automatisch die Frage stellen, ob dies wirklich noch die Schweiz sei, zumal man in Betlis nur wenige Autos und in Quinten gar keine zu sehen bekommt, in diesem Dörfchen, das nur per Schiff oder eben über einen von Seilen gesicherten Felsweg erreichbar ist. Auch in Betlis und Quinten haben wir für Sie Wirtschaften besucht.

Im „Moosbad" hat's staubfreie Luft und Holderwein

Auf der Landeskarte erscheint das „Moosbad" als ideales Ziel für Sternwanderungen. Von Nassen, Degersheim, Wolfertswil und Magdenau führen Wanderwege zur kleinen Hochebene über den Waldhängen (860 m ü.M.) mit Aussicht zu den Toggenburger Bergen und dem Zürcher Oberland. Zwei weitkronige Linden spenden der Gartenwirtschaft Schatten, während die Terrasse Sonne und Windschutz verspricht. Gern tritt man auch in die Gaststube des Toggenburger Bauernhauses, dessen Fensterzeilen von kleinen Fassadendächern beschützt werden und zusammen mit dem Kreuzgiebel-

dach die Eigenheiten des Gebäudes ausmachen.

Seit acht Jahren sind Luzia und Hansruedi Rutz-Räss auf dem Bauernhof und in der Wirtschaft tätig. Im Gegensatz zu ihrem Vor-

Restaurant „Moosbad"
Luzia und Hansruedi Rutz-Räss
9116 Wolfertswil (Degersheim) SG
Tel. 071' 393 15 73
Ruhetag: Mittwoch und
Donnerstag bis 17 Uhr

gänger, einem Appenzeller Landwirt und Junggesellen, der nur Gäste einliess, die seinen Vorstellungen entsprachen, haben sie für alle eine offene Tür. Eine andere Tradition pflegen sie je-

doch weiter. Nach wie vor kann man Holderwein und im Herbst auch Holdersauser bekommen, den die Wirtin selber zubereitet. Frischer Most wird mit Holdersaft und Zucker versetzt. Wenn die Gärung abgeschlossen ist, entsteht dieser besondere Wein. Zuviel sollte von ihm keiner trinken; der süsse Wein fährt gehörig ein.

Die hohe holzgetäferte Gaststube wirkt nicht eng. Selbst wenn um alle drei Tische Gäste Platz nehmen und einander näherrücken, bleibt einem viel Raum zum Schauen und Zuhören. Es gehört zur Atmosphäre des „Moosbads", dass sich die Gäste zusammensetzen und miteinander ins Gespräch kommen. Dabei kann man interessante Dinge hören. Lang vor den Sprachwissenschaftlern, die die Rechtschreibung zu reformieren meinten, stifteten Heimatkundler im nahe gelegenen Dorf Alterswil Verwirrung, indem sie den Namen auf dem Ortsschild kurzerhand durch „Alterschwil" ersetzten. Jetzt würde es eine offizielle und eine übliche Schreibweise geben. Die verordnete findet nirgends Anklang.

Früher versetzten ohnehin eher Brände als die Rechtschreibung die Leute in Unruhe. Das Gasthaus brannte 1914 ab. Die alte Postkarte, die Frau Rutz uns zeigte, entbietet einen Gruss vom „Moosbad", macht Reklame für die eisenhaltige Heilquelle, das restaurierte Badehaus, schattige Spaziergänge und staubfreie Luft.

Von diesem Badehaus, einem Holzbau mit Flachdach und dem

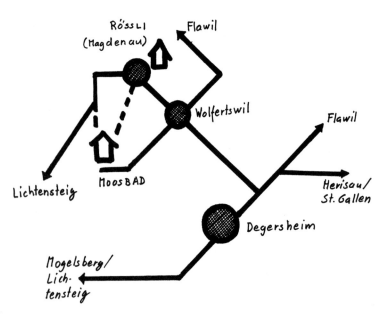

kleinen Kurbetrieb finden sich leider keine Überreste mehr. Die Badewannen, die auf den Weiden stehen, sind wie überall in der Schweiz zum Tränken der Kühe bestimmt.

Neben Spaziergängern, die auch von Flawil und Uzwil zum „Moosbad" hinaufwandern, zählen gelegentlich Jäger zu den Gästen. Auch während unseres Besuches waren welche da. Und obwohl das Angebot eigentlich nur „prima Buurespeck" und andere kalte Speisen umfasst, schlug ihnen die Wirtin Luzia Rutz spontan eine Suppe vor. Ob sie Servelats darin kochen könnte, fragt ein Jäger. „Wenn ich gewusst hätte, dass ihr kommt, gäbe es Suppe mit Siedfleisch."

Zum Schluss noch dies: Das Sälchen neben der Gaststube bietet Raum für fünfundzwanzig bis dreissig Personen. Es wird öfters für Sitzungen und Versammlungen genutzt. Angemeldete Gesellschaften können ein warmes Menü bestellen.

René Sommer

Das „Rössli" von Magdenau

(wb) Falls Sie Kontraste lieben, raten wir Ihnen, nach dem Besuch vom „Moosbad" zum herrschaftlichen „Rössli" des Weilers Magdenau hinunterzusteigen, das dem Frauenkloster von Magdenau gehört. Die im ersten Stock gelegene Wirtschaft wirkt gediegen, das Essen ist gut bürgerlich und im einmaligen und sehr sehenswerten Jugendstil-Saal können gegen 180 Personen ein Fest feiern oder sich an einem Theater bzw. Konzert ergötzen. Sie können den Saal auch mieten (Tel. 071' 393 16 75). Ruhetag ist der Mittwoch. Isabelle und Pius Hugentobler sind bekannt für ihre Metzgete und das Zmorgebuffet. Übernachten kann man im Kloster, muss aber die Zimmer bei den Wirtsleuten reservieren.

Die rutschende „Chrüzegg" wurde versetzt

(wb) Die „Chrüzegg" kennen viele. Aber nicht alle, die sie kennen, sind schon dort, auf 1265 m ü.M., gewesen. Wer nicht, hat unseres Erachtens etwas verpasst. Obwohl wegen eines Hügels eine komplette Rundsicht nicht möglich ist (wie etwa von der „**Scheidegg**" über Wald), gibt es wohl im Berggebiet des Zürcher Oberlandes und des Alttoggenburgs kaum eine Wirtschaft, die man lieber nach einer längeren Wanderung aufsucht. Man kann sie von

Wattwil über den **„Rumpf"** (eine vielleicht nicht ganz glücklich renovierte Bauernwirtschaft), vom **„Schindelberg"**, von Libingen oder vom Ricken (über den **„Hüttenberg"**) erreichen, wobei man durch Wälder und Bergsturzgebiete kommt, deren ganz eigene Wunderwelt fasziniert.

Leider ist die alte und geschindelte Bergwirtschaft in den letzten Jahren mehr und mehr ins Rutschen geraten. Daher musste 1998 eine neue erstellt werden. Zum Glück besteht sie wie die frühere ebenfalls fast ausschliesslich aus Holz.

Die Gartenwirtschaft animiert ohnehin wie eh und je zum Verweilen. Von ihr aus oder aus ihrer Nähe kann der Gast ins Goldingertal oder nach Libingen hinunterblicken, in die Berner-, Glar-

ner- und Innerschweizeralpen hinein bis zum Jura, zum Zürich- und zum Bodensee, zur Säntiskette und zu den Churfirsten. Man kann übrigens in der „Chrüzegg" gern und gut übernachten. So gibt es mehrere Zimmer, auch solche für grössere und kleinere Familien, und nur siebzig Meter

> *Bergwirtschaft „Chrüzegg"*
> *Robert und Maria Manser*
> *9630 Wattwil*
> *Tel. 055' 284 54 84*
> *(im Winter: 071' 988 81 83)*
> *Geöffnet von Mai bis Oktober, im Winter nur am Wochenende, zwischen Weihnachten und Neujahr ganz offen*

neben dem Berggasthaus wird in einer Berghütte ein Massenlager für 37 Personen (nur Fr. 8.-) angeboten.

Und nicht allein während der weit herum bekannten „Metzge-

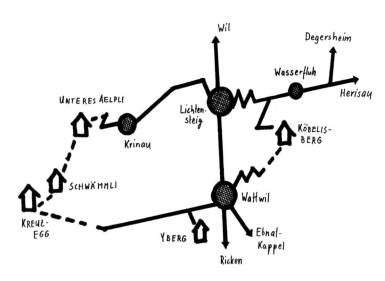

78

Die alte „Kreuzegg" …

Doch schon im Frühjahr hört man auf der „Chrüzegg" die ersten Jodel und Alphörner. Und wer sich in der Gegend auskennt, weiss, dass andere intakte Bergwirtschaften (das **„Schwämmli"** der Alpgenossenschaft Bütschwil, das **„Unteralpli"**, der **„Schindel-"** oder der **„Hüttenberg"**) nicht allzu weit entfernt sind und die Disney-Welt des Goldingertales vergessen machen (Europas längste Riesenrutschbahn, Campingplätze usw.). Eine mehrstündige Wanderung zur Chrüzegg hinauf wird ohnehin immer zu einem unvergesslichen Erlebnis, werde sie

te" kommen die Leute zur „Chrüzegg" hinauf. Auch sonst veranlasst die einmalige Aussicht, wieder einmal zwei, drei Stunden zur „Chrüzegg" hochzugehen; ebenso locken die Sonne, die kräftigen Speisen (Schweinskotelett zum Beispiel oder ein Teller mit Rippli, Speck und Chrut), von den erdigen, zu dieser Landschaft passenden Weinen (z.B. Veltliner) ganz zu schweigen.

Auch Wanderer, die den „Toggenburger Höhenweg" absolvieren (von Wil nach Wildhaus oder umgekehrt), schätzen es, in der gemütlichen „Chrüzegg" zu übernachten. Für die Wintermonate allerdings zieht sich die Familie Manser mit ihrem Vieh ins nahe Steintal bei Ebnat-Kappel zurück; einzig am Wochenende ist die „Chrüzegg" geöffnet und zwischen Weihnachten und Neujahr.

… und die neue „Chrüzegg"

nun von Libingen aus unternommen, von Krinau, Lichtensteig, Wattwil, Ricken, Atzmännig, Wald, Steg, Mühlrüti, Mosnang oder von wo immer. Wo man am besten wandert, zeigt ein recht übersichtlicher Prospekt, den man in der „Chrüzegg" telefonisch anfordern darf; ebenso kann man bei den „kantonalen st. gallischen Wanderwegen" (9030 Abtwil) einen Gratisprospekt des „Toggenburger Höhenweges" bestellen. Und wer immer eine neue Variante wählt, wird dies kaum bereuen …

Silvia Lameraners „Yberg" – eine Entdeckung!

(wb) Als ich nichts Böses ahnend auf einer Wanderung, die eigentlich der „Chrüzegg" und dem Zürcher Oberland galt, schon bald nach dem Spital von Wattwil links von mir eine riesige rote Tafel mit der Aufschrift „Gasthaus Yberg" entdeckte, auf der zu lesen ist, am Montag, Dienstag und Mittwoch sei das Restaurant geschlossen, dachte ich mir: „Gut, dann geh halt mal hin. Wenn es vergebens ist, denk einfach: G'schäch nüt Schlimmers."

Ich musste es nicht denken: „Yberg", die Wirtschaft von Frau Silvia Lameraner, wurde für mich zur Entdeckung. Keine hundert Meter unterhalb der Ruine Yburg, einer Burg, in der einst Raubritter sich von ihren Beutezügen ausgeruht haben sollen, steht man auf einmal vor diesem Haus. Und ich bin offensichtlich nicht der einzige, der davor gestanden und sich gefragt hat: „Wo *ist* denn die Wirtschaft?" Das Schild fällt nicht sofort auf und der Park mit seinen alten Bäumen hinter dem Haus sieht eher privat denn öffentlich aus. Er ist aber öffentlich; sogar ein mit gelben Zeichen markierter Wanderweg führt mitten durch ihn hindurch.

Unterhalb des Hauses erkennt man aber dank zahlreichen Gartentischen, dass diese grosse Terrasse, mit Ausblick nach Wattwil hinunter und zu den Churfirsten und dem Köbelisberg hinüber, halt doch zu einer Wirtschaft gehören muss. Wer Hunde fürchtet, sollte das schöne Schindelhaus vorsichtig betreten. Er wird nämlich gleich bei der Tür von zwei, wenn nicht mehr Hunden empfangen, die allesamt im Verein mit zwei, drei Katzen und etlichen Heidschnucken Frau Silvia Lameraners heutigen Tierpark ausmachen (einst war er noch grösser, mit Papageien und anderm Getier).

Gasthaus „Yberg"
Silvia Lameraner
9630 Wattwil SG
Tel. 071' 988 27 33
Ruhetag: Montag bis Mittwoch

Wie ist aber diese Frau mit ihrem eher exotisch anmutenden Namen hierher geraten? Sie verrät es gern, wenn man danach fragt. Wie nämlich ihr Mann und sie sich vor längerer Zeit entschlossen (wie sie sich kennenlernten, frage man die Wirtin am besten ebenfalls), die gemeinsame Gärtnerei an Zürichs Goldküste aufzugeben, suchten sie zuerst auf Autofahrten ein sogenanntes Altershöckli im Appenzellischen. Zu unserem Glück fanden sie keines, das ihnen entsprach. Dafür entdeckten sie (wie wir) zufällig

Die Terrasse der Silvia Lameraner

Möbel, riesige Grossmutteruhren und mächtige Ölbilder, ein elektrisches Klavier, Drehorgeln (die einstige Chilbi-Orgel im sogenannten Saal wirft wohl jeden um) und vieles mehr.

Sie spricht von „Edelkitsch", der sich im Lauf der Jahre in ihrem Gasthaus angesammelt habe; und vielleicht hätte sie Freude, wenn sie wüsste, dass man ihren „Yberg" eigentlich eher irgendwo an der englischen Küste als im Toggenburg ansiedeln würde, sässe man urplötzlich in der Gaststube mit den Panoramafenstern, vor denen Meisen und Buchfinken niemals vergebens nach Körnern suchen.

Und fast unvorstellbar, was die Frau alles mit über siebzig Jahren noch zu leisten imstande ist. Gäste müssen bewirtet, Tiere gefüttert und ein nicht allzu kleiner Park gepflegt werden. Doch zu-

den „Yberg" über Wattwil, damals noch eine richtige Bauernwirtschaft, und wurden mit dem damaligen Besitzer bald einig.

Seit gut 28 Jahren wirtet nun hier Frau Lameraner. Und obwohl ihr geliebter Mann, der auf Fotos wie eine Grösse der Filmwelt wirkt, anfangs 1996 gestorben ist, denkt sie vorderhand nicht ans Aufhören. Der „Yberg" wäre ohne sie auch schwer vorstellbar: Sowohl die grosse Wirtschaft, die eher an eine riesige Wohnstube gemahnt, wie die zu einem Sälchen umfunktionierte Scheune sind ganz von ihr geprägt. Überall sieht man ihre Handschrift: Holzscheite vor dem offenen, in der kalten Jahreszeit stets gemütliche Wärme verbreitenden Kamin, unzählige Vasen und Kerzen, alte Plattenspieler und Lampen, antike

Die „Yberg"-Stube

recht gehört sie nicht zu jenen Wirtinnen, die ihre Aufgabe primär im Dienen sehen.

Wer den Weg zum „Yberg" findet, kommt eigentlich auf Besuch zu ihr; und sie scheut sich nicht, Gästen gleich ein Ämtchen zuzuschanzen. Einer bringt Holz herein, der andere holt volle Flaschen aus dem Keller, und nahezu jeder ist letztlich recht stolz, wenn er etwas für diese für helvetische Verhältnisse umwerfende Frau tun kann. Kein Gast/keine Gästin, der oder die aus der Gartenwirtschaft mit leeren Händen zur Wirtschaft hinaufsteigt, um zu zahlen oder eine Bestellung kundzutun. Und wer dies nicht mag, hat halt auf dem Yberg nichts verloren.

Ich habe dort etwas verloren. Ich werde wieder kommen. Und vielleicht sogar als Koch amtieren. Nur wenn Gäste mithelfen, kommt nämlich Warmes auf den Tisch. Und auch dies ist *richtig* für diese Wirtschaft. Keine Frage. Wer aber an Wochenenden von den Bergwirtschaften **„Chrüzegg"**, **„Schwämmli"** und **„Unteralpli"** oder von der Bauernwirtschaft **„Rumpf"** (in Waldegg) gegen Wattwil herunterkommt, tut gut daran, auf der einmaligen Terrasse des „Yberg" nochmals die Ruhe zu geniessen, ehe er sich dem Lärm und dem unaufhörlichen Durchgangsverkehr von Wattwil aussetzt.

Köbelisberg – einst ein Paradies für zwei Junggesellen

(wb) Die Wirtschaft über der Wasserfluh, den „Köbelisberg", gibt es schon recht lange. 1876 eröffnete dort, hoch über Lichtensteig und Wattwil, ein gewisser Johann Forrer eine „Sommerwirtschaft" im Freien; und bereits damals soll es hin und wieder (wie heute) zu Anlässen mit Unterhaltungsmusikern gekommen sein. Bald einmal ging man über zu ganzjährigem Betrieb, wobei bei schlechtem Wetter die Wirtschaft von draussen in die Wohnstube des Pächters verlegt worden sei. Erst im Jahre 1908 wurde für „nur"

15'000 Franken ein eigentliches Gasthaus gebaut, und zwar im Stile eines Berner Chalets, das zwar nicht zu den gestrickten Bauernhäusern der Umgebung passte, dafür in Sachen Kosten bedeutend günstiger gewesen sei. Und bereits damals übte der Wirt auch die Funktion eines sogenannten Bannwartes aus (heute würde man diesen Beruf Förster nennen), eine Funktion, die erst in den letzten Jahrzehnten auf dem Köbelisberg Vergangenheit wurde.

Bereits ein Jahr nach dem Bau

riss freilich ein gewaltiger Föhnsturm das Dach weg; das neue wurde von der Ortsbürgergemeinde Lichtensteig, stolze Eigentümerin des „Köbelisbergs", weitaus stabiler gemacht und hat, langen wir Holz an!, bis heute gehalten.

Einige Neuerungen gibt es trotzdem zu verzeichnen: So erstellte man im Laufe der Zeit eine Terrasse, die später sogar ein Dach bekam und mit Panoramafenstern versehen wurde. Trotz seinem „Töggelikasten" hat die ehemalige Veranda längst die Funktion eines Säli übernommen. Zudem gibt es heute eine Zentralheizung im Haus, die mit Holz betrieben wird und auch das Säli mit Wärme versorgt.

Dass Holz als Heizungsmittel dient, ist naheliegend. Wer nämlich auf der breiten, jedoch mit einem Fahrverbot versehenen Strasse etwas unterhalb der Wasserfluh hochkommt, braucht rund eine Stunde, bis er aus dem düstern Wald findet und danach bald einmal vor dem grossen Chalet steht, das von ferne auf Fussgänger eher wie eine Pension denn wie eine Wirtschaft anmutet. Holz zum Heizen ist also in der Umgebung im Überfluss vorhanden.

Uns war's sehr angenehm, in der getäferten Wirtsstube wie in der Gartenwirtschaft zu sitzen, die an heissen Sommertagen den ersehnten Schatten durch hohe Linden und Kastanienbäume erfährt. Von draussen wie von drinnen sieht man ins Toggenburg hinunter, zum Zürcher Oberland

hinüber und zu den fernen Gipfeln von Jungfrau, Mönch und Eiger. Vom höchsten Punkt des Köbelisbergs (1143 m ü.M.), der im Volksmund lange Zeit Webersberg geheissen hat, können Gipfelstürmer ebenfalls den Säntis und die Gipfel der Churfirsten erblicken.

Wer sich für den Werdegang oder die Geschichte des „Köbelisbergs" interessiert, für den liegt eine maschinengeschriebene Broschüre auf dem Klavier zur Lektüre bereit. Der aufmerksame Leser wird dank dieser belehrt, dass zwischen 1913 bis 1919 ein kleiner Zoo zur Wirtschaft gehörte, man aber ausgerechnet Sika-

Gasthaus „Köbelisberg"
Rösli und Hans Näf
9620 Lichtensteig SG
Tel. 071' 988 15 01
Ruhetag: Dienstag
(Massenlager zum Übern.)

und Dammhirsche angeschafft habe, die sich untereinander nicht vertrugen.

Auch andere Geschichten sind der Broschüre zu entnehmen. Beispielsweise, dass ab 1968 zwei Junggesellen drei Jahre lang auf dem Köbelisberg gewirtschaftet haben sollen, wobei der eine von ihnen beim Vorstellungsgespräch mit einem weiblichen Wesen erschien, dieses vor der Kommission als Ehefrau ausgab, dann aber nie mit ihr auf dem Köbelisberg gewirtet hat. Für die beiden Männer entstanden dadurch keine Probleme; sie verstanden es offensichtlich, Frauen aus der näheren oder weiteren Umgebung anzulocken, die sich an struben Tagen in der Küche, im Service, auch im Keller, wo immer, tatkräftig engagierten.

Mit andern Worten: Der „Köbelisberg" avancierte damals, zu lesen in der erwähnten Broschü-

Das Chalet „Köbelisberg"

re, zu einem eigentlichen „Erholungsgebiet für Frauen gleich welchen Alters und Zivilstandes". Dass mein Mitherausgeber leichten Neid empfand, als er von den herrlichen Zeiten über Lichtensteig erfuhr, sei nur am Rande erwähnt.

Hoch über dem Thurtal wirten heute im heimeligen Chalet Hans und Rösli Näf-Lusti. Und unter ihrer Regie gibt es auf dem sonst ruhigen Köbelisberg öfters das eine oder andere Festchen. Etwa für Geburtstagsfeiern oder Vereinsausflüge. Ein gepflegtes Massenlager lädt zum Übernachten ein und der bereits berühmt gewordene „Köbelizmorge" oder „Brönsch" kann auch von auswärtigen Gästen genossen werden. Dass vor allem Spaziergänger vom Thurtal den „Köbelisberg" schätzen, versteht sich. Im Winter lockt zudem eine 2 km lange

Schlittelbahn (und ein Fondue oder Raclette). Autos dagegen sieht man zum Glück praktisch keine (was zu Zeiten der beiden Junggesellen ganz anders gewesen sein soll); heute dürfen nur die Pächter und Alpwirte hochfahren.

Manchmal tauchen auch Literaten in der Beiz auf, so etwa der junge Bestsellerautor Peter Weber oder Turi Honegger, der allerdings laut der Bemerkung eines Gastes nicht mit jenem Arthur Honegger verwandt ist, der auf der Zwanzigernote verewigt wurde.

Auf dem Weg

Wie immer auch, jemand verlässt den Köbelisberg nie: die Toggenburgerfahne mit dem Wolf. Und dass der heutige Wirt sich nicht mehr um die riesigen und steilen Wälder zu kümmern braucht, bringt schon Vorteile für die zahlreichen Wandervögel und Liebhaber des „Köbelisbergs". Wirt und Wirtin können sich ganz und gar dem Kulinarischen widmen.

Am Hüttenberg weiden Summerbüseli

Von der Passhöhe des Rickens führt eine Postautolinie Richtung Oberricken (und dem Dörfchen Walde); zu Fuss nach Oberricken dauert es rund vierzig Minuten. Dort befindet sich ein Parkplatz mit Schild und Pfeil, der zum „Hüttenberg" weist. Die Wegzeit wird mit zwanzig Minuten für superdurstige oder sehr hungrige Gäste veranschlagt. Für Wanderer, die weniger von Hunger und Durst geplagt sind, dürfte wohl eher die Zeit zutreffen, die ein Wegweiser weiter oben angibt: Fünfundzwanzig Minuten. Immerhin legt man von Oberricken zur Alpwirtschaft „Hüttenberg" (1053 m ü.M.) über hundertfünfzig Höhenmeter zurück. Vor einem alten Haus am Wegrand laden nach wenigen Metern zwei alte Grabsteine zum Vergessen der Zeit ein; zudem dürfte die Sicht auf die Wälder des Toggenburgs und zum Zürcher Obersee hinunter dazu beitragen, dass kaum jemand die Zeitdauer als sehr wichtig erachtet.

Oben angekommen, die Alpwirtschaft mit Terrasse und das Gartenrestaurant unter den Bäumen vor Augen, gerät der Berggänger ohnehin auf eine Insel der Zeitlosigkeit. Die Glocken, die er hört, stammen nicht von Rindern oder Kühen, die sich bewegen, sondern von „Summerbüseli",

wie uns später der Wirt verrät. Wer da vorerst an Katzen denkt, täuscht sich. Gemeint sind nämlich junge Rinder, die der Wirt auf dem Hüttenberg sömmert.

Man tritt in eine holzgetäferte, kürzlich renovierte Gaststube. Ein Tisch ist gegen die Fenster gerückt, von einer Eckbank umsäumt. Der andere Tisch empfängt Wanderer, die aus der Kälte kommen. Er steht unmittelbar vor dem Kachelofen; und von der Gaststube blickt man in einen grösseren Saal mit, man staune!, einer Bühne.

Alpwirtschaft „Hüttenberg"
Fam. Albrecht-Artho
8727 Walde (Uznach) SG
Tel. 055' 284 14 57
Ruhetag: Montag
Das ganze Jahr offen

Die Alpwirtschaft „Hüttenberg" gehört zu den typischen Familienbetrieben. Der Mann kocht, die Wirtin Marlies Albrecht serviert und betreut das Massenlager (für acht Personen). Auch der Nachwuchs packt an, falls nötig. An sonnigen Wochenenden, wenn zahlreiche Gäste kommen, hilft eine Schwester mit.

Das Angebot reicht von kalten Speisen (Bauernspezialitäten, Bauernspeck nach Schwarzwälder Art) bis zu warmen (Schnitzel mit Pommes-Frites,

Der „Hüttenberg", mitten im Hang

Der Hang zum Rotstein (1286,5 m ü.M.) und zum Tweralpspitz (1332 m ü.M.) hinauf richtet sich gegen Osten aus. Die Morgensonne trifft daher vor dem „Hüttenberg" früh ein. Liebhaber von Sonnenuntergängen müssen allerdings noch ordentlich in die Höhe steigen. Wie viele Bergwirtschaften birgt auch der „Hüttenberg" ein Geheimnis: Sie können zwar über den „Hüttenkaffee" Vermutungen anstellen, Marlies Albrecht verrät jedoch niemandem, was für köstliche Essenzen beigemischt sind. *René Sommer*

Fleischkäse, Kotelett, Winzerrösti, Fitnessteller, Gerstensuppe, Minestrone, Gulaschsuppe); Vereine oder Gesellschaften können telefonisch richtige Menüs bestellen. Bei solchen Anlässen dürfte die Wirtschaft zudem länger geöffnet bleiben als im Normalfall. Sonst wird der „Hüttenberg" gegen halb zehn abends geschlossen. Kommt niemand mehr, bereits um neun Uhr. Die Wirtschaft steht ja nicht mitten in einem Dorf und ist nur zu Fuss erreichbar.

Die „Hüttenberg"-Wirtin

Dem Walensee entlang

(wb) Keine Frage: Zu den schönsten Landschaften der Schweiz gehört die Gegend rund um den Walensee. Besonders jene Seite, die gegenüber der pausenlos von Autos befahrenen Autobahn liegt (ohnehin eine Sünde sondergleichen, entlang eines Sees eine solche Strasse zu bauen).

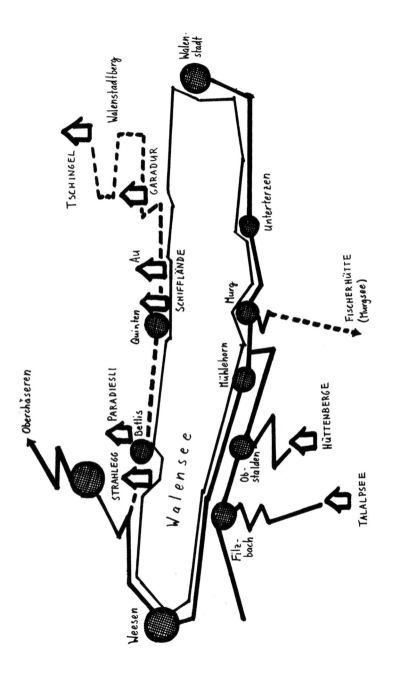

Aber es gibt ja die andere Seite, das Ufer, die Wälder und Felsen. Zwischen den Städtchen Weesen und Walenstadt liegen Betlis und Quinten, zwei Dörfchen, die nur knapp oder im Falle von Quinten gar nicht mit dem Auto erreichbar sind und über denen die Gipfel der Churfirsten thronen (Leistchamm, Schären, Wart, Selun, Frümsel, Brisi, Hinterrugg usw.).

Wer nicht wandern mag oder dies aus körperlichen Gründen

Die „Burg Strahlegg" und Betlis von oben
(K.H. Halbwachs)

nicht kann, fährt (in zwei oder drei Etappen) mit dem Dampfschiff von Weesen über Betlis und Quinten bis nach Walenstadt und dann möglicherweise zurück. Er wird freilich kaum glauben, wenn er vom Schiffsdeck aus die gewaltigen Felsen sieht, die senkrecht ins Wasser

des dunkelblauen Sees stürzen, dass über und zwischen diesen Felsen hindurch ein relativ ungefährlicher, an schwierigeren Stellen mit Drahtseilen gesicherter Weg führt.

Wer sich aber für eine Wanderung entscheidet (und er wird's gewiss nicht bereuen), der folgt nach dem wunderhübschen, am Hang hingebetteten Städtchen Weesen mit seinen geschichtlichen Kirchen (Dominikanerinnenkloster „Maria Zuflucht", „Heiligkreuzkirche") dem Strässchen Richtung Fly und Betlis. Es ist nur im Wechseltakt, entweder von Betlis oder von Weesen her von Autos befahrbar; wer auf ihm wandert, gewinnt den Eindruck, er befinde sich auf einer schmalen, oft in den Felsen hineingehauenen Strasse am Ufer eines der oberitalienischen Seen. Und wenn später gar enge Tunnels mit gelegentlichen Ausblicken zum See folgen, glaubt der Betrachter erst recht, er sei in eine Märchenlandschaft geraten, jedenfalls sei er nicht in der Schweiz. Dazu tragen seltene Blumen und Bäume entscheidend bei, Thymian, Farne, Zyklamen, Feigen-, Kiwi-, Kaki- und Kastanienbäume, Platanen, Essigbäume und gelegentlich sogar kleine Palmen. Man darf einfach nicht hochblicken – dann wähnt man sich ganz im Süden von Europa.

Wunderbare, geheimnisvolle Badeplätze verlocken auf der Halbinsel Betlis, nach rund einstündiger Wanderung, zum Baden und Schwimmen im allerdings recht tiefen See (ich kenne einen Ort am Ufer, an dem man stets allein ist und erst noch einen Grill vorfindet; ich verrate aber nicht, wo).

Zur „Burg" und ins „Paradiesli"

Steigt man hierauf zur **„Burg Strahlegg"** hoch, erkennt man nicht nur auf einem von Bäumen umstandenen Hügelchen schwach eine Burgruine, bald steht man auch vor der Wirtschaft „Burg Strahlegg" und findet aus dem Staunen kaum heraus (übrigens wird Strahlegg, wie die Zürcher Strahlegg, mal mit „h" geschrieben, dann wieder ohne). Unter grosskronigen, im Hochsommer angenehm Schatten spendenden Bäumen zieht sich die Gartenwirtschaft hin, überall sind Blumen, Wiesen, Wälder und gelegentlich weidende Kühe zu sehn; und sollte das Wetter nicht mitspielen, wird's einem in der kleinen Bauernwirtschaft gefallen, die für Verliebte zum Beispiel wie geschaffen scheint. Frau Therese Zahner, die Wirtin, bedient ihre Gäste entsprechend (Tel. 055' 611 11 82); die Küche und der Speisezettel allerdings sind eher klein, der Weinvorrat umso grösser – und die Sicht hinüber zu den Glarneralpen berauschend. Die Zvieriplättli der Wirtin haben es zudem in sich, ebenso ihre Salatteller und der ausgezeichnete Speck. Um vor Enttäuschungen zu schützen, sei erwähnt: Vergebens anrennen tut man donnerstags und freitags;

„Burg Strahlegg"

während der Sommerferien öffnet die „Burg" aber ihre Tür zumindestens am Donnerstag. Offen ist jeweils von 9 bis 21 Uhr.

Wer hingegen gediegen und excellent essen möchte, der gehe von der Strahlegg weiter zum noch höher gelegenen, chaletartigen **„Paradiesli"** der Familie Winistörfer hinauf (Tel. 055' 611 11 79), denen übrigens in Zürich etliche bekannte Wirtschaften, darunter die Szenenbeiz „Bodega", gehören. Hier, rund ums „Paradiesli", findet er noch fast das grössere Blumenparadies – und dazu etliche exotische Tiere, so etwa stolze Pfauen, Lamas, ein Hängebauchschwein, seltene Hühnerrassen. Dass man in und vor diesem Restaurant in der herrlichen Gartenwirtschaft und ebenso im grossen Gartenhaus aber nicht nur besser als in manchem städtischen Speiserestaurant essen, sondern ebenfalls übernachten kann, versteht sich von selbst. Und wer trotz

paradiesischer Ruhe den Schlaf nicht finden sollte, wäre nicht schlecht beraten, unten in der Gaststube den Durschei-Krimi „Mord am Walensee" zu erstehn; er wird während der Lektüre nicht nur mit einer spannenden Mordgeschichte konfrontiert, ebenso wird er einiges über Betlis und vor allem über Quinten erfahren. Auch im Paradies gibt es aber begreiflicherweise, Jahwe hat ihn ja höchstpersönlich eingeführt, einen Ruhetag: den Dienstag. Normalerweise ist übrigens der Landgasthof von 8.30 bis 22 Uhr geöffnet, Freitag und Samstag bis 24 Uhr. Nach Neujahr bleibt das „Paradiesli" vier Wochen geschlossen.

Nun, wir gehen heute für einmal weiter, und zwar nicht über den steilen Felsweg ins reichlich zersiedelte Amden hinauf, sondern auf Vorderbetlis zu, in dem nach wie vor neben wenigen Ferien-

„Paradiesli"

hausbesitzern Bauern das Sagen haben. Und sollten Sie Lust verspüren, von einen imposanten Wasserfall etwas abgekühlt zu werden, zweigen Sie nach der Kapelle von Betlis zu den Seerenbach-Wasserfällen ab, in denen der Zugang zum riesigen System der Rhinhöhlen zu finden wäre. Doch nur geübte Taucher und Höhlenforscher können sich in dieses noch nicht vollends ausgekundschaftete System hineinzwängen. Gewöhnlichen Sterblichen genügt es, die erfrischende Gischt der Sturzbäche auf ihrer Haut zu geniessen.

Hernach kehren wir zurück auf den normalen Weg, der jetzt wirklich nur noch von Fussgängern benutzt werden kann. Vorbei an zwei idyllischen, von früheren Bauern verlassenen Häusern, die nicht per Auto zu erreichen sind, steigt man anschliessend durch den Seerenwald aufwärts. Hier ist, vor allem für Kinder, Vorsicht geboten. Wer auf der rechten Seite den Weg verlässt, könnte unvermittelt gegen 250 Meter direkt in den Walensee stürzen.

Auch nachher, im Felsweg drin, ist wiederum Vorsicht angebracht, besonders beim Überqueren des Fulenbachs; sowohl im Frühling (Lawinen) wie nach heftigen Gewittern gibt er einige Probleme auf. Wie uns jedoch Quintener mitgeteilt haben, ist seit Menschengedenken auf dem Felsweg kein schwerer Unfall mehr passiert. So soll es auch bleiben, hoffe ich. Für nicht berggängige Wanderer sei daher nur der untere Weg nach Quinten empfohlen. Er ist zudem bedeutend kürzer und kostet, weil er stets abwärts führt, weniger Schweiss.

Zu den Quintener Rebbergen

Nachdem wir vielleicht zwanzig Minuten abwärts gegangen sind, erkennen wir von oben die ersten Rebberge von Quinten; und bald grüsst uns die erste Wirtschaft von Quinten, die „**Schifflände**" direkt am See (Tel. 081' 738 14 60, kein Ruhetag). Frau Annelies Walser führt hier die Familientradition weiter und bietet unter anderem Fische aus dem Walensee (Felchen und Egli) und ihren eigenen „Quintener" an; und falls jemand in Quinten bleiben möchte, in diesem traumhaften Dörfchen, das gemeindemässig zu Unterterzen auf der gegenüberliegenden Seeseite gehört – für den gibt es etwas oberhalb des Sees eine Übernachtungsmöglichkeit. Dass auch die Gartenwirtschaft über dem Hafen ein Bijou ist, sei ebenfalls erwähnt wie die zahlreichen Metzgeten im Winter.

Der Weg zur „Au" (Werner Bucher)

Die Gartenwirtschaft der „Au"
(Wisi Eisenbart)

So oder so wird es sich lohnen, auf einem eindrücklichen und nach jeder Biegung Neues bringenden Weg unterhalb der Felsen nach dem Weiler Au zu laufen. Besonders nachts kann dies beglückend sein. Weil es nämlich in Quinten kein einziges Auto gibt und nur die zwei oder drei Bauern kleine Traktoren besitzen (und der Briefträger ein Mofa), sieht man allenthalben Glühwürmchen ihr Licht verbreiten.

In der Wirtschaft **„Au"**, einst eine kleine Fischbeiz (heute präsentiert sie sich vergrössert, bietet aber nach wie vor eine herrliche Sicht auf den See), isst man vorzüglich und erst noch relativ günstig (Familie Klausmann, Tel. 081' 738 14 42). Das gilt in preislicher Hinsicht ebenfalls fürs Übernachten in den drei oder vier Gästezimmern oder im ziemlich Komfort bietenden Touristenlager. Dass es dann zum Frühstück, wenn Saison ist, unter anderem eine frische, aufgeschnittene Feige gibt, dürfte wohl manchen Gaumen erfreuen. Im übrigen kennt die „Au" keinen Ruhetag; sie ist im Winter geschlossen, und ab März, je nach Wetter, wieder offen.

Am Schönsten ist's, unter den Platanen zu sitzen, zum See hinab zu blicken oder hinüber zu den Bergen auf der andern Seite des Sees und dazu natürlich einen „Quintener" zu trinken und, für mich sind sie es, die besten Felchenfilets der Schweiz zu essen. Dass es auch bei stürmischem Wetter seine eigenen Reize hat, im Gasthaus zu sitzen und sich durch Blicke vom Fenster aus von den manchmal haushohen Wellen auf dem See faszinieren zu lassen, erwähne ich gern; den Kindern von Quinten gefallen diese Wellen möglicherweise noch mehr als Ihnen. Sie werden bei solchem Wetter nämlich nicht zur Schule müssen, fährt doch bei heftigem Windgang kein Schiff nach Murg und damit zum Schulhaus hinüber.

Nun, wer in Au noch keineswegs wandermüde ist, der wird auf einem allerdings recht strengen Aufstieg in gut zwei Stunden zum Hof **„Garadur"**, einem wunderschönen Bauernhof, der heute auch eine Wirtschaft ist, hinaufgehn und von dort nach Engen bzw. Brüeli, um dann, mit oder ohne Blasen an den Füssen, nach Walenstadt und damit zum Bahnhof hinunter zu laufen.

Rauhfusshühner ums Garadur

Einige Worte noch zur Wirtschaft „Garadur", die 829 m ü.M. liegt, also rund vierhundert Meter über Quinten und Au: Der Name stammt vermutlich aus dem Rätoromanischen und umfasst die beiden Adjektive „hart" und „weiblich". Das Gasthaus (Tel. 081' 735 14 62) selber ist nur bei strömendem Regen geschlossen. Und weil sich in den Wäldern und Fluhen der Churfirsten offenbar Rauhfusshühner tummeln, soll der Zugang von Walenstadtberg her verboten werden – und dies, obwohl man nur zu Fuss nach Garadur gelangen kann.

Es bleibt zu hoffen, allzu eifrigen Naturschützern gelinge es nicht, diese von Frau Ganz und Frau Brunner geführte Beiz zu ruinieren. Auf dem Weg und um den Hof wurde jedenfalls noch nie ein Rauhfusshuhn gesehen. Und es ist kaum anzunehmen, dass Wanderer allfällig auftauchenden Wildhühnern gefährlich werden (Hunde müssten natürlich angeleint werden), abgesehen davon, dass dieser offizielle Wanderweg zwischen Quinten und Walenstadtberg seit Jahrzehnten von beiden Seiten begangen wird.

Eine direkte Verbindung zwischen Quinten und Walenstadt gibt es zum Glück nicht; da waren die Felsen im Weg und mit ihnen etliche Bewohner von Quinten – während andere Einheimische eine vom Bund und Kanton subventionierte, in die Felsen gehauene Autostrasse wollten, in einer Abstimmung aber abblitzten. Jeder, der Quinten, seine Reben, Feigen, Mäuerchen und alten Häuser liebt, wird den damaligen Gegnern eines Strassenbaus dankbar sein.

Übrigens können wir vom Punkt Brüeli aus ebenfalls Walenstadtberg (Dorf 800 m ü.M., Sanatorium 967 m ü.M.) und von dort das allerdings sehr hochgelegene „Paxmal" (1300 m ü.M.) des verstorbenen Künstlers und Markenstechers Karl Bickel anpeilen; er hat dieses in jahrelanger Arbeit als Mahnmal gegen Krieg und Gewalt erbaut. Das wie ein griechischer Tempel in die Churfirsten hineingebaute Kunstwerk ist allerdings nicht jedermanns Sache. Auf die einen mag es pathetisch wirken, für andere wiederum sind Anklänge an nationalsozialistische Kunst nicht zu übersehen, obwohl Bickel sich mit seinem Werk ausgerechnet gegen ein neuerliches Aufkommen der hitlerschen Barbarei gewendet hat.

Auf gleicher Höhe und noch weiter oben in den Churfirsten finden wir übrigens zwei Bergwirtschaften, deren Namen wie jener von Quinten, Quarten und Terzen auf ehemals römische oder auch rätoromanische Besucher hinweisen: Ich meine die nach einem Brand zum Betonmonster verkommene Wirtschaft **„Schrina-Hochrugg"** (1290 m ü.M., Tel. 081' 735 16 30), in dem man ebenso übernachten kann wie im rund zweihundert Meter höher gelegenen, von Geröll und steilen Weiden flankierten Berghaus **„Tschingel"** (Tel. 081' 735 12 29), am Übergang zum Toggenburg (schmaler, nicht ganz ungefährlicher Bergweg). Dieses Gasthaus ist aber nur vom Juni bis September geöffnet.

Auch am Hang gegenüber

Auch auf der andern Hangseite des Walensees möchte ich zum Schluss auf drei Bergwirtschaften hinweisen: Zuerst auf die **„Fischerhütte"** an den Murgseen, die auch als Berggasthaus **„Murgsee"** bekannt und von mitte Mai bis ende Oktober geöffnet ist (Massenlager). Sie wird nach einem langen, endlos anmutenden Aufstieg von Murg aus (im Sommer ev. unter Hitzeschlaggefahr) erreicht.

Berghaus „Hüttenberg" bei Obstalden

Gebackene Forellen aus den kleinen Seen sind der grosse Hit auf 1825 m ü.M. (Tel. 081' 738 19 38 oder Natel 020' 774 28 38).

Auch die Wirtschaft **„Hüttenberg"**, (manchmal „Hüttenberge" genannt) auf 1018 m ü.M. über Obstalden gelegen, wird Ihnen bestimmt gefallen. Am Wochenende gibt es stets ein Menü, für andere Tage muss man es bestellen (Tel. 055' 614 13 63). Steffi und Hansjakob Ackermann, die zugleich als Landwirte tätig sind, haben am Mittwoch und Donnerstag geschlossen. Auch übernachten kann man im „Hüttenberg": Es gibt ein Massenlager für sechzehn Personen. Im übrigen: Verwechseln Sie den Obstaldner „Hüttenberg" nicht mit der zuvor vorgestellten Bergwirtschaft „Hüttenberg" in der Nähe des Rickenpasses! Im Winter haben die Ackermanns offen: Die Gegend wird eben von Skiwanderern und Schlittlern geliebt.

Der letzte Tip: Das Restaurant **„Talalpsee"** (über Filzbach, 1111 m ü.M.); unweit von ihm ist ein erfrischendes Bad durchaus drin. Wo immer man aber rund um und über dem Walensee wandern mag, man wird diesem See und seinen Landschaften, wenn man sie einmal entdeckt hat, die Treue halten. Mir jedenfalls ergeht es so.

Das Geheimnis des „Chlosterbergkaffees"

Wer das kurvenreiche Bergsträsschen von (wegen seiner Sonnenlage reichlich zersiedelten) Gommiswald zum Chlosterberg hinaufsteigt, ist erstaunt, dort oben auf 1027 m ü.M. plötzlich vor einer Bergwirtschaft zu stehen. Hier wirtet seit dem Frühling 1999 Maja Kägi-Schibli mit ihrem Mann, die im Winter in Uetliburg leben. Sie betreut die Wirtschaft, der Mann die Alpwirtschaft, von wo aus eine herrliche Sicht zu den Schwyzer Alpen hinüber zu bewundern ist. Vom 1. Mai bis zum 31. Oktober ist die Wirtschaft täglich geöffnet. Und ein Massenlager nimmt müde Wanderer und Biker auf.

An den Wochenenden im Winter steht der Gast jedoch nicht immer vor verschlossenen Türen. Das 1965 erbaute Gasthaus gehört nämlich der Ortsgemeinde Gommiswald, und deren Ski-Klub wirtet während der Zeit, in der die Alp nicht bestossen ist, samstags und sonntags auf dem Chlosterberg. Nur im Winter kann man sich jedoch auch für Übernachtungen anmelden.

Die Wirtin Maja Kägi heizt bei Kälteeinbrüchen den Kachelofen gut ein. Wenn man von draussen etwas steife Beine hereinbringt, wird einem rasch warm. Während der Steinbau der Alpwirtschaft von draussen etwas kühl wirkt, tragen Holztische und -decke sowie die behäbigen Bänke das ihrige zum Wärmegefühl bei; und das Sälchen ist nur durch eine halbhohe Wand von der eigentlichen Wirtschaft getrennt.

Nebst kalten Speisen wie Speck, Käse usw. kann der Gast am Sonntag ein ländlich-deftiges Menue bestellen. Älplermagronen gibt es hingegen jeden Tag. Auch sind Anmeldungen für Gruppen möglich. Aber früh genug.

Was aus einem gewöhnlichen Kaffee einen „Älplerkafi" macht, bleibt das Geheimnis der Wirtin. Dieser sogenannte „Hus-Kafi", der in vielen Bergwirtschaften angeboten wird, hat eine lange Tradition. Manchmal gelingt es, dem Geheimnis auf die Spur zu kommen. Manchmal muss man raten. In jedem Fall kann man sich darauf verlassen, dass die Auskunft sofort oder nie erfolgt. Der Gast sollte es bei einer einmaligen Anfrage bewenden lassen. Das gehört zu diesem Brauch.

> **Alpwirtschaft „Chlosterberg"**
> *Familie Kägi-Schibli*
> *8737 Gommiswald*
> *Tel. 055' 280 27 48 / 280 25 04*
> *Offen: 1. Mai bis 31. Oktober*

„Chlosterberg": Innen schöner ...

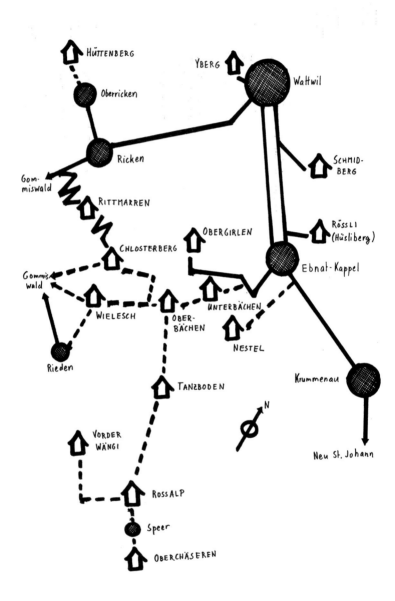

Allfälligen Dialektforschern hätte die Alpwirtschaft einiges zu bieten. Nach Auskunft der Wirtin kommen die Gäste aus Bern, Basel und der ganzen Schweiz. Der „Chlosterberg" steht im Mittelpunkt aller Berge ringsum. Die Fans der Churfirsten und des Speers kehren beim Aufstieg oder auf dem Rückweg gerne ein und besuchen vielleicht noch die von Ernst Blöchlinger geführte Alpwirtschaft **„Wielesch"** (1173 m ü.M.), die von Rieden leichter zu erreichen ist.

Auch eigentliche Stammgäste kennen die Kägis. Es sind Jasser aus Gommiswald und andern nahen Gemeinden; und wenn es dunkler für die vergiftetsten unter den Spielern wird und sie die Karten fast nicht mehr sehen, werden die elektrischen, mit Solarstrom aus der Speicherbatterie gespiesenen Lampen über den Tischen angeknipst; denn tagsüber, so wird uns mitgeteilt, fehlt es höchst selten an Sonnenstrahlen.

René Sommer

Im „Rittmarren" geht's auch ohne Strom!

(wb) Fährt man, von Kaltbrunn herkommend, etwas unterhalb der Rickenpasshöhe auf einer schmalen, asphaltierten Strasse (im Winter ist sie ganz mit Schnee bedeckt) Richtung Churfirsten hoch, will der düstere Tannenwald einfach nicht aufhören.

Doch dann auf einmal hat man es, auf der Höhe von 1060 m ü.M., geschafft: Vor der hüttenoder chaletartigen Alpwirtschaft „Rittmarren" (niemand konnte uns den Namen klar machen) steigt man aus – und sieht, geblendet vom Licht, auf den oberen und den unteren Zürichsee hinunter, zu den Schwyzer und Glarner Alpen hinüber und noch ein bisschen weiter. Eine Aussicht, die einem schier den Atem nimmt.

Und sowohl in der Garten- wie in der Wirtschaft selber, die an eine äusserst gemütliche Hütte erinnnert, sind Ankömmlinge sofort zu Hause. Dies ist vor allem Anton und Ida Fischbacher zu verdanken, die normalerweise in Libingen wohnen und die Alpwirtschaft Rittmarren für die Ortsgemeinde Gommiswald betreiben (Tel. 055' 280 22 08).

Ist freilich das Wetter nicht berauschend, sollten Sie ein bisschen Geduld aufbringen, bis die Lampen in der Wirtschaft brennen. Einzig durch Sonnenkollektoren wird nämlich Energie gewonnen; und deshalb geht man im „Rittmarren" begreiflicherweise sparsam mit dem derart produzierten Strom um. Offen ist übrigens die Wirtschaft nur vom 1. Mai bis zum 1. November, während in den Wintermonaten öfters Mitglieder der Skiclubs von Gommiswald und Rapperswil im „Rittmarren" anzutreffen sind. Ob dann auch hungrige und durstige Skiwanderer verpflegt werden, die nicht zum Club gehören, entzieht sich unserer Kenntnis.

Wenn's draussen Nebel hat

den Tisch, obwohl man im „Rittmarren" nur mit hochgekarrtem Gas kochen kann. Beispielsweise gibt es eine selber zubereitete Gerstensuppe samt Zutaten. Und wenn im September fünf eigene Sauen ihr Leben lassen müssen, stellen die Wirtsleute für die „Metzgete" ein Zelt für rund 250 Personen auf. Übernachtungsmöglichkeiten gibt es übrigens im „Rittmarren" keine, dafür im nicht allzu weit entfernten **„Egg"**, einst eine schöne Bergwirtschaft, heute jedoch fast ein Nobelhotel samt Rondell, Kellner und einer Speisekarte, wie man sie im Toggenburg unten kaum finden dürfte. Skilifte bringen halt selten nur Gutes. Die Fernsicht allerdings, sie hat sich auch auf der Egg gewaschen ...

Dafür wissen wir: Währschaftes kommt bei den Fischbachers auf

Das sympathische „Rössli" von Ebnat-Kappel

(wb) Viele einstige schöne Wirtschaften an beiden Hängen von Ebnat-Kappel sind heute, aus unserer Sicht wohlverstanden, zu Plastikrestaurants verkommen, wie man sie überall in der Schweiz und bald in ganz Europa findet. Nicht zu diesen gehört glücklicherweise das „Rössli" auf dem Hüsliberg, gut dreihundert Meter über dem im Winter eher

selten von der Sonne beschienenen Ebnat-Kappel.

Betritt man die kleine Wirtsstube, nachdem man den Eingang zum Haus gefunden und die schmale Stiege bezwungen hat, fühlt man sich sofort daheim. Die drei alten, länglichen Holztische, der grüne Kachelofen, die weisse Holzdecke, die freundliche Wirtin, der Schnee, der im Winter oft draussen liegt, oder die Handvoll Kühe, die im Sommer vor der Wirtschaft weidet, vermitteln ein Gefühl von Heimat; selbst der grosse Eisschrank, der in der Stube steht, mag dieser Ambiance nichts anzuhaben.

Und ist der Himmel klar, gefällt einem nicht nur die Aussicht zu sämtlichen Gipfeln der Churfirsten hinüber, auch in der Nähe erkennt man manch Schönes. Etwa die mit Blumen geschmückten Fenster, das „Rössli"-Wirtshausschild, das vor dem Gasthof hängt und an längst entschwundene Kilbirössli erinnert; oder die einfache, alte Veranda, die noch mehr Ausblick in die Landschaft erlaubt (selbstverständlich auch zum nicht besonders attraktiven Ebnat-Kappel hinunter).

Wir kamen bald ins Gespräch mit Trudi Rust, der Wirtin, erfuhren von ihr, dass früher im Haus eine Bäckerei gewesen sei, die die ganze Umgebung mit Brot versorgt habe, dass ihr Mann die Landwirtschaft betreibe, dass sie auf Bestellung und am Sonntag stets ein währschaftes Menü anbiete und dass die mit Wasser gefüllten Plastiksäcke, die im Sommer in den Räumen aufgehängt sind, erfolgreich Fliegen von einem Besuch der Wirtschaft abhalten.

Wahrlich eine Schweizer Bauernbeiz, wie sie heute leider fast nur noch in den Kriminalromanen von Friedrich Glauser oder von Jon Durschei beschworen wird.

Gasthof „Rössli"
Hüsliberg, 9642 Ebnat-Kappel SG
Tel. 071' 993 13 65
Ruhetag: Montag und Dienstag

Das „Rössli" im Winter   (Irene Bosshart)

99

Das Rössli des „Rössli"   (*Irene Bosshart*)

Und vieles, was im „Rössli" der Familie Rust angeboten wird, stammt aus dem eigenen Betrieb: die Milch natürlich, der zarte Braten am Sonntag, sogar die Würste und der Speck. Und unternimmt man nach dem Besuch der Wirtschaft eine längere oder kürzere Wanderung, etwa zum Oberhüsliberg oder gar zum gut zweihundert Meter höher gelegenen bibli-

schen Salomonstempel hinauf (früher ein Kurhaus, heute eine Ferienkolonie vom aargauischen Brugg), so kehrt man anschliessend gern nochmals durch eine einmalige Riedlandschaft ins „Rössli" zurück, zumal die meisten Wirtschaften in der weiteren Umgebung („Bendel", „Eggberg", „Churfirsten") in Sachen Harmonie, ich behaupte es schlicht, sich nicht mit dem „Rössli" vom Hüsliberg messen können.

Nur eines muss jeder Wanderer wissen: Am Montag und Dienstag brennt er vor dem „Rössli" an. Dann ist Wirtesonntag. Die Kuhglocken werden aber trotzdem bimmeln oder der Schnee wird trotzdem unter den Schuhen knirschen. Und falls die Sonne scheint, kann es rund ums „Rössli" nicht angenehmer sein. Es steht halt wirklich am Sonnenhang des Toggenburgs, hat den weit höheren, vom Skitourismus hin und wieder verschandelten Hängen der Churfirsten einiges voraus. Im „Rössli" ist übrigens ein Wirtewechsel zu erwarten. Vielleicht vor Ihrem Besuch.

Andere Wirtschaften am Sonnen- und am Schattenhang

(wb) Eine gemütliche Bauernbeiz findet man im Dörfchen Heiterswil, den **„Anker"**. Auch hier wirtet eine nette, auskunftsbereite Wirtin; und die vielen Blumen davor laden zum Verweilen ein. Nicht so gemütlich ist's, wie ich finde, im rund zehn Gehminuten vom „Anker" entfernten Hotel

„Churfirsten", das einst ebenfalls eine Ferienkolonie gewesen ist, und zwar von der Zürcher Gemeinde Uster. Vor ein paar Jahren wurde es der heutigen Wirtefamilie verkauft. Etwas Besonderes, neben der ausgezeichneten Küche, bietet es: Das Hotel ist mitsamt dem Bauernbetrieb ganz von Wald umschlossen; die Waldwiese trägt den unerwarteten Namen „Scherrer". In den Zimmern findet man jenen Komfort, den viele Städter meist auch auf dem Land wollen.

Geht man nach einer Nacht im „Churfirsten" über wunderschöne Wiesen und durch von Tobeln durchsetzte Wäldchen Richtung **Schmidberg** nach Ebnat-Kappel oder Ulisbach hinunter, kommt man zwangsläufig am gleichnamigen Restaurant vorbei, zu dem wie im Falle vom „Rössli" einst ebenfalls eine Bäckerei gehört hat. Frau Margrit Bertschi, deren Grossvater die Bäckerei führte, macht heute noch Zöpfli; und in der alten Holzstube mit den fünf Tischen, die ringsum von Holzbänken umgeben sind, fühlt sich jedermann wohl. Auf telefonische Bestellung bietet die Wirtin ein gutes, kräftiges Menü an. Es dürfte jene Energien spenden, um den Weg entlang einer schmalen Strasse nach Ebnat-Kappel gut hinter sich zu bringen.

Auf der andern Hangseite von Ebnat-Kappel gegen den Speer hinauf sind mehrere Gasthäuser und Bergwirtschaften zu nennen: So etwa das nach einem Brand neu aufgebaute **„Bellevue"**, **„Ober-"** und **„Untere Bächen"**, „Girlen", **„Oberer Steinenbach"**, die von Hansi Bühler und Brigitte Custer (genannt Tanzbödlerin) auf 1433 m ü.M. geführte ganzjährig geöffnete **„Tanzbodenalp"** (mit Übernachtungsmöglichkeiten) und die nur von Mitte Juni bis 20. September offene, direkt unter dem Speer auf 1569 m ü.M. hingebaute Sennhütte **„Rossalp"** (Tel. 055' 283 12 82). Geht man von ihr abwärts Richtung March und Rieden, kommt man übrigens zu einer weiteren Bergwirtschaft: **„Vorderwengi"**. Dort wird von mitte Mai bis ende Oktober gewirtet (Tel. 055' 283 12 81 / 283 13 46). Ein weiteres interessantes Berggasthaus finden Sie, wenn Sie ausgangs Ebnat-Kappel (von Wattwil her kommend) beim Weiler Rüti zum Nestenberg hochsteigen und dann, alles in allem anderthalb Stunden, weiter gehn bis zum auf 1059 m ü.M. gelegenen **„Nestel"** (Übernachtungsgelegenheit, Tel. 071' 993 15 09). Es ist ganzjährig geöffnet. Die über 80jährige Wirtin will allerdings ihre Bergwirtschaft jüngeren Leuten anvertrauen.

Wir denken, etliche dieser Bergbeizli sind ohne jeden Zweifel eine kürzere oder längere Wanderung wert.

Wo die Hemberger sich in die Wanne legten

(wb) Wo einst die Hemberger sich in die Wanne legten und den Dreck vom Körper schrubbten, dort in der Nähe steht heute weiterhin das Gasthaus „Bad zur Traube". Und das ehemalige Badehaus sieht man, freilich schon ein bisschen umgebaut, nach wie vor daneben. Einige Wohnungen hat es jetzt drin, und zwar alle mit Badewannen – aber nicht mit so vielen wie einst, als nur wenige privilegierte Toggenburger im eigenen Haus oder in der eigenen Wohnung baden konnten.

Und das Wunderbare: Anders als die bekannte Bauernwirtschaft „Alpenrose" im hinteren Neckertal, in der nahezu alles „herausgerupft" wurde, was man nur „herausrupfen" kann, hat man in der „Traube" das Gefühl, in diesem Gasthaus sei im Innern wie im Äussern nur wenig dem nicht immer nur erfreulichen Zahn der Zeit zum Opfer gefallen.

Prächtig präsentiert sich das Haus unterhalb des grossen Weihers, der bis heute eine kleine Sägerei in Betrieb hält; und wer in die Wirtsstube kommt, sei es als Wanderer oder als Stammgast, freut sich über diese Gemütlichkeit ausstrahlende Bauernbeiz. Einzig beim Anblick der Holzbänke stutzt er vielleicht einen Moment. Die metallenen, mit grossen Schrauben fest in den

Gasthaus „Bad zur Traube"
Erwin Lutz
9633 Hemberg SG
Tel. 071' 377 11 76
Ruhetag: Montag und Dienstag

Boden verankerten Füsse scheinen gar nicht aus dem Toggenburg zu stammen. Und sie stammen auch nicht aus Hemberg. Der in Singapur lebende Besitzer des von Geschichten umrankten Gasthauses liess die gusseisernen Füsse für die neuen Bänke nämlich eben dort herstellen ...

Was man dazu auch sagen und

Die „Traube" von Hemberg und ihre Sägerei

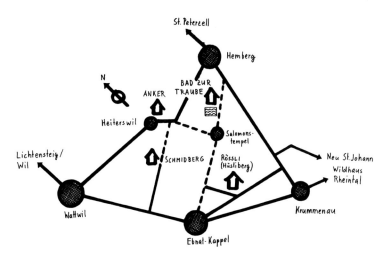

denken mag, das 1776 erbaute Gasthaus ist ein Ort, wo Menschen noch miteinander sprechen können und wollen. Dazu trug längere Zeit das liebenswürdige Wirtepaar Edi und Elsa Kaufmann entscheidend bei, die es aber nach zwölf Jahren „Traube" in eine kleinere Wirtschaft nach Oberrindal in der Nähe von Flawil zog („Ritzenhüsli").

Der Grund: Die zahlreichen Nebenstuben, die kleine Sägerei, die Betreuung des „Badehauses" samt einer Fabrik und vor allem die zwei sogenannten Schlafsäle mit insgesamt 28 Eisenbetten geben allerhand zu tun. Noch heute nämlich werden diese Betten während Kursen rege zum Übernachten benutzt, zum Beispiel von der Zürcher „Schule für Gestaltung".

Auch drei Doppelzimmer sind ständig für Gäste bereit, die die wunderbare Gegend rund um Hemberg erkunden möchten und es einmal durchs hintere Neckertal bis zum berühmten Ofenloch schaffen möchten (im Winter nicht anzuraten). Aber schon ein Spaziergang zum ehemaligen Kurhaus Salomonstempel hinüber oder ein noch kleinerer um den Weiher herum, hat seine eigenen Reize. In diesem tummeln sich nämlich nicht nur ausgesetzte Fische (die laut Berichten Einheimischer eher grauen Reihern und Kormoranen als Fischern zum Opfer fallen), sondern zahlreiche Gänse, Enten und selbst ein schwarzer Schwan. Und sollten Sie diesen nicht mehr antreffen, ist er wohl einem Fuchs zum Opfer gefallen wie sein Partner und etliche andere Wasservögel vor ihm. Ein schönes Tierleben durften sie wenigstens zuvor leben.

Dafür lädt das Ruderboot, das stolz über dem Wasser hängt, geradezu zu romantischen Mondscheinfahrten ein. Ob man sich dieses allerdings einfach so ausleihen darf, müssen Sie beim heutigen Wirt Erwin Lutz erfragen. Da er ähnlich gut kocht wie der frühere Patron, werde ich noch manchmal den Weg in die Hemberger „Traube" finden.

Doch so oder so: Wenn in der heimeligen Gaststube um die Mittagszeit die Sonne durch die neckischen Grossmutter-Vorhängchen scheint, fühlt man sich plötzlich wie verzaubert. Montag und Dienstag ist allerdings das „Bad zur Traube" normalerweise geschlossen; es sei, man gehöre einer Gruppe an, deren Mitglieder nachts in Eisenbetten ebenso gut wie in einem heutigen Bett schlafen.

In der „Ochsenhütte" haben die Schweine Schwein

Wenn man bei Starkenbach, das zur Gemeinde Alt St.Johann gehört, die Hauptstrasse verlässt und dem Bachlauf folgt, gerät man vor ein Holzhaus unter Bäumen. Würden da nicht Seile zu Masten in schwindelerregender Waldhöhe führen, könnte es der Wanderer für das Nebengebäude einer Mühle halten. Nur knapp über Kopfhöhe kreuzen die Seile das Strässchen. Ein Schild warnt vor der Seilbahngondel, nach der man zunächst vergeblich Ausschau hält. Doch vor dem nach vorne offenen Holzhaus erkennt man bald einmal, dass man vor der Transportseilbahn der Alpkorporation Selun steht. Ein Plakat im Innern der kleinen Talstation versichert, die Holzkiste mit zwei Bänken, von einem Blechdach gedeckt, führe tatsächlich vier Personen in die Höhe und dürfe dies auch.

Als wir kamen, bewachte eine kleine Tigerkatze nebst Herrn Baumgartner, dem Mann der „Ochsen"-Wirtin, die Station; sie rührte sich nicht von der Stelle, auch als mein Hund sie beschnupperte, und musterte mit altklugen Augen uns Ankömmlinge, als würde sie auf den ersten

Bergwirtschaft „Ochsenhütte"
Myrta Baumgartner
9656 Starkenbach (Alt St.Johann) SG
Natel 079' 601 12 53 /
Tel. 071' 999 19 18
Offen von Pfingsten bis 1. November

Blick erkennen, ob wir tatsächlich in die Kiste steigen oder doch lieber den vierstündigen Weg zur Alp Selun unter die Füsse nehmen wollen.

Wer das Abenteuer wagt, knapp über den Baumgipfeln in einer Klapperkiste hinaufzuschaukeln, tut gut daran, mit dem Seilbahnwart die Rückreisezeit zu vereinbaren. Im Gegensatz zur Tigerkatze steht er nicht immer da. Andernfalls kann man unter Umständen in der Bergstation die

Vor der „Ochsenhütte"

Kurbel am Telefon drehen, solange man will – die Kiste rührt sich nicht vom Fleck. Wenn die Zeit jedoch zuvor vereinbart wird, sollten die Fahrgäste den auf einer Tafel festgehaltenen Vorschriften unbedingt Beachtung schenken und schneidig einsteigen.

Die wunderbare Aussicht auf der Höhe über dem Wald lassen die Mühen des Aufstiegs oder die Abenteuer der Seilbahnfahrt schnell vergessen. In einem Naturschutzgebiet, in dem nicht selten Gemsen zu sehen sind, können Sie Ihre Augen über den Säntis, das Alpsteingebiet, den Speer, den Stockberg und die Glarner Alpen schweifen lassen. Am Fuss des Seluns, auf einer Höhe von 1577 m ü.M., findet man den Wegweiser „Zum Ochsen". Begreiflich,

dass der Name die Erwartung weckt, in Bälde einer stattlichen Wirtschaft zu begegnen. Alphütten tragen bekanntlich kaum Namen wie „Hirschen", „Sternen" oder eben „Ochsen". Enttäuscht ist der Wanderer dennoch nicht, wenn er nach einer Wegbiegung plötzlich Bänke und Tische vor einer Hütte entdeckt.

Die Wirtin Myrta Baumgartner bedient ihre Gäste prompt und aufmerksam. Nebst Bauernspezialitäten stehen ein „Selunteller", Siedwürste, frische Alpenmilch und Niedelzune auf der Karte; für dieses alte Sennengericht wird Rahm aufgekocht, mit Salz und Mehl versetzt. Auch der Käse stammt vom eigenen Hof.

Kein Rinderwahnsinn

Mit Verblüffung erfährt man, dass Myrta Baumgartner nicht nur allein in dieser Höhe wirtet, sondern zudem einen Hof in Starkenbach mit sechzehn Kühen und

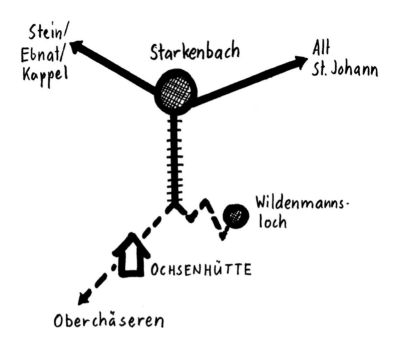

zweiundvierzig Jungvieh, Ziegen, Schafen und Schweinen führt. Nur gerade am Wochenende unterstützen sie in der „Ochsenhütte" eine Servierfrau und/oder die Tochter.

Die Wirtin kocht ausschliesslich mit Holz. Ein Generator erzeugt Strom, der Licht in die niedrige, holzgetäferte Gaststube bringt. Um die drei Tische können gut vierundzwanzig Gäste sitzen, verriet uns die Wirtin; und bei Bedarf stelle man halt einen weiteren Tisch hinein. Das Massenlager bietet hingegen Raum für zweiundzwanzig Übernachtungsgäste.

Geschlafen wird allerdings über dem Kuhstall, nicht im grösseren Holzhaus neben der Gartenwirtschaft, dessen Fenster weisse Vorhänge zieren. Ob man es glaubt oder nicht, dort sind die Schweine untergebracht! „Viele Gäste meinen deshalb, die Schweine würden komfortabler als ich wohnen." Wenn man sich vor Augen hält, wie sonst in der Schweiz vielfach Schweine gehalten werden, kann man das gut verstehen.

In der Gartenwirtschaft vor dem „Ochsen", dem breiten Rücken des Seluns, den siebzehn bewirtschafteten Alpweiden und -hütten gegenüber, blieb der Schweinestall nicht die einzige Überraschung. Die Gäste am Tisch neben unserem sprachen nämlich andauernd von Doppelgängern. Wir gehen daher kaum fehl in der Annahme, dass der Mann, der im Fernsehen auftritt, wahrscheinlich ein Doppelgänger ist, während es sich beim Gast, der dem Papst aufs Haar gleicht, tatsächlich um das Kirchenoberhaupt handeln könnte. Unter diesen Umständen dürfen wir davon ausgehen, dass jede Frau, die im Churfirstengebiet wandert und Martina Hingis ähnlich sieht, weit eher die Tochter von Melanie Molitor sein dürfte als der Tennisstar auf dem Bildschirm.

Die Gaststube der „Ochsenhütte" mit dem magischen Namen „Selun" und der empfehlenswerte „Balgacher Ratsherrenwein" machen halt vieles Unmögliche möglich. Die Frage, ob das Wildenmannli aus dem Wildenmannlisloch, einer erforschten Höhle mit prähistorischer Bedeutung am östlichen Felsband des Seluns, gelegentlich in der „Ochsenhütte" einkehrt, lässt sich dagegen nicht mit abschliessender Sicherheit beantworten. Sehenswert ist die Höhle allemal und gar nicht allzu weit entfernt.

Und noch etwas: Als wir vor der „Ochsenhütte" sassen, hörten wir sogar das Echo eines Jodelchörlis, das sich bei genauerem Hinhören und -sehen jedoch als die Fluggeräusche eines Segelflugzeugs entpuppten. Unser Ohr kennt die Stille und die weiten Echoräume offensichtlich kaum mehr. In der Stadt würde es vermutlich nie ein Segelflugzeug wahrnehmen, das über den Köpfen dahinfliegt.

Zu den Gästen der „Ochsenhütte" zählen neben Doppelgängern und Originalen vor allem Sennen und Wanderer. Geöffnet sei die „Ochsenhütte" übrigens von Pfingsten bis 1. November, erfahren wir noch kurz vor dem Abschied. „Wenn der Schnee nicht früher einbricht", fügt die Wirtin allerdings bei.

Zur nächsten, herrlich zwischen Speer und Mattstock gelegenen Bergwirtschaft **„Alp Oberchäseren"** sind drei bis vier Stunden zu gehen. Sie ist von Pfingsten bis zum zweiten Oktobersonntag jedes Wochenende geöffnet, während der Alpzeit (ca. mitte Juni bis Bettag) auch unter der Woche. Die Familie Jöhl ist unter Telefon 055' 611 11 71 / 283 17 70 zu erreichen und bietet Übernachtungsmöglichkeiten im Massenlager für Fr. 13.- bis 15.- an. Von der „Alp Oberchäseren" führt die Wanderroute entweder zum Speer und zur **„Rossalp"** (eine Alphütte mit Beizencharakter) oder nach Amden und zum Walensee. *René Sommer*

Das „Älpli" vom Chüeboden

(wb) Als kleiner Bub bin ich ab und zu im **„Älpli"**, zwei oder dreihundert Meter über dem schon damals von Touristen heimgesuchten Unterwasser, gewesen. Aber nicht in der winzigen, damals nur aus zwei oder drei langen Holztischen bestehenden Wirtschaft, sondern im Spezereiladen, den es heute nicht mehr gibt. Während jedoch mein Bruder, verliebt in eines der Mädchen der damaligen Besitzer, bis zur Wirtschaft vorgestossen sein dürfte, kehrte ich nach dem Kauf von Brot, Mehl

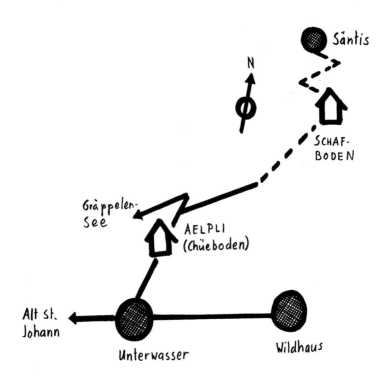

N

Säntis

SCHAF-
BODEN

Gräppelen-
See

AELPLI
(Chüeboden)

Alt St.
Johann

Unterwasser

Wildhaus

oder Ribel, begleitet von den herrlichen Gerüchen aus dem Lädelchen, jeweils brav zu den Bauersleuten zurück, die oberhalb des „Älpli" als Bergbauern eher ein karges denn ein gutes Auskommen gehabt haben dürften.

In der Zwischenzeit hat sich fast überall im Toggenburg vieles verändert. Aus Bauernhäusern wurden Ferienhäuser, aus kleinen Wirtschaften grosse. Im „Älpli" fühlt man sich aber trotzdem wohl. Die sichtlich gewachsene Wirtsstube stimmt noch, der hellblaue Kachelofen hat nicht nur Dekorationsfunktion und die Aussicht zum Säntis und zum Schafberg hinauf ist, besonders auf der

Terrasse zu geniessen, genau die gleiche geblieben.

Mehr als ein Jahr war das „Älpli" geschlossen. Das haben viele Einheimische und Wanderer bedauert. Jetzt führt Astrid Ott als Pächterin die Wirtschaft. Sie ist eine Quereinsteigerin, hatte zuvor in einer psychiatrischen Klinik als Krankenschwester gearbeitet. Ihr Mann, der während der Woche anderswo arbeitet, geht ihr am Wochenende zur Hand.

In der ursprünglich gebliebenen Landschaft auf der Sonnenseite des Obertoggenburgs bietet Frau Ott so viele Bioprodukte wie möglich an. In einem Gebiet, wo die Milchwirtschaft dominiert,

Das „Älpli" und der Säntis

kommen vor allem Käsespezialitäten auf den Tisch, und zwar solche von einheimischen Bauern. Für Wanderer und Berggänger gibt's nach einer Tour auf den **„Schafboden"** (Sommer-Bergwirtschaft), auf den zuoberst ziemlich zubetonierten Säntis oder zum Gräppelensee auch Feines aus dem Rauchkamin und Alpkäse (peilt man diese Ziele vom „Älpli" an, müssen fahrbare Untersätze auf der Alp Laui parkiert werden). Und im Winter verwöhnt die Wirtin Siktourenfahrer mit Suppen und Chässpätzli. Beliebt sind auch ihr pfiffiger Huuskafi und die grossen Meringues.

Noch manches wäre über diese schöne Wirtschaft mit ihrer Terrasse und ihrer Aussicht zu sagen. Sie werden es aber mit Gewissheit selber entdecken. Die Telefonnummer sei aber wenigstens nicht vorenthalten (071' 999 11 73) und der Ruhetag: Es ist der Donnerstag.

An den Hängen des Rheintals

Im „Lavadarsch"

(wb) Das Rheintal zwischen St.Margrethen und Sargans war noch vor wenigen Jahrzehnten eine der schönsten Regionen der Schweiz. Der damals noch wilde Rhein, die wegen Überschwemmungsgefahr oft am Hang hingebauten schmucken Dörfer gehörten ebenso zum Gesamtbild wie riesige Weiden und von Hasen, Füchsen und unzähligen Vogelarten bewohnte Riedlandschaften, die auf der österreichischen und auf der schweizerischen Seite von hohen Hügelzügen und Bergen flankiert wurden. Damit ist es mehr oder weniger vorbei. Der begradigte Fluss wurde zum völlig sterilen Kanal, Industriebauten überziehen einen grossen Teil des breiten Tales und ein Verkehr sondergleichen quält sich durch die Ortschaften zum San Bernardino hinauf. Auch die Luft ist dementsprechend nicht die allerbeste. Asthmatiker und andere Allergiker meiden am Besten das Rheintal.

Gleichwohl finden sich, logischerweise vor allem an den Hängen zum Appenzellischen und zum Toggenburg, Wirtschaften, die in unserm Buch erwähnt werden müssen. Nachstehend wird die eine oder andere von uns vorgestellt. Hinweisen möchten wir auch auf das herrschaftliche Weingut **„Burg"** über Au (direkt unterhalb der anderswo vorgestellten „Meldegg"), das **„Landhaus"** und die **„Heimat"** in den Rebhängen von Berneck, das altehrwürdige **„Rössli"** mitten in Balgach (unbedingt von der Wirtin einen „Kaffee Gravensteiner" mit Schlagrahm verlangen), die **„Taube"** über Altstätten (abseits der Strasse zum Ruppen und von dort nach Trogen hinauf), die Sommerwirtschaften **„Montlinger Schwamm"** mit der legendären Schwamm-Marie als Wirtin (von Ranger- und Jeepfahrern mit Handys leider bevorzugt) oder das direkt unter dem Hohen Kasten gelegene und von Seveln aus auf einer stotzigen Strasse erreichbare **„Rohr"**. Dass auf der österreichischen Seite durchaus auch schöne Beizen zu finden sind, sei nur nebenbei erwähnt. Das Liechtensteinische hingegen kann man diesbezüglich ruhig vergessen ...

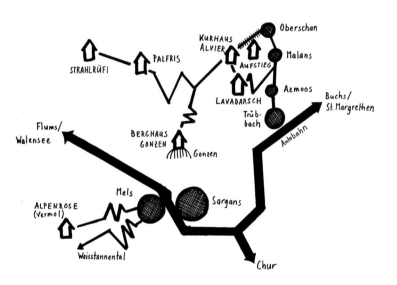

„Lavadarsch" oder Das Räto-romanische im St.Galler Oberland

Weniger bekannt als das Alpsteingebiet oder die Wanderrouten über dem Walensee ist die aus sieben Dörfchen und zwei Weilern zusammengesetzte Gemeinde Wartau im St.Galler Oberland. Zu unrecht übrigens, wie man gleich feststellt, wenn hinter den ersten Kurven des Bergsträsschens Trübbach (und mit ihr Martina Hingis und ihre Pferde) und das Rheintal entschwinden und ein ausgedehnter, endlos vorkommender Wald, der zu den Gipfeln des Alviers (2343 m ü.M.) und des Gonzen (1829 m ü.M.) hinaufführt, die wilderen Seiten des Kantons zeigt; bereits auf einer Höhe von nur achthundert Metern vermitteln Alpweiden mit Kühen den Eindruck, man sei ins Bündnerland geraten.

Dazu verleiten auch die rätoromanisch klingenden Orts- und Flurnamen Gretschins, Matug, Plattis, Murris, Refina oder Fontnas. Auch eine Ortschaft mit dem Namen Malans ist hier anzutreffen; es handelt sich aber nicht ums Malans beim Eingang zum Prättigau, es ist das Malans von der Wartau.

Neben dem Bergsträsschen, etwas in den Bäumen versteckt, am Höhenweg Wildhaus-Sargans gelegen, entdeckt man das Berggasthaus „Lavadarsch" (875 m ü.M.). Alte Schindeln verkleiden die Fassade. In der Gartenwirtschaft haben die hässlichen Plastikmöbel noch keinen Einzug gehalten. Die roten Gartentische und -stühle mit rotlackierten Latten vor dem dunklen Haus unter den Bäumen passen ganz und gar zu diesem Berggasthaus mit dem seltsamen Namen (sh. weiter unten).

Der etwa dreissigjährige Sohn der ehemaligen Wirtin, Marino Knöpfel, hat vor nicht allzu langer Zeit das Gasthaus übernommen. Er bestätigt gern, dass keine Absicht bestand oder besteht, am Gebäude und der Einrichtung Veränderungen vorzunehmen. Dazu würde auch der Anlass fehlen. Der Bretterboden und die Tische in der Gaststube sind einfach, wirken aber solid.

Obwohl abgelegen und an einem verträumten Ort, sei das Gasthaus an Wochenenden, je nach Wetter, gut besucht. Zu essen gibt es kleinere „Sachen" wie Buurespeck, Toggenburger Bergkäse, Salsiz und Bündnerfleisch. Unter den warmen

Berggasthaus „Lavadarsch"
(manchmal Lafadarsch geschrieben)
Marino Knöpfel
9478 Azmoos SG
Tel. 081' 783 11 40
Ruhetag: Dienstag

Das verwunschene Berggasthaus

Speisen führt die Karte Gulasch-Suppe, Speck mit Spiegelei sowie Bauernwurst auf. Diese Speisekarte sollte man nicht nur lesen, sondern unbedingt drehen oder wenden: Sie finden auf der Rückseite ein lachendes und ein weinendes Gesicht. Allen Grund zur Zufriedenheit hat offenbar nur, wer im „Lavadarsch" ein Käsefondue bestellt und gegessen hat. Wer dies versäumt, soll nachher am Rand der Verzweiflung stehn. Das gibt jedenfalls die Zeichnung mit dem Wurzelkopf zu verstehen.

Während der Grenzbesetzung verkehrten in der Gegend des „Lavadarsch" viele Soldaten; dem Vernehmen nach deckten sie sich in der heutigen Bergwirtschaft mit Bier ein. Erst nach dem Krieg wurde eine richtige Wirtschaft eröffnet.

Über den Wald, der einen Bunker direkt unterhalb des Gasthauses tarnen soll, ist der Wirt nicht sehr glücklich. Die Bäume sind hochgewachsen. Nur von der Morgensonne wird daher das schöne, alte Haus beschienen. Gelegentlich sollte der Förster ein paar Bäume zeichnen, die zu fällen wären. Versprochen habe er es, erzählt Herr Knöpfel. Notfalls müsse er selbst die Axt anlegen, um etwas Licht ins Haus und die an sich aussichtsreiche Lage zur Geltung zu bringen. Allerdings anerkennt er gleich die Schutzfunktion der Bäume; denn „der Föhn weht hier gleich um die Ecke".

Es gibt auch Tage, wo niemand ins „Lavadarsch" kommt; dann kann der Wirt die Zäune ausbessern und sich vermehrt um die fünfundzwanzig Schafe, es sind

Stilleben im „Lavadarsch"

Heidschnucken, kümmern, die um seine Wirtschaft weiden. Wenn jemand die Nase von der Jägerei und dem Wildpfeffer voll hat, sollte er auf alle Fälle im Herbst im „Lavadarsch" einkehren und Schafspfeffer bestellen. Er gilt als Spezialität des Hauses. Dass man im Winter das Gasthaus erreicht, dafür sorgt übrigens ein Bauer mit seinem Schneepflug.

Wohl kaum ein Gast mag die Wirtschaft verlassen, ohne die Bedeutung des Namens „Lavadarsch" erfahren zu haben. Das Haus steht seit 1652. Der Name ist einiges älter; die Endsilbe kann nur spasseshalber mit unserem sesshaftesten Körperteil in Verbindung gebracht werden. Die Lautähnlichkeit ist zufällig. Bei diesem „Arsch" handelt es sich um eine Verdeutschung des lateinischen Partizip Perfekts „arsus", was soviel wie „abgebrannt" heisst. Der Name verrät Spuren früherer Grenzbesetzungen. Die Römer fielen damals ins Gebiet der Räter ein. Sie nannten die Flur ums heutige Lavadarsch „Tabulatus arsus", „abgebrannter Bretterstall".

Mit dem Einzug der Alemannen entstand ein Sprachgemisch aus rätischen, lateinischen und alemannischen Elementen. So entwickelte sich der Namensteil „Lavad", verwandt mit dem rätoromanischen „Clavau". Ob die Römer Zeit fanden, auf dem „Tabulatus arsus" Wein zu trinken, darüber können Sie bei einem Glas Wartauer bestimmt spekulieren.

Nur darf der Blick in die leider äusserst kriegerische Geschichte nicht dazu verführen, das Elend der Welt ersäufen zu wollen. Dazu ist der in der Wartau gewachsene und gekelterte Wein zu gut und die Gegend zu schön. Wanderwege führen auf den Lanaberg und den Gonzen. Den Alvier erreicht man in vier Stunden. Bis Sargans sind es zweieinhalb Stunden zu Fuss. Es bringt aber auch einiges, zwei oder drei Tage in der Wartau zu bleiben; zu entdecken gibt es vieles, darunter versteckte Winkel und Mäuerchen, die wie solche in Quinten oder Betlis am Walensee an ein Tessin erinnern, das noch nicht vom Tourismus besetzt worden ist.

René Sommer

Rund um den „Aufstieg" das Reiten lernen

(wb) Nicht ganz so altehrwürdig wie das „Lavadarsch" ist der „Aufstieg" (815 m) neben der Mittelstation zum Hotel **„Alvier"** hinauf, das (wie das Bähnchen) – seit es vom Wolfhäldler Matthias Lutz und seiner Frau Jacoline geführt wird – dem früheren guten Ruf wieder gerecht wird.

Erna, Heinz und Ueli Tischhauser wirten und bauern auf und um das Plateau, auf dem der Hof „Aufstieg" steht und das einen grossartigen Blick ins Rheintal und hinüber zu den Vorarlberger-, Liechtensteiner- und Bündner Alpen gewährt. Seit vielen Jahren vermieten sie auch

Gasthaus „Aufstieg"
Familie Tischhauser
9479 Oberschan (Wartau) SG
Tel. 081' 783 11 36
Ruhetag: keinen

Zimmer mit Frühstück und ermöglichen Kindern (und ev. deren Eltern), Ferien auf einem Bauernhof zu verbringen, und zwar mit Familienanschluss und Vollpension.

Ich rate aber, in die Wirtsstube der Tischhausers einzukehren, bei kaltem Wetter nahe am Kachelofen Platz zu nehmen und sich für eine der warmen oder kalten Speisen zu entscheiden. Das Fleisch kommt fast ausschliesslich vom Hof, ebenso der feine Bergkäse; im Herbst steht häufig Gemspfeffer auf dem Programm. Und jeden Tag gibt's überdies ein anderes Menü, am Sonntag, etwa im Säli, sogar ein Sonntagsessen für kleinere Gesellschaften.

Dazu sollte man unbedingt „Wartauer" trinken, einen Beerliwein, der wenig bekannt ist, sich aber problemlos mit den Weinen aus der Bündner Herrschaft messen kann, ja, diese meiner Meinung nach in Sachen Fruchtig- und Süffigkeit übertrifft. Wie Sirup rinnt der „Wartauer" durch die Kehle und noch lange bleibt der sanfte Geschmack auf der

Die Laube des „Aufstiegs"

Zunge. Er ist eben, wie uns die Wirtin beibrachte, mit dem Föhn gereift. Dass das selbstgebackene Brot dazu passt, weiss jeder, der schon von ihm gekostet hat. Ohne es zu wollen, musste ich jedenfalls am Wirtshaustisch an Hölderlins berühmtes Gedicht „Brot und Wein" denken.

Die Zimmer, in denen man übernachten kann, wirken sehr gepflegt; und wer oben in den Dachkammern schläft, wird sich erst recht geborgen fühlen, genau wie in der leicht heiseren Stimme der liebenswürdigen Wirtin.

Für Kinder und Jugendliche gibt es eine zusätzliche Attraktion: die Pferde der Familie Tischhauser. Alle, die im „Aufstieg" Ferien verbringen, können sich nämlich als Reiter und Reiterinnen versuchen; und wer schon gesehen hat, wie wunderschön, romantisch und wild die Wartau mit ihren malerischen Dörfern, Weilern und steilen Weiden unterhalb der riesigen Wälder und des Alviers oder Gonzen ist, weiss bestens, was sie Kindern wie Erwachsenen zu bieten hat. Die Dörfchen locken ebenso wie kleinere Siedlungen oder die Burg Wartau; sie zu Fuss oder hoch zu Ross zu erkunden, hat seine eigenen Reize. Auch ein Aufstieg zur **„Alvier-Hütte"** auf 2343 m ü.M. lohnt sich im Sommer und Herbst alleweil; eine eindrücklichere Sicht in die Ferne und zum Walensee hinunter muss mir einer erst zeigen.

Auf der Strahlrüfi verführt der „Eisenschangli" die „Chuchischelle"

Vom Restaurant **„Palfries"** führt ein Bergweg durch Alpweiden zur 1675 m ü.M. gelegenen „Strahlrüfi". Lässt man sich von den Kühen nicht aufhalten, erreicht man recht bald das Berghaus, nämlich in 45 Minuten.

Nebst dem in noch etwas erhöhter Lage wunderbaren Rundblick vom Walensee bis zu den Bündner Bergen fasziniert einem das eigenartige Gebäude, eine Mischung von Alphütte und Kurhaus. Aufmerksamkeit erregen selbstverständlich auch die verlockenden Speisen, die bei der Tür angeschlagen sind. Wandern macht hungrig. Derzeit wirtet eine Familie Hagmann. Und wirklich gut. Wenn man liest: „Prima Rossburawurst", „Strahlrüfi-Zvieri, 1/2 Bergkäse, 1/2 Rosslandjäger", „Chüschtige Rosslandjäger", „Hus-Kaffee", „Alphütten-Fondue", können wohl keine zehn Pferde, auch nicht die gemetzgeten, Wanderer davon abhalten, ins Berghaus zu treten.

Die Grösse des Hauses ist auf den ersten Blick schwer auszumachen. Die kleine Gaststube hingegen mit den zwei langen Tischen hat echten Alphüttencharakter. Die Zimmer, die wir uns später zeigen lassen, erinnern wirklich an ein altes Kurhaus; und ein Kurhaus ist die „Strahlrüfi" früher auch gewesen.

Doch bleiben wir zunächst in der oft verrauchten Gaststube mit dem Wirtepaar. Er berichtet uns, dass bei ordentlichem Wetter die „Strahlrüfi" von Juni bis Ende Oktober offen sei.

Zu den Stammgästen der „Strahlrüfi" zählen heute vor allem Wanderer und Biker; Vereine, Schulen und Jugendgruppen kehren nicht nur ein, sondern sie übernachten auch im Berghaus in einem der vielen Zimmer oder Schlafsäle.

Man sollte es nicht versäumen, einen Blick in das Gästebuch zu werfen. Den Namen nach zu schliessen, verkehrt eine illustre Gesellschaft in der „Strahlrüfi", die gewiss ohne Fernsehen genug Unterhaltung findet. So kann man sich lebhaft ausmalen, wie der „Bärenführer" erste Annäherungsversuche an den „Küchentiger" unternahm. „Schüttsteingsell" und „Chuchischelle" dürften eher eine gemeinsame Sprache gefunden haben, und die „Schüttsteinrakete" suchte vor einiger Zeit einen rassigen Partner. Ob sie sich für den „Eisenschangli" oder den „Goldmeisenbesitzer" entschieden hat? Dem „Gamaschenbräutigam" wäre wohl weniger über den Weg zu trauen gewesen.

Ein anderer Eintrag gilt einer realen Rakete. Während am 16. Juli 1969 Amerikaner mit der Apollo 11 zum Mond starteten, erhielt die „Strahlrüfi" einen gemauerten Kamin und einen neuen Herd ohne Boileranschluss.

Das Berghaus wurde 1906 erbaut, 1920 erweitert und renoviert und galt früher als Kurhaus für Molkenkuren. Vor dem Bau beherbergte die Sennerei „Strahlrüfi" bereits Gäste in zwei Zimmern. Man hält es kaum für möglich: Das Haus, das von aussen eher klein wirkt, enthält zwanzig Einer- und Doppelzimmer, dreissig Matratzenlagerplät-

Berghaus „Strahlrüfi"
9478 Azmoos SG
Tel. 081' 783 11 60

ze und einen Saal für vierzig bis fünfzig Gäste.

Die Zimmer und ihre Möblierung haben sich vor und nach der Mondlandung kaum verändert und dürften auch ohne Molkenoder Rosskuren nicht ohne Reiz sein. An Gäste, die zuletzt ins Bett gehen, wird auf der Strahlrüfi gedacht. Sie finden direkt über der Gaststube Unterschlupf, sofern sie den Aufstieg über die schmale Holztreppe noch schaffen.

Ehe es die relativ breite Naturstrasse gab, wurden Lebensmittel und teilweise die Kurgäste mit einem geländegängigen Jeep zur „Strahlrüfi" geführt. Heute besteht aber die Strasse vom Restaurant „Palfries" her, die zum

Die „Strahlrüfi" im Nebel erhält Besuch

Glück mit einem Fahrverbot versehen ist.

Die Geranten kochen in der kleinen Küche mit Holz und Gas. Die Solaranlage erzeugt Strom für die Beleuchtung, während der Kühlschrank mit Gas betrieben wird. Gut gestärkt, mit dem Gefühl, Gast in einer schönen Alphütte gewesen zu sein, verlässt man die „Strahlrüfi". Und vielleicht, wer weiss, hat man im Berghaus fern von der Zivilisation einen Originalitätsschub erhalten, der dem Besucher Züge eines „Eisenschanglis" oder „Goldmeisenbesitzers" verleiht. Zu wünschen wäre es eigentlich jedem Gast – und der normierten Gesellschaft.

René Sommer/Werner Bucher

Weitere Bergrestaurants der Wartau

(wb) Neben der „Strahlrüfi", dem „Lavadarsch" und dem „Aufstieg" gibt es weitere Berggasthäuser hoch über den Wartauer Dörfern und dem Rheintal. Allen voran natürlich die nur zu Fuss erreichbare **„Alvier-Hütte"**, dann aber auch den **„Gonzen"** (Familie Gasser, 081' 783 21 35), der einst wie viele Berggasthäuser der Umgebung den Namen Kurhaus verpasst erhielt, weil man sich in diesen Molkenkuren angedeihen lassen konnte. Das Kurhaus „Gonzen", das gegen hundert Übernachtern Platz bietet, wirkt (wie der Gonzen selber) ziemlich düster; nur auf einer holperigen Naturstrasse kann man mit dem Auto zu ihm hinfahren.

Auch das **„Berghaus Palfries"** bringt uns nicht unbedingt das grosse Entzücken. Es ist heute, im Gegensatz zu früher, ein modernes Hotel. Noch moderner kommt das neu renovierte, der Winterthur Versicherung gehörende Hotel **„Alvier"** daher, dessen Luftseilbahn (Oberschaan – „Alvier")

Zwei wiederkäuende Kühe auf der Strahlrüfi

eine Attraktion ist. Und obwohl es mit seiner modernen Architektur nicht unbedingt in unsern Führer passt, können wir es dennoch für Ferien empfehlen, besonders die Familienzimmer für 4 Personen. Matthias und Jacoline Lutz haben schon von der Gastronomie her allerhand zu bieten (Tel. 081' 784 02 02).

Auf der andern Seite des Gonzen liegt über Mels und dem engen Seeztal das Dörfchen Vermol, von dem aus man zum Weisstannental und zum Gonzen hinübersehen kann. Dort empfehlen wir einen Besuch in der **„Alpenrose"** und anschliessend eine Wanderung um den wunderschönen Chapfsee (wobei es auf hungrige Blutegel zu achten gilt).

Plonas
„Zur Alpenrose"

(wb) Zwischen dem Kamor und einem dem Rheintal vorgelagerten Hügel (Dätzen) finden wir das Vierzigseelen-Dörfchen Plona, das eigentlich zum relativ weit entfernten Städtchen Altstätten gehört. Wie andere Ortschaften und Weiler im Rheintal verdankt es seinen keineswegs deutschen Namen entweder den Rätoromanen oder gar den Römern. Auf Deutsch soll Plona Ebene heissen. Und obwohl das Dörfchen, eingeklemmt zwischen der äussersten Kette des Alpsteins und eben diesem mit Namen wenig bekannten Hügel, nur vormittags richtig von der

Sonne beschienen wird, lohnt es sich unbedingt, entweder von Lienz oder Rüthi die hundert, hundertfünfzig Meter hochzufahren bzw. hochzugehn oder vom Hohen Kasten hinunter Plona anzuvisieren.

Der Grund: Marie Heebs ehemalige Gaststube „Zur Alpenrose". Sie wirtete über sechzig Jahre in ihrem alten, 1957 wunderschön renovierten Beizchen aus Arvenholz und bot Wanderern gern ein Vesperplättchen an. Zuvor, als ihr Mann noch lebte, war sie auch als Bäuerin aktiv; und was sie in all diesen Jahren, darunter die schlimmen Kriegsjahre, erlebte, könnte ganze Bücher füllen.

Als sie nach Plona heiratete, gab es im Dörfchen neun Bauern, heute noch einen einzigen. Alle zehn alten, gestrickten Häuser von Plona sind übrigens mehr als 300jährig; und die sechs neuen, recht diskret am Rande des Dörf-

Die „Alpenrose" der Marie Heeb

chens erstellt, zerstören das Dorfbild nicht.

Nach einem bösen Sturz der Wirtin übernahm Christel Hassler

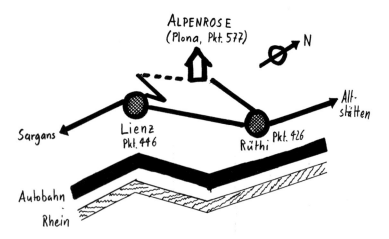

die Wirtschaft. Sie öffnet ihre „Alpenrose" immer am Donnerstag, Freitag und Samstag ab 14 Uhr, am Sonntag ab 11 Uhr. Frau Hasslers Spezialitäten sind bereits recht bekannt geworden: So ihr Gulasch, ihr Schwartenmagen, Ghakkets und Hörnli, ebenso selbstgemachte Kuchen. Auf Wunsch kommt auch anderes auf den Tisch. Und in der legendären, 1908 errichteten Gartenlaube feiern nicht selten Hochzeits- und andere Gesellschaften. Darum hier die Telefonnummer: 071' 766 11 60. Ein Tip noch: Ein Besuch in der „Alpenrose" kann auch zu einem Abstecher zur bekannten Kristallhöhle (Kobelwis) benutzt werden, zugleich besteht die Möglichkeit, den legendären Hirschsprung kennenzulernen oder zur Schwamm-Marie im **„Montlinger Schwamm"** hochzusteigen. Männliche Helden mit ihren Handys, Rangers und Luxusjeeps können einem dort allerdings die schöne Bergwelt des Fänerenspitz, des Bildsteinchopfs und den Übergang nach Appenzell (Resspass) etwas verleiden. Nicht verleiden wird es einem dafür in der kleinen Wirtschaft der Christel Hassler. Schon wegen des süffigen „Altstätters" nicht ...

Behutsam den Alpstein erobern

(wb) Schweizern und auch Ausländern lang erklären zu wollen, was und wo der Säntis und der Alpstein sei, wäre Zeitverschwendung. Daher nur der Hinweis: Das Säntismassiv ist in geologischer Hinsicht bedeutend jünger als die Alpen und daher, was manche nicht wissen, ein eigenes Gebirge. Vor rund fünfzig Millionen Jahren, die Alpen hatten sich schon langsam aus dem Meer gehoben, schlummerten die Steine (aus Kalk, Mergel und Sandstein) des heutigen Massives noch am Boden eines riesigen Schelfmeeres. Es dauerte nochmals gegen zwanzig Millionen Jahre, bis diese Steine vom Druck aus dem Süden gegen Norden gepresst und dann verfaltet und übereinandergeschoben wurden. Im Laufe unzähliger Jahrtausende stiess hernach der mächtige Gesteinskomplex mehr und mehr auf die Nagelfluh-

massen des Mittellandes und wurde dadurch in die Höhe gezwungen, zum Säntismassiv also mit seinen drei langen Gebirgszügen, Falten und Gipfeln.

Wir möchte hier keinen Exkurs über die Entstehung des Alpsteins geben (hierfür lesen Sie doch, falls Interesse vorhanden ist, die Bücher von Hans Heierli „Der geologische Wanderweg Hoher Kasten - Stauberen - Saxerlücke" und „Bau und Entstehung des Alpsteins"; sie erschienen beide im Verlag der Fehr'schen Buchhandlung). Lieber machen wir darauf aufmerksam, dass es leider im Alpstein immer wieder Touristen und sogenannte Berggänger gibt, die dieses Gebirge fahrlässig unterschätzen. Wer nicht acht gibt, kann sein Verhalten – wie etliche vor ihm – mit bösen Unfällen oder gar dem

122

Leben bezahlen. Kurz, selbst auf scheinbar sicheren Wegen gilt es aufzupassen. Die Berge verlangen eben Disziplin. In den Alpen wie im Alpstein.

Aber sie schenken auch Schönes: Herrliche Aussichten auf die zwei Täler und die Seen des Alpsteins zum Beispiel (Seealpsee, Sämtisersee, Fälensee, Gräppelensee), Beobachtungen von Gemsen, Steinböcken, Adlern und Murmeltieren, die aber teilweise wie in den Alpen häufig durch Delta- und Gleitschirmsegler aufgeschreckt werden, munter sprudelnde Bergbäche und Flüsschen, eine unvergleichliche Flora, Alpweiden und grasende Kühe und Rinder.

Dass man zudem heimelige Bergwirtschaften rund um den Säntis findet, ist besonders erfreulich. Die eine oder andere (der Betonbunker auf dem Säntis, die Ebenalp oder, heute eher Bahnhofbuffet als Beiz, der Hohe Kasten) entzücken vielleicht die Augen nicht unbedingt, aber die andern tun dies desto mehr.

Generationen von Wirten und Wirtinnen, darunter die Familien Manser, Dörig und Wyss, haben zur – nennen wir sie einfachheitshalber so – Beizenkultur im Alpstein über viele Jahrzehnte beigetragen. Zwei, drei faszinierende Wirtschaften (**„Tierwies"**, **„Schäfler"**, **„Schafboden"**, auch das **„Chräzerli"** zwischen Rossfall und Schwägalp) fehlen in unserer Auflistung. Wir empfehlen jedoch sehr, auch sie zu erwandern – mit jener Vorsicht halt, die eben nötig ist.

Nun, die drei offiziellen (neben inoffiziellen) Seilbahnen können uns viel Schweiss kostende Aufstiege von ganz unten ersparen. Doch nochmals: Wer glaubt, man dürfe in Turnschuhen die Wege begehen, glaubt falsch. Trotz des unglaublichen Touristenstromes zu den von Verkehrsverein-Managern nicht übel vermarkteten Aussichtspunkten (Säntis, Ebenalp), ist im Alpstein rasch ein Fuss verstaucht, ein Bein gebrochen oder ein Sonnenstich geholt. Das Wildkirchli, einst Hort frühgeschichtlicher Bärenjäger, der Äscher, die Stauberen, der Rotsteinpass, der Mesmer, die Alp Siegel, sie alle verdienen es, behutsam und nicht in Blitzeseile „erobert" zu werden.

Wie sagt es doch Louis Mettler im Fotoband „Phantastisches Appenzellerland", das mit herrlichen Fotos von Amelia Magro aufwartet: „Das erste, was der Auswärtige vom Appenzellerland zu sehen bekommt, sind die Sättel, Türme und Platten des Alpsteinmassives, aus hellem Kalkfels gebildet. Sie verändern Beleuchtung, Konturen und Stimmung, wie es ihnen gefällt. Einmal stehen sie sauber gewaschen und nah, dass man sie greifen möchte, dann wieder fern, trüb, düster oder wolkenverhangen ..."

Dies kann man nur mitbekommen, wenn man sich Zeit nimmt und nicht möglichst rasch da oder dort sein möchte. Dann erlebt man, wie Mettler schreibt, dass „der Berg Auf- und Abstieg bringt, Niederlage und Erfolg,

Trauer und Freude" – und erfährt vielleicht mit Amelia Magro, dass „wer vom Berg herunterkommt, nicht mehr der Gleiche ist".
Vielleicht.
Wir entscheiden dies selber.

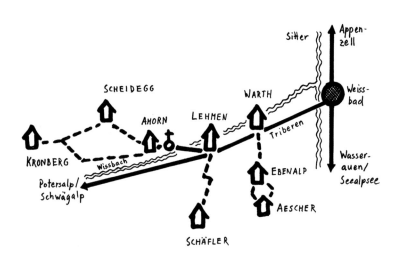

Von der „Warth" zum „Ahorn" und seiner Madonna

(wb) Wenn man in Weissbad, von Appenzell herkommend, nicht Richtung Wasserauen und Seealpsee weiterfährt (oder geht), sondern rechts ins Tal Triberen und des Wissbachs abschwenkt, das sich von Weissbad bis gegen die Potersalp hochzieht, erfährt man nicht nur abseits des Alpsteinrummels ein wunderschönes und romantisches Tal, sondern man fährt oder geht bald einmal an einem weiss gestrichenen Appenzellerbilderbuch-Bauernhaus vorbei, dem Wirtshaus **„Warth"**, das bis 1940 „Restaurant Wald" geheissen hat. Der Name Warth hat jedoch nichts mit Warten oder Wald zu tun, sondern, wir entnehmen dies Yvonne Steiners Orts- und Flurnamenbuch „Von Äbisegg bis Zwislen", vielmehr mit einem hochgelegenen Ort, der freie Sicht auf die Umgebung gewährt oder ein festes Haus zur Sicherung des Weges aufweist.

Die Kutsche der Familie Hehli

Dies trifft auf die Hintere Warth, eben unser Gasthaus, zu. Und dass der Name des Tales, Triberen, damit zusammenhängt, dass um 1280 nur drei Bauernhöfe oberhalb des Wissbaches gelegen haben („Triburron"), dies kann man kaum glauben; doch heute, so der Wirt von der „Warth" spasseshalber zu uns, gebe es bald wieder nur noch

drei Bauern in der Triberen (hin und wieder auch Trieberen geschrieben), recht viele seien ja aus finanziellen Gründen gezwungen worden, mit der Landwirtschaft aufzuhören.

Nicht aufgehört mit Bauern hat Albert Hehli, der mit seiner Frau Mina seit mehr als sechzehn Jah-

Wirtshaus „Warth"
Mina und Albert Hehli
9057 Triberen (Weissbad) AI
Tel. 071' 799 11 47 (Kutsche kann über diese Nummer ebenfalls angefordert werden)
Ruhetag: Mittwoch

ren in der Hinteren Warth als Wirt und Landwirt tätig ist. Doch nicht nur Kühe und Pferde gibt es um diese 1978 renovierte Wirtschaft zu sehen, die seit über hundert Jahre besteht, auch Gänse, Pfauen, Hühner, Enten, freilaufende Kaninchen und Zwergeissen fallen dem Betrachter sofort auf.

Überhaupt hat das Tier in der Hinteren Warth vielerlei Funktionen. So kann man Albert Hehli samt seiner regensicheren Kutsche und zwei Pferden für eine Fahrt von Weissbad bis zum „Ahorn" mieten. Im Winter ziehen die Pferde auch einen Schlitten – sicher für jung und alt ein ganz besonderes Vergnügen.

Doch kehren wir zur Wirtschaft „Warth" zurück (das Haus als solches wurde um 1535 erstmals erwähnt): Mina Hehli bewirtet ihre Gäste in der im Innern recht hellen Wirtschaft oder draussen im Gärtchen sehr liebevoll. Und bei ihr ein Gläslein zu trinken oder seinen Durst mit einem Appenzeller Bier („quöllfrisch") zu lindern und dabei zu den Felsen der Ebenalp und des Schäflers hochzublicken, ist schon etwas, das sich lohnt. Auch kulinarisch kommt jeder Hungrige zu seinem Recht: So gelten Poulets als ihre Spezialität (sie sind allerdings nicht auf der Karte zu finden), daneben gibt es die berühmten Appenzeller Siedwürste, Schweinskoteletts und eine reichhaltige kalte Küche, vor allem verschiedene Salate.

Meist hat die abgelegene Wirtschaft bis gegen 22 Uhr abends geöffnet, manchmal um einiges länger. Viele ihrer Gäste sind Einheimische; in den warmen Jahreszeiten und besonders an sonnigen Wochenenden im Herbst kommen zudem Wanderer vom **„Kronberg"**, der früher Krähenberg hiess, von der **„Scheidegg"**, vom **„Schäfler"** oder von der **„Ebenalp"** (alles Bergwirtschaften) oder auch den langen Weg von der Schwägalp zur Triberen herunter. Und allen, so behaupte

ich schlankwegs, dürfte es in der „Warth" gefallen.

Dass am späteren Sonntagnachmittag öfters Kirchgänger auftauchen, die in der Ahornkapelle der Messe beigewohnt haben, erzählte uns die Wirtin. Ganz Durstige kehren freilich schon, wenn sie vom Ahorn zurückkommen, zuvor in der grossen Wirtschaft **„Lehmen"** ein, die ihren Namen dem lehmigen Boden verdankt und deren äussere Gestalt uns weniger gefällt als die innere. Besonders die auf dem Kinderspielplatz nun wirklich nicht in die Landschaft passende Kunststoff-"Rössliritti" und der nicht ganz ungefährliche Kletterbaum haben wir als störend empfunden.

Einst ein Café, heute eine Bergwirtschaft

Als Entdeckung für uns entpuppte sich weit mehr das Berggasthaus „Ahorn" auf 1020 m ü.M., in welchem seit einigen Jahren Maria Fässler, früher Serviertochter in der „Bollenwies", mit ihrem Mann wirtet. Die Bergwirtschaft, ganz nahe bei der weit herum bekannten Ahornkapelle, wurde 1957 gebaut und gefiel damals manchen Bergwanderern mit seinen Betonmauern nicht unbedingt. Darum wohl hat man das Haus 1984 mit Holz verkleidet, was ihm heute den Charakter einer eigentlichen Bergbeiz gibt. Schon früher wurden freilich in der nahen Sennhütte Milch und andere Getränke ausgeschenkt; und als dann das richtige Gasthaus stand, wurde es – für eine Bergwirtschaft reichlich komisch – etliche Jahre unter der Bezeichnung „Café" geführt. Erst im Jahr 1985 erhielt das „Ahorn" das Alkoholpatent ...

Im „Ahorn" kann man heute auch übernachten; es gibt zwei schöne, ebenfalls mit Holz verkleidete Zimmer mit zwei Betten (Fr. 78.- mit Frühstück für zwei Personen) und ein Matratzenla-

Strom verfügen und mit Holz und Gas heizen und kochen müssen, verblüfft die relativ grosse Spei-

Berggasthaus „Ahorn"
Maria Fässler-Gadient
9057 Alp Ahorn (Weissbad) AI
Tel. 071' 799 12 21
Geöffnet: vom Mai bis
Oktober täglich,
im Winter stets am Wochenende,
ausser Januar

sekarte schon ein bisschen. Besonders die „Ahorn-Käsrösti" ist sehr beliebt sowie der geschmackvoll angerichtete Teller mit Ziegenkäse; dass es auch Koteletts usw. gibt, muss kaum hervorgehoben werden. Der „Ahornkafi", manchmal „Berggeistkafi" genannt, hat ebenfalls seine Fans, wie wir unter der gewölbten Holzdecke der Wirtsstube erfahren konnten.

Das „Ahorn"

ger, in dem zehn Personen nächtigen können (pro Person Fr. 24.-). Offen ist die kleine und gemütliche Bergwirtschaft zwischen Mai und Oktober (ohne Ruhetag), während vor- und nachher die Fässlers im rund dreissig Gehminuten vom Lehmen entfernten „Ahorn" praktisch an jedem Wochenende (unabhängig von der Witterung) Gäste bewirten; einzig im Januar ist nichts zu wollen. Dann sind Ferien angesagt.

Bedenkt man die Tatsache, dass die Fässlers nur dank einer diesel-elektrischen Anlage über

... und seine Kapelle   (Irene Bosshart)

127

Die meisten Gäste kommen übrigens von der „Scheidegg" und vom „Kronberg" her, andere von der Sonnenhalb (nicht Sonnenalp!); und wieder andere sind es, die am Sonntagnachmittag die 1937 nach Plänen des Appenzeller Kunstmalers Johannes Hugentobler erbaute Kapelle „Unsere Liebe Frau vom Ahorn" besucht und dort – meist am Nachmittag – eine Messe mitgefeiert haben. Und im Gegensatz zu so vielen Mariakapellen ist diese in keiner Weise von einem kitschigen Touch begleitet. Sie ist elf Meter lang und acht Meter breit, sehr hoch und schlicht, wirkt überaus hell und, trotz des bereits sechzig Jahre zurückliegenden Baues, erstaunlich modern; man ist gerne in ihr, sieht mit Freude den steilen Dachstuhl und den sechseckigen Dachreiter.

Auch der 1991 von einem andern Appenzeller Kunstmaler (Adalbert Fässler) erstellte Kreuzweg, der 15 und nicht wie üblich 14 Stationen aufweist, lockt mit seiner ebenfalls modern wirkenden Gestaltung zahlreiche Menschen, gläubige und ungläubige, an. Er beginnt (gut eine Viertelstunde vom „Lehmen" entfernt) mitten im Wald in den „Blacken", in einer Gegend also, die ihren Namen dem dort üppig wachsenden Unkraut verdankt, und er endet nahe bei der Wallfahrtskapelle. Und dass selbst Menschen, die an Gottesdiensten teilnehmen oder an einem Kreuzweg meditieren, durchaus Hunger und Durst verspüren können, ist bekannt; den Bruder Klaus gibt es halt nur einmal.

Sie können aber im „Ahorn" nicht allein essen und trinken, Sie können in der Wirtsstube sogar Kerzen für und ein Büchlein über die Kapelle erstehen. Wer jedoch bis in die Nacht hinein in oder vor der Wirtshausstube ausharrt, der sollte vor dem Heimweg keine Kerzen kaufen, sondern besser eine kleine Taschenlampe, damit er gut ins Tal findet und nicht in den Wissbach runterrutscht oder plötzlich gar vor dem imposanten Leuenfall steht. Es soll jedenfalls schon späte Heimkehrer gegeben haben, die zwei Wasserfälle statt einen gesehen haben ...

„Äscher" – immer am Schermen*

Wanderern sei es unbenommen, auf die Ebenalp zu steigen. Wer die Höhe lieber bequem gewinnt, benützt die Luftseilbahn; die Talstation befindet sich in Wasserauen. Ein gut befestigter Weg führt von der Bergstation abwärts durch die berühmte Höhle zum Wildkirchli. Begegnungen mit Bären, mit dem Höhlenlöwen und Höhlenpanther stehen in unserem Jahrhundert nicht mehr auf der Tagesordnung. Im 1683 erbauten Eremitenhäuschen (viel, viel später ohne jegliches Benutzen von Metallnägeln wieder aufgebaut) zeigt jedoch eine anschauliche Dokumentation der Höhlenbewohner. Knochenfunde und Zähne ergänzen die Sammlung. Historisch interessierte Gäste erhalten eine Fülle von Informationen. Auch Führungen werden angeboten. Höhlen schützen nicht nur das Eremitenhäuschen, sondern ebenso das Wildkirchli vor Niederschlägen (hin und wieder wird in der Höhle eine Messe gelesen).

Die geschützte Lage und Ausgestaltung der Höhlen lockten bereits früher prominente Gäste an. Graf Zeppelin soll auch gut zu Fuss in die Höhe gekommen sein. Ob Dr. Röntgen die Knochen mit seinen Strahlen untersuchte, halten

wir für möglich. So frei wie Freifräulein Annette von Droste Hülshoff konnte Josef Viktor von Scheffel freilich nicht dichten. Dafür wurde ihm für seine vormals berühmte Ekkehard-Dichtung eigens ein Denkmal errichtet. Auf und unterhalb der Ebenalp entledigte er sich einiger Sorgen und Qualen, wie das Gedicht „Abschied vom Wildkirchli" belegt:

„Er schleppte auf den Berg
hinauf
viel alte Sorg' und Qual
als wie ein Geissbub jodelnd
fährt
er fröhlich jetzt zu Tal."

Berggasthaus „Äscher"
Beni und Claudia Knechtle-Wyss
9057 Weissbad
Tel. 071' 799 11 42 / 799 14 49
Ruhetag: keinen,
von Mai bis November geöffnet

Keine drei Minuten von der Felskapelle entfernt steht das Berggasthaus „Äscher". Ein überhängender Fels schützt es samt Gartenwirtschaft. Bei Regen könnte man im Freien am Schermen sitzen. Das Gasthaus schmiegt sich an den Fels, der zugleich die Rückwand der Hauses bildet. Holzschindeln verkleiden die Fassade. Das Massenlager bietet vierzig Personen Unterkunft.

Auf 1454 m ü.M. geniesst man

*schweiz. für unter einem Dach, geschützt

129

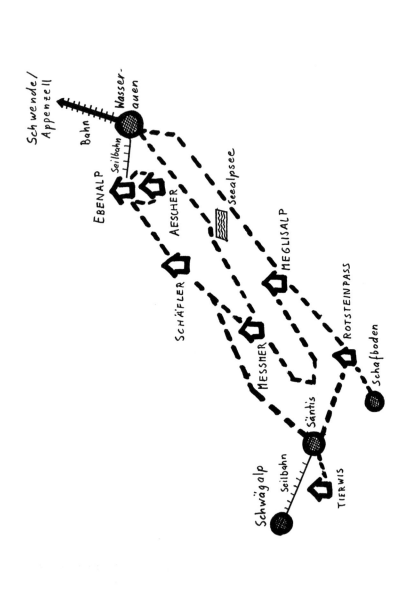

Schwende / Appenzell

Wasser-auen

Bahn

Seilbahn

EBENALP

AESCHER

Seealpsee

MEGLISALP

SCHÄFLER

MESSNER

ROTSTEINPASS

Schafboden

Säntis

Seilbahn

Schwägalp

TIERWIS

Der „Äscher", beschützt von einer Felswand

nicht nur die Aussicht auf die mittlere Alpsteinkette, sondern auch Appenzeller Spezialitäten. „Äscher Teller", Wurst- und Käseteller vervollständigen die kalte Karte. Beliebt ist auch der „Äscher-Zmorge" mit Röschti. Wem es hingegen bei warmen Speisen wie Steak, Chäsröschti, Schüblig, Geschnetzeltem oder Kalbsbratwurst zu heiss wird, der findet mit einem „Quöllfrisch"-Bier der Appenzeller Brauerei Locher oder mit Wassertropfen vom Fels Abkühlung. Die Menükarte kann man übrigens nicht falten. Sie ist in ein Speckbrett eingraviert. Allzuviel Bier ist jedoch nicht zu empfehlen. Die Bergwege verlangen einen sicheren Schritt.

Bergdohlen haben es da einfacher. Der Gast kann sie in der Gartenwirtschaft bequem aus nächster Nähe beobachten und ihren Flug bewundern. Die selten gewordenen Mauerläufer machen ihrem Namen alle Ehre. Sie fliegen zur Felswand, hüpfen und schreiten darüber, als würden sie sich auf horizontalem Boden bewegen. Unterwegs zum **„Mesmer"** (bzw. „Messmer") oder zum **„Schäfler"** (Tel. 071' 799 11 44) hinauf tut der Wanderer gut daran, mehr auf den Weg zu achten. Eisvogelblau schimmert im Tal unten der Seealpsee. An vielen Stellen ist der Abhang so

Bei schönem Wetter hat's drinnen viel Platz

steil, dass es dem Wanderer vorkommt, als würde er darüber fliegen. Kein Zufall denn: Im „Äscher" können Berggänger spezielle Seile kaufen, um ihre Kleinkinder an ihnen festzumachen. Die Wirtsleute dürften wissen, warum.

René Sommer

„Mesmer" mit einem „s"?

(wb) Erbaut wurde er 1934, doch bereits zwei Jahre später brannte er ab und 1945 wurde er gar durch Steinlawinen völlig verschüttet. Wir sprechen vom „Mesmer", jener Bergwirtschaft im Alpstein, die man am besten vom Seealpsee oder vom „Äscher" aus (Kinder sollte man freilich ans Seil nehmen) in etwa zwei Stunden erreicht; wer vom „Äscher" herkommt und schon wieder Durst hat, der muss unbedingt in oder besser: vor der Sennhütte der **„Altenalp"** einkehren; Milch (auch Geissenmilch) wird immer ausgeschenkt, kalte wie warme.

Nun, ein Panorama bietet der „Mesmer" zwar nicht unbedingt; hierzu ist das 1613 m ü.M. gelegene Berggasthaus zu sehr zwischen dem Örli, der Ageteplatte und der Wagenlücke eingeklemmt, während im Hintergrund der mit seinen Nebelschwaden oft düster wirkende Säntis winkt. Sitzt man jedoch bei schönem Wetter in der Gartenwirtschaft, hat man freie Sicht zum tief unten liegenden Seealpsee und zu zwei von drei Alpsteinketten.

Zwei Wanderer und ein Bläss wollen in den „Mes(s)mer" ...

Seit 1996 wirten im „Mesmer" Monika und Bruno Hehli-Räss. Sie haben das Gasthaus samt Massenlager gekauft, in dem es keinen Strom, dafür Gas und ein Funktelefon gibt (071' 799 12 55). Im Winter ist alles geschlossen; dann sei der „Mesmer", so die auskunftsfreudige Wirtin, ein Schattenloch.

Und es bestehe auch Gefahr, dass das Haus, wie schon öfters geschehen, von einer Lawine zugeschüttet werden könnte. Darum ist der „Mesmer", den manche mit zwei „s", andere nur mit einem schreiben, erst von Pfingsten an geöffnet. Früher sollen übrigens die Einnahmen der Alp dem Mesmeramt von Schwendi zugeflossen sein; daher der Name. Auf der Telefon-CD steht Mesmer daher wohl folgerichtig mit einem s!

Die Lebensmittel werden vom Seealpsee mit einer Transportseilbahn hochgeholt. Die kräftigen Mahlzeiten bereitet die Wirtin natürlich selber zu. Und es gibt schon etwas, gelegentlich eine Nacht im „Mesmer" zu verbringen, eine Suppe zu löffeln, vielleicht den einen oder andern Jass zu klopfen, sich der Hüttenatmosphäre hinzugeben und früh am Morgen die gute Luft und mit ihr die ganze Bergwelt einzuatmen. Als Gast gewinnt man im Gebiet des „Mesmer" fast immer.

Meglisalp, im Herzen des Alpsteins

Vor dem Aufstieg zur Meglisalp empfehle ich, ein Bad im Seealpsee zu nehmen. Wenn auch das Wasser zunächst kühl anmutet, die Erfrischung kann man nachher beim Aufstieg gebrauchen. Der Bergweg führt ziemlich steil durch den Mischwald in die Felsen der Gloggeren hinauf. Ein bisschen trittsicher und schwindelfrei sollte man sein. Wasserstränge vom überhängenden Fels bieten hin und wieder zum Glück ein kleine Dusche an. Übrigens tritt man in literarische Spuren: Heinrich Federer schilderte den sogenannten Unterstrichweg in seinem bekannten Roman „Berge und Menschen" auf eindrückliche Weise.

Auf einer Höhe von rund 1520 m ü.M. erreicht der Wanderer ausgedehnte und aussichtsreiche Alpwiesen, über denen Dohlen kreisen. Von der reichhaltigen

Berggasthaus „Meglisalp"
Fam. Josef Manser-Neff
9057 Weissbad AI
Tel. 071' 799 11 28

Flora dürften ihm vor allem Glockenblumen und Eisenhut auffallen. Umrahmt von den Bergketten des Alpsteins erkennt er bald einmal mehrere Alphütten und eine Kapelle, die 1904/05 nach Plänen des Architekten

Wohin die Wege führen ...

August Honegger von St.Gallen erbaut worden ist. Die Bergkapelle „Maria zum Schnee" gilt in der Kunstgeschichte „als ein in der rauhen Bergwelt gewachsener Bergkristall". Jeweils am 5. August wird darin das Patrozinium gefeiert, meist ungefähr vierzehn Tage nach der „Meglisalper Stubete", einem frohen Tanz- und Unterhaltungsanlass der Sennen und Gäste.

Mehr noch als die Kapelle überrascht das Berggasthaus. Auf dieser Höhe würde man kaum mit einem so stattlichen und hotelähnlichen Gebäude rechnen. Durch die Gartenwirtschaft gelangt der Gast in eine geräumige Gaststube, in der zu seiner Verwunderung vor dem Nachtessen eine Trennwand weggeschoben und der Raum dadurch verdoppelt wird. Nebst eingefleischten Berggängern beherbergt das Haus meist zahlreiche andere Gäste. Ob allein, zu zweit, mit der Familie oder Gruppe, die achtundzwanzig Doppel- und Einerzimmer bieten gemeinsam mit dem Matratzenlager ausreichend Raum.

Für zusätzliches Staunen sorgt die mehrseitige Speisekarte. Zur Halbpension wird ein 5-Gang-Menü angeboten. Das Motto auf der Speisekarte „S'het, solang s'het" soll den Gast nicht dazu verleiten, die reichhaltigen Speisen möglichst schnell zu verschlingen, damit er nicht zu kurz komme. Im Gegenteil, ein Supplement wird gerne serviert. Bergluft und lange Wanderungen regen bekanntlich den Appetit an. Josef Manser, der Wirt, möchte nicht, dass seine Gäste mit knurrendem Magen vom Tisch weggehen müssen. Selbst Wild ist gelegentlich auf der Karte.

Er selber gehört allerdings nicht zu den Jägern. Und die Hirsche spazieren auch auf der Meglisalp nicht einfach in die Küche. Beim Hirschsalsiz handelt es sich gleichwohl um eine Alpstein-Spezialität, die unten in den Tälern in verschiedenen Metzgereien erhältlich ist.

Einiges kann man im Gespräch und beim Lesen der Speisekarte erfahren. Die Zusammensetzung des „Gletscherkaffees" beruht jedoch auf einem Geheimrezept, das mir nicht verraten worden ist. Bei den warmen Speisen zählen der Alpsteinspiess (verschiedenes Wildfleisch) und Chäsmagronen zu den Spezialitäten. Spätzli oder Älplerrösti sind als Beilagen aufgeführt. Fleisch- und Fischgerichte ergänzen das umfangreiche Angebot, das man kaum in einer Woche voll auskosten könnte. Eine Transportseilbahn zum Seealpsee hinunter stellt die Versorgung sicher.

Beherbergung und Verpflegung haben auf der „Meglisalp" Tradition; Familie Manser wirtet bereits in der fünften Generation. Der Obwaldner Pater Kolumban Wirz, Guardian des Kapuzinerklosters Appenzell, besuchte in den Jahren 1854 bis 1857 mehrmals die Meglisalp. Er empfahl dem jungen Josef Anton Dörig, „Mattebueb" gerufen, der in der Meglisalp sein Vieh sömmerte und Touristen mit Milchprodukten bewirtete, die Hütte am Weg zum Säntis in ein einfaches Gasthaus umzubauen.

Wie bei allen Pionierprojekten brauchte es ein gerütteltes Mass an Eigensinn und Halsstarrigkeit, um die Behörden von diesem Projekt zu überzeugen. Dank seiner Hartnäckigkeit konnte Josef Anton Dörig 1861 den Gastbetrieb aufnehmen und über der Eingangstür die Tafel „Wirthschaft Meglisalp" anbringen. Ein Jahr danach übernahm er die Hütte auf dem Hohen Kasten und verkaufte die Bergwirtschaft „Meglisalp" an den gleichnamigen Vetter Josef Anton Dörig, „Hans Urchesebedoni" genannt. Dessen Frau Maria Magdalena soll besonders schöne Augen gehabt haben. Im „Wanderspiegel" von Johann Baptist Rusch von 1868 sind sie wie folgt beschrieben: „Ich brauchte meinen jungen Freund auf das Kohlenfeuer des Augenpaars unserer jungen Wirtin nicht aufmerksam zu machen – der Pfeil muss den Armen beim ersten Blick getroffen haben." Wie arm der Kerl in Wirklichkeit gewesen ist, darüber können wir gut hundert Jahre später nur Vermutungen anstellen.

Sicher bezeugt ist hingegen, dass den Gästen weder mit einer Dampfzahnradbahn noch mit einer Schwebebahn die Freude am Aufstieg geraubt worden ist; niemand wollte nämlich die Kosten übernehmen. Das Projekt war übrigens soweit ausgereift, dass die Schweizerische Bundesversammlung bereits die Konzession erteilt hatte. Die Bahn kam wohl glücklicherweise nie zustande. Freiwillige trugen daher die Balken für den Neubau der „Meglisalp" 1897/98 vom Tal an den Bauort. Er wurde in Handarbeit erstellt. Und bis heute präsentiert sich das Äussere des Gebäudes in derselben Form. 1989 übernahmen Gaby und Sepp Manser, die heutigen Wirtsleute, die „Meglisalp" von ihren Eltern.

Der Wegweiser vor der Gartenwirtschaft verlockt zu Bergwanderungen ins gesamte Säntisgebiet.

Ob der Wanderer den Weg über die Wagenlücke zum Säntis oder über den Rotsteinpass zum Altmann unternimmt, in jedem Fall verlässt er gestärkt und gut verpflegt die 1989 schön renovierte Bergwirtschaft. Die Bergbahn, die nie zustande kam, vermisst er mit Bestimmtheit nicht.

René Sommer

Bei Bären und Steinböcken auf dem Rotsteinpass

Über der Meglisalp gewinnt die Landschaft schroffe Züge. Ein Felsband ragt auf. In seiner Flanke deckt eine Schneezunge die Halde, die das Geröll vom Löchlibetter sammelt. Die karge Bergwelt ist nicht ohne Reiz. Mit zunehmender Höhe gewinnt man neue Ausblicke in den Alpstein mit den verwitterten Gipfeln, die klar die Schichtung erkennen lassen. Wenn ich ein Bär wäre, würde ich es mir in einer der Höhlen wohl sein lassen. Die Zähigkeit und die intensiven Farben der Bergblumen erfreuen. In kleinen Felsritzen findet die Arnika eine Lebensnische. Thymian schmeckt besser als Kaugummi, erfrischt Gaumen und Atemwege. Dem Auge wird der Anblick der Steine derart vertraut, dass es ein Schneehuhn und seine Küken erst erkennt, als die Bewegung

sie verraten. Man kann fast auf Reichweite an die scheuen, gut getarnten Wildhühner herankommen. Von den Murmeltieren hört man nur Warnpfiffe.

Der Aufstieg verlangt einige Ausdauer ab. Und so ist man recht froh, wenn im Sattel des Rotsteinpasses endlich das Berggasthaus

Berggasthaus „Rotsteinpass"
Familie Albert Wyss
9057 Weissbad AI
Tel. 071' 799 11 41 / 799 15 68
Geöffnet: von mitte Juni
bis mitte Oktober

auf einer Höhe von 2120 m ü.M. erscheint. Zugleich erstaunt wiederum die Grösse der stattlichen Wirtschaft; die Vorstellung hat sich eine kleine Berghütte ausgemalt. In der gegenüberliegenden Felswand reckt eine Gemse den Hals.

Ein anderer Gegensatz trägt

Die Bergwirtschaft unter dem Altmann

zur Verwunderung bei: Aus der Stille der Bergwelt gerät man unversehens in einen lauten und fröhlichen Gastbetrieb. Was die Gäste verbindet und zufrieden stimmt, ist das gemeinsame Erlebnis, Schritt für Schritt die Passhöhe errungen zu haben. Für einen Moment lässt man die grossartige Aussicht auf den Säntis und die Alpsteinkette draussen. Einen Platz findet man in der geräumigen Gaststube immer, ebenso im Massenlager. „Unter dem Dach hat es sicher noch Platz", hat uns der Wirt, Herr Albert Wyss, zugesichert. Aber dafür sei seine Frau zuständig.

Frau Wyss zeigt uns die Matratzen „unter dem Dach" persönlich. Obwohl das Haus voll ist, gibt sie uns das Gefühl, willkommen zu sein. Auch die junge Frau, die serviert, scheint im Umgang mit grossem Andrang über ausrei-

chende Erfahrung zu verfügen. Die Bedienung erfolgt zuvorkommend und freundlich. Auch an die herumtollenden Kinder, die das Berggasthaus in Lagerstimmung versetzen, ist gedacht; Frau Wyss stellt ihnen Spiele zur Verfügung. Die Fröhlichkeit wirkt ansteckend. Ein Knabe begrüsste uns mit den Worten: „Schläft ihr auch bei uns?" – und hatte Freude, als wir mit einem „Ja" antworteten.

Nebst warmen Gerichten werden unter anderem Käse und Salsiz angeboten. Man muss unwillkürlich an die Höhe denken, wenn man Nudeln mit Geschnetzeltem an Rahmsauce oder den Spaghettiteller vor sich sieht; hier oben werden solche Mahlzeiten eigentlich nicht erwartet. Die Gäste am Tisch lachen uns zu. Auch sie hatten über die üppige Portion gestaunt, bevor sie merkten, dass sie durchaus ihrem Appetit entsprach.

Der sogenannte „Hus-Luz" bleibt sogar ohne Geheimrezept attraktiv. Zwetschgen- und vorzüglicher Obstschnaps im Kaffee ergeben eine wunderbare Mischung. Leute mit einem Hang zu gereimten Gedichten mögen den „Schümli-Pflümli" vorziehen. Der Kaffee unter dem Rahmschaum ist mit Pflaumenschnaps angereichert.

Wer gewohnt ist, stets zu zweit oder allein zu schlafen, wird die Nacht in einem der Massenlager nicht so bald vergessen. Bereits vor dem Einschlafen sind allerlei Geräusche zu vernehmen. Es dauert nicht lang, bis man verschiedene Stimmlagen und Rhythmen des Schnarchens studieren kann. Man fühlt sich in eine Bärenhöhle versetzt. Das Grunzen, Brummen und Knurren stimuliert urtümliche Träume, sofern sie einem nicht um den Schlaf bringen.

Wie auch immer, es wird wieder Morgen nach der Höhlennacht. Der Sonnenaufgang in dieser Höhe, der Anblick eines jungen Steinbocks sowie das reichliche Frühstück räumen allfälligen Unmut, den man den ärgsten Schnarchern gegenüber empfinden könnte, vollständig aus.

Selbst bei Hochbetrieb bleibt die Bedienung immer persönlich. Albert Wyss kommt sogar aus der Küche, um über das Berggasthaus Auskunft zu geben. Wir erfahren einiges. Etwa, dass sein Grossvater das erste Haus um 1934 erbaut hat; oder, dass Albert Wyss seit 1987 wirtet. Lebensmittel und Getränke werden täglich mit zwei Maultieren hinaufgeführt; und erst an Schlechtwettertagen haben die Wirtsleute Zeit, sich um das Lager für Speisen und Getränke zu kümmern. Die Bergwirtschaft selber ist von mitte Juni bis mitte Oktober geöffnet, je nachdem, wie früh der Schnee fällt. Das Wirtejahr beginnt übrigens mit sehr viel Arbeit: Mit dem Unterhalt der Wege.

Auch das Wasser ist auf dem „Rotsteinpass" ein Problem; mit ihm muss haushälterisch umgegangen werden. So wird das Dachwasser beispielsweise in eine Zisterne geleitet und in einer UV-Anlage gereinigt. Es erreicht nicht Trinkwasserqualität, genügt jedoch den sanitären Bedürfnissen. Und um nicht ausschliesslich auf den Generator angewiesen zu sein, wird Sonnen- und Windenergie genutzt.

Das Haus wurde 1993 gründlich renoviert. Man verwendete einheimisches Holz und Steine von der Geröllhalde. Sorgfältige Schreinerarbeit ohne Zierart bewahrte den ursprünglichen Charakter des Berggasthauses. Die helle Täferung sorgt für eine lichte Atmosphäre. Anordnung und Grösse der Fenster wirken schlicht und dem Gebäude angemessen. Der „Rotsteinpass" braucht eben keine Panoramafenster. Der Name Rotsteinpass, so erfuhren wir weiter, kommt von den braunroten Steinen her.

Der Wegweiser vor der Gartenwirtschaft bietet eine Fülle von Routen an. Säntis und Altmann kann man in ungefähr einer Stunde erreichen. Über den bekannten Lisengrat steigt man auf den Chalbersäntis und von dort auf den richtigen Säntis. Für den Abstieg ins toggenburgische Wildhaus oder Unterwasser wird eine Wanderzeit von gut drei Stunden, nach Brülisau von fünf Stunden veranschlagt; wer Unterwasser anpeilt, kann bald einmal in der kleinen Bergwirtschaft **„Schafboden"**, bereits auf Toggenburger Gebiet, einkehren.

Geradezu abenteuerlich mutet auf den ersten Blick der Aufstieg zum Altmannsattel über die Felsen an. Die Route ist jedoch markiert, mit Drahtseilen und Befestigungen gesichert. Die gute Betreuung der Gäste hat auch im Bereich der Wege hier eine lange Tradition. Das merkt man selbst in den Felsen drin, wenn man das Berggasthaus längst aus den Augen verloren hat und vielleicht ein bisschen um sein Leben bangt. Es wäre nicht nötig. Wer acht gibt, erreicht heil sein Ziel.

René Sommer

Säumen zum Rotsteinspass (*Peter Eggenberger*)

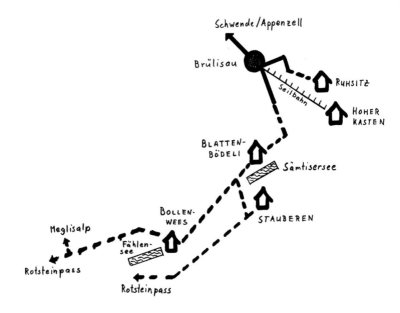

Stauberen, hochgelegene Aussichtsterrasse über dem Rheintal

Der Weg vom Furgglenfirst, also vom Rotsteinpass und Altmann her, führt um die Stauberenchanzlen aus den Felsen heraus. Unterwegs gab es für uns stets Ausblicke auf das Rheintal hinunter, aber auf der Aussichtsterrasse des Berggasthauses „Stauberen" begleitet einem unverhofft das Gefühl, auf einem fliegenden Teppich zu sitzen und über die Dörfer und Wiesen weit unten zu gleiten. In dieser luftigen Höhe sieht man das Tal aus Adlerperspektive, ebenso die Bündner-, die Liechtensteiner- und die Österreicheralpen.

Das Berggasthaus, in dem es ein Matratzenlager gibt, ist auch

Berggasthaus „Stauberen"
Familie Daniel Lüchinger
Frümsen, 9058 Brülisau AI
Tel. 071' 799 11 77 /
071' 411 49 65 (Winter)
Offen: vom Mai (Pfingsten)
bis ende Oktober

vom Hohen Kasten her erreichbar, jedoch nicht auf einem ebenen Panoramaweg, wie gegenüber einem Basler Wanderer vor dem „Start" behauptet wurde. „Ich weiss nicht", meinte er zu uns, während er zuerst tief Atem holte und dann einen Schluck Bier trank, „ich weiss nicht, was für steile Wege die Leute gehen, die mir sagten, es gehe schön gerade aus." Bevor er uns nach dem Weg zur Bollenwies fragte, versuchte er begreiflicherweise, ein Bild von unsreren Wandergewohnheiten zu gewinnen.

Bis zur Bollenwies benötigt man wie zum Hohen Kasten gute eindreiviertel Stunden. Die weite Aussicht beim Gehen lohnt aber die Mühen der Auf- und Abstiege durchaus.

Die „Stauberen" unter der Stauberenchanzlen

Vor zwei Jahren hat Daniel Lüchinger, der Wirt, die „Stauberen" übernommen (laut Yvonne Steiners „Orts- und Flurnamenbuch" bedeutet „Stauberen" Schnee, der vom Föhn wie Staub aufgewirbelt wird). Seine Mutter hilft auch heute noch wacker mit; ich sah sie in der gemütlichen Gaststube mit einem Stammgast plaudern.

Gäste, die auf die Stauberen wandern, erkennt man auf den ersten Blick. Sie ziehen das verschwitzte Hemd aus, trocknen es über dem Geländer, nehmen Reservewäsche aus dem Rucksack oder schlüpfen in eine Jacke. Der beste Stammgast ist aber zweifellos der Wind, den man an heissen Tagen zwar schätzt, aber bei kühleren Temperaturen doch zu spüren bekommt, falls man keine warmen Kleider überzieht.

Familie Lüchinger wirtet seit 1930 bereits in der dritten Generation. Eine private Personal- und Materialseilbahn führt nach Frümsen ins Rheintal hinunter. Entsprechend reichlich ist das Angebot an warmen Speisen. Daniel Lüchinger geht nicht selber auf die Jagd. Doch wer im Herbst wild auf Wild ist, kommt in der „Stauberen" auf seine Rechnung. Daneben wird auch Fleischloses angeboten. „Käsetschopen" etwa; er gilt als Appenzeller Spezialität und wird aus Brot, Milch und Käse hergestellt. Für den kleineren Hunger stehen Salate und andere kalte Speisen zur Verfügung.

Wie in anderen Berggasthäusern müssen Sie in der „Stauberen" nicht vergeblich nach einem speziellen Kaffee suchen. Keine sieben Siegel verschliessen allerdings das Geheimnis des sogenannten „Hexenkaffees". Der Wirt öffnet einfach eine Flasche „Grand Marnier" und versieht den Kaffee mit einem kleinen, aber nicht unbedeutenden Zuschuss.

Verlässt man die „Stauberen" und blickt auf dem Weg Richtung Hohen Kasten zurück, wird die Bergwirtschaft unter der steil aufragenden Stauberenchanzlen zu einem richtigen Märchenhaus. Übrigens befindet man sich auf dem ersten Geologischen Wanderweg der Schweiz. Vierzehn Orientierungstafeln führen das Wissenswerte des wunderschönen Alpsteingebiets vor Augen. Wie ich mir habe sagen lassen, soll die Bogartenfalte aber nicht nach dem Schauspieler Humphrey Bogart benannt worden sein. Falls Sie wissen möchten, auf wen der Name gemünzt ist, fragen Sie am besten einen Alpstein-Wirt.   *René Sommer*

Gibt's in der „Bollenwies" Gratis-getränke für alle, die nackt baden?

Bisher unbestätigt soll die Legende sein, dass, wer nackt im Fälensee badet, Essen und Trinken im Berggasthaus „Bollenwies" spendiert erhält (Appenzeller nennen die „Bollenwies" allerdings „Bollenwees"). Tatsache bleibt: Die Terrasse der Gartenwirtschaft erhebt sich unmittelbar über dem grünblauen Bergsee, gewährt einen wunderbaren Ausblick auf die Wellensterne, die dritte und mittlere Alpsteinkette bis zum Altmann hinauf und zur Fälenalp, auf der sich der Wanderer, falls er vom Rotsteinpass herkommt, auf dem Weg zum Gasthaus mit Ziegenmilch stärken kann.

Mit grosser Sicherheit darf man annehmen, dass nur wenige Touristen Badekleider mitführen. Das Wasser des Fälensees wäre aber kalt genug, um Getränke darin zu kühlen. Weil dem Wirtepaar und dem Servierpersonal viel daran gelegen ist, die Gäste möglichst prompt zu bedienen, kann man in der Gartenwirtschaft ein sowohl einfaches, als auch zweckmässiges Kühlverfahren entdecken, das den Weg zum See erübrigt: Die

Berggasthaus „Bollenwies"
Fam. Robert Manser-Dörig
9058 Brülisau AI
Tel. 071' 799 11 70 / 799 16 20

Flaschen stehen in einer sonnengeschützten Wasserwanne und werden eiskalt serviert. Man kann also getrost auch an einem heissen Sommertag über den Altmannsattel zum Fälensee hinunter steigen. Das Bad kühlt garantiert von aussen, die Getränke von innen.

Natürlich sind auch warme Gerichte, wie zum Beispiel Rösti, zu haben. Es lohnt sich allerdings, eine Portion Appenzeller Käse zu bestellen; um den vom Bad vielleicht erschöpften Gast zu verwöhnen, steckt das Messer mitten im Stück, er braucht nur noch zu schneiden. Ausserdem, wenn er die Ohren spitzt, kann er hören, wie der Kellner im schönsten Appenzeller Dialekt etwa einem Zürcher den Unterschied zwischen „rässem" und „fässem" Käse zu erklären versucht. Soviel habe ich verstanden, dass „fäss" soviel wie „fett" bedeutet, und dass der „Fässe" feiner als der „Rässe" sei.

Die Geschichte des Berggasthauses beginnt weniger kriminell, als das Messer im „fässen" Käse erwarten liesse, könnte jedoch einem Krimiautor durchaus Stoff bieten. Sie fängt schlicht mit einem Herrn Boll an, der um 1400 in der Rütner Rhode lebte und dem die Wiese gehörte. Er gab ihr und später dem Gasthaus den Namen.

Bereits um 1880 wurden Gäste in der Sennhütte Bollenwees mit Milch, Kaffee und Tee bewirtet. 1916 bauten mehrere Männer ein richtiges Gasthäuschen für etwa dreissig Personen. Während sich die Bausumme von 4715.60 Franken für heutige Verhältnisse eher bescheiden ausnimmt, dürften die 344 Frontage, welche die Anteilhaber leisten mussten, noch in unserer Zeit eine harte Bedingung darstellen.

Einundzwanzig Jahre später, am 21. November 1937 geschah ein Vorfall, der gar nicht zur idyllischen Lage passt. Nachdem ein-

Die „Bollenwies" über dem Fälensee

gebrochen worden war, fiel das kleine Gasthaus einem Brand zum Opfer. 1938, nach dem Neubau des heutigen Gasthauses, wurden Alp- und Gastwirtschaftsbetrieb getrennt verpachtet. Eine Verbreiterung des Saumwegs vom Brühltobel zur „Bollenwies" erfolgte 1964/66. Er gestattet seither Motorentransporte. Weiter ist zu erwähnen: Der Zweitbau, der dem heimeligen Gasthaus wie ein Zwilling gleicht, wurde vor zehn Jahren angegliedert.

Am 1. Januar 1973 übernahmen die jetzigen Pächter Theres und Röbi Manser-Dörig die Wirtschaft von Josefina und Martin Dörig-Inauen, die sie dreissig Jahre lang geführt hatten. Eigentümerin ist die „Alpgenossenschaft Bollenwies". Dem Gast stehen auch Zimmer und Matratzenlager zur Verfügung.

Der Fälensee hat einen unterirdischen Abfluss. Einfacher gelangt man, sofern man abwärts will, oberirdisch zum Sämtisersee und von dort nach Brülisau. In weniger als zwei Stunden ist die Stauberen zu erreichen, während nicht ganz vier Stunden benötigt werden, um auf den Hohen Kasten zu gelangen. *René Sommer*

„Ruhesitz": Fenster ins Appenzellerland

Nach einer Wanderung in der Gegend vom Hohen Kasten sollte man sich unbedingt im „Ruhesitz" am Fuss des Kamors eine Ruhe gönnen. Auf der Terrasse der Gartenwirtschaft wird der Gast seine Routen noch einmal mit den Augen abwandern und stolz darauf sein, wie hoch hinaus und wie weit er Schritt für Schritt gekommen ist.

In einer guten Stunde erreicht man den „Ruhesitz" von Brülisau zu Fuss. Auch ein Bergsträsschen führt hinauf; es wird bei Regen empfohlen, weil der Wanderweg über die Wiesen recht glitschig und sumpfig sein kann. Mit einer Stunde hat man ebenfalls vom Hohen Kasten her zu rechnen (die weitgehend betonierte Wirtschaft in der Bergstation der Seilbahn gleicht leider eher einem Wartesaal als einer wirklichen Bergbeiz).

Die Aussicht vom „Ruhesitz" beschränkt sich nicht auf den Alpstein. Man überblickt weite Teile des Appenzellerlands bis zum Bodensee. An schönen Sommerabenden geht die Sonne tiefrot um neun Uhr hinter der Hundwiler Höhi unter. Wer die Farben am Himmel so verblauen sieht, mit diesem weiten Horizont, glaubt am Meer zu sein. Der Koch ruft einen jedoch rasch in die Realität zurück. Er erkundigt sich am Fenster, ob die Rösti und das Schafsvoressen geschmeckt haben.

Berggasthaus „Ruhesitz"
Hans und Marianne Manser
9058 Brülisau AI
Tel. 071' 799 11 67
Ganzes Jahr geöffnet, im Winter
Mi/Do Ruhetag, im März Ferien

Auf dem „Ruhesitz" ist es wirklich ruhig. Kein Motorenlärm belästigt das Ohr; und die Musik, die wir hören, kommt nicht aus einem Lautsprecher. Der Wirt, Hans Manser, hat nämlich heute, am 1. August, eine Appenzeller Musik aufgeboten. Sie spielt in der Gaststube Hackbrett, Klavier und Handorgel.

Familie Manser übernahm die Bergwirtschaft im Jahre 1948. Das alte Berghaus wurde 1926/27 erstellt, das neue ende der Neunziger Jahre (siehe weiter unten).

Dennoch hat man in und vor der Wirtschaft das Gefühl, die Zeit sei hier oben stillgestanden. Diesen Eindruck verstärken die Innerrhoder Bauern und Musiker. Sie tragen die typischen Appenzeller Hosen und Kutten. Aber auch die Jugend der Umgebung findet im schönen Gasthaus einen Treffpunkt. Einige locken Musik und Tanz in die Stube, andere essen und unterhalten sich auf der Terrasse. Appenzeller Spezialitäten, Salate und Käse werden von den freundlichen jungen Servierfrauen bis spät in den Abend hinein aufgetischt.

Der rutschende „Ruhsitz"

Wie in andern Bergbeizen des Alpsteins erhält man im „Ruhsitz" einen guten Veltliner. Man sollte jedoch nur soviel trinken, dass man anschliessend den speziellen Kaffee des Hauses bestellen mag. Danach befragt, gerät die Servierfrau nicht in Verlegenheit. Er trägt keinen besonderen Namen, aber der „Kaffee Luz", den sie hier „hellen" Kaffee nennen, ist keineswegs dünn. Er enthält hochkarätigen Schnaps in so reichlichem Mass, dass man beim Trinken das Gefühl bekommt, durch einen Obstgarten zu gehen.

Weil der „alte Ruhsitz" zu rut-

Der neue „Ruhesitz"

schen begann, musste vor wenigen Jahren der „neue" etwas weiter unten, auf 1195 m, wieder erstellt werden. Er kann sich sehen lassen. Auch in ihm fühlt man sich zu Hause. Und da sich dieser besser heizen lässt und nun gar Strom zur Verfügung steht, ist er heute ganzjährig geöffnet. Die Wirte Hans und Marianne Manser, die von ihrem Onkel Franz die Wirtschaft übernommen hat, tun dies um so lieber, weil im Winter ein herrlicher Schlittelweg nach Brülisau hinunterführt. Und die moderne Küche erlaubte es überdies, die Speisekarte zu erweitern. Es lohnt, den „Ruhesitz" mehrfach zu besuchen. So kann man sich auch in kulinarischer Hinsicht ein Bild machen.

Natürlich kann man im neuen „Ruhesitz", der früher „Ruhsitz" hiess, ebenfalls übernachten. Es sind aber keine Gas- oder Taschenlampen mehr vonnöten. Es stehen ein Massenlager für 54 Personen und darüberhinaus zwei Doppelzimmer zur Verfügung.

Beim Verlassen und Hinuntersteigen nach Brülisau drehen wir uns mehrmals nach dem Gasthaus um und können uns nicht entscheiden, was wir mehr bewundern sollen, die schöne Lage im Hang des Mittelrossberges, das wetterfeste Haus oder die besondere Atmosphäre und Gastfreundlichkeit, die lange nachklingt wie die Jauchzer, Stimmen und Musik in der Nacht.

René Sommer/Werner Bucher

Rundum Berge, Alpen und ... durstige Wanderer

Appenzeller Hinterland, das unbekannte Land

(wb) Manche Schweizer, Deutsche, Österreicher und Bewunderer des Appenzells kennen den Säntis und das Alpsteinmassiv, wissen aber nicht, dass das Ausserrhodische in die drei grossen Gebiete Vorder-, Mittel- und Hinterland gegliedert ist. Damit sich dies ein klein wenig ändert, dazu soll nicht zuletzt unser Buch beitragen. Landschaftlich haben die drei Gebiete Wanderern und Ruhesuchenden allerhand zu bieten. Das gilt auch fürs Hinterland.

Es kann etwa vom Toggenburg her (über die Wasserfluh) erreicht werden. Oder man fährt von Gossau aus mit dem Zug, dem Fahrrad oder halt mit dem Auto zum Appenzeller Hinterland hinauf. Und wer einmal das spinnenförmige Herisau, den Hauptort von Appenzell Ausserrhoden, durchquert hat und nach links oder rechts abgeschwenkt oder geradeaus Richtung Waldstatt gefahren ist, für den wird das Hinterland schöner und schöner. Da finden sich bald keine Strassen mehr, auf denen Pendler, Skifans und Touristen durch die Landschaft sausen und die Welt mit Lärm und Abgasen beglücken. Auf welchen Berg oder Hügel Ruhesuchende aber auch entfliehen (ich nenne nur den Nieschberg, Oberwaldstatt, die Hundwiler Höhi, den Teufenberg oder die Hochalp), harmonischer könnte es nicht sein. Und obgleich die meisten Ortschaften durch allzu breite Strassen in zwei Teile zerschnitten werden, es gibt noch Dörfer, die weitgehend intakt sind; beispielsweise Schwellbrunn, das vor Hunderten von Jahren über der Wasserscheide Toggenburg/Appenzell erbaut wurde und von weither zu sehen ist. Nicht allein liebliche Nischen und Flecken warten auf uns im Hinterland, ebenso sanfte und dann wieder völlig wilde Landschaften – und einige recht heimelige Beizen.

Wir stellen nachfolgend einige besonders vor. Auf andere werden Sie bei Ihren Wanderungen stossen, sei es nun rund um Hundwil, um Stein (dort etwa die „Brauerei" mit ihrem einmaligen Saal), um Waldstatt (das „Aueli" neben der Kläranlage ist ein weiterer Geheimtip), um Schönengrund oder Urnäsch, für viele der Ausgangspunkt für Wanderungen ins Alpsteinmassiv. Auch Bräuche locken da: Alpaufund Alpabfahrt, Silvester-Klausen, Funkensonntag, Gidio Hosestooss in Herisau und Waldstatt. Wir meinen jedenfalls, die hin und wieder zu hörende Behauptung, das Appenzeller Hinterland sei quasi Durchgangsland zum Alpstein, ist mehr als ungerecht. Im Sonnenschein auf der Hund-

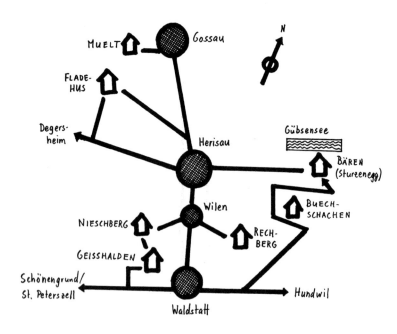

wiler Höhi bei einer Gerstensuppe und einem Glas Wein vor der Bergwirtschaft der Marlies Schoch zu sitzen und seine Augen zum Säntis, zum Zürcher Oberland, zu den Alpen, zum Jura, zum Bodensee (einige behaupten gar, sie würden den Ulmer Dom erkennen) schweifen zu lassen, hat schon seinen ganz eigenen Wert. Oder auf der Geisshalden, auf dem Nieschberg, auf der Hochalp, im Fuchsacker die Ruhe zu geniessen und dem Gebimmel der Kuhglocken zuzuhören, könnte für viele etwas mit Heimkommen zu tun haben. Kurzum: Gut, dass es das Hinterland gibt. Paracelsus wusste bestens, weshalb er im Tobel der Urnäsch und auf der Hundwiler Höhi nach Kräutern gesucht hat. Ihn lockte das Unbekannte, das Neue. Auch unsere Leser und Leserinnen werden im Hinterland Neuem begegnen.

Im „Fladehus" ist's beinah wie in einem Film

Der Weiler Schwänberg unterhalb von Herisau kann auf eine lange Geschichte zurückblicken. Er gilt als der älteste Ortsteil des Appenzellerlands und war längere Zeit als Zentrum für die Gemeinde Herisau gedacht; dass sich Herisau aber später fernab vom Schwänberg entwickelte, stellt für den Weiler heute einen besonderen Glücksfall dar. Er blieb so praktisch in seiner urtümlichen Gestalt erhalten.

Die Ursprünge der geschichtlichen Bedeutung von Schwänberg zeigen nicht nur die nahen Ruinen der drei Herisauer Burgen Helfenberg, Ramsen- und Rosenburg, sondern ebenso das „Alte Rathaus". An der Fassade lässt sich die Struktur des Fachwerkbaus ablesen. Bis heute hat sich daran, sieht man von einer sanften Renovation ab, nichts geändert. Standen zu Beginn im „Rathaus" noch herrschaftliche Interessen im Vordergrund, so machen die original getreu restaurierten Stuben und der Saal heute kleineren Gesellschaften Platz, wobei die Gäste zugleich eine Ausstellung mit Tonbildschau zur Geschichte des Schwänbergs und eine Webstube besichtigen können.

Auch das sogenannte „Fladehus", das eigentlich „Sternen" heisst, hat seine historischen Verbindungen. Ältere und neuere. So war etwa der Dichter Robert Walser häufig Gast im „Sternen", manchmal zusammen mit seinem Vormund und Mäzen Carl Seelig; und es fällt nicht schwer, sich den Dichter (er lebte von 1933 bis zu seinem Tode 1956 in der Heilanstalt Herisau) an einem der zwei oder drei alten Tische des Wirtepaares Zimmermann vorzustellen, bei einem Gläschen Wein oder Krug Most und vielleicht einem „gluschtigen" Stück Appenzeller Käs.

Restaurant „Sternen"
genannt „Fladehus"
Lilly und Hansruedi Zimmermann
Schwänberg, 9100 Herisau AR
Tel. 071′ 351 19 16
Ruhetag: Dienstag
offen 11 – bis 18 Uhr (auf telef. Anfrage länger)

Wie zu Walsers Zeit ragt der aus einheimischen Sandsteinquadern gebaute Backofen halbrund in die Stube. Der Rauch von Walsers Stumpen dürfte zur alten Holzdecke gestiegen sein, die nicht allzu hoch über den Köpfen hing; erst einige Jahre nach dem Tode des Autors von „Der Gehülfe" wurde übrigens die Bedeutung seines Werks erkannt. Wer den fast täglich vom Dichter begangenen Wanderweg kennenlernen möchte (er starb auf die-

Der „Sternen", genannt das „Fladehus" vom Schwänberg

sem im Schnee), suche den von Peter Morger initiierten Robert-Walser-Weg unterhalb des Rosenwaldes. Er wird allerhand über diesen Dichter erfahren, der, wohl gerade weil er zu Lebzeiten zu den Abseitigen gehörte, die neuere Schweizer Literatur nachhaltig mitgeprägt hat.

Dass im Ofen des „Fladehus'" nicht mehr gebacken wird, hat mit den veränderten Einkaufsgewohnheiten zu tun; heute wird eben Brot eher in der Migros oder bei COOP oder in sonstigen Shoppingzentren „gepostet". Eine wohlige Wärme verbreitet der unter Heimatschutz stehende Ofen während den kühlen Jahreszeiten trotzdem. Als Backofen wäre er immer noch tauglich.

Der Wirt, Hansruedi Zimmermann, hat sich aber in erster Linie auf Fladen spezialisiert; daher auch der Name „Fladehus". Es lohnt, sich eingehend und vor allem essenderweise mit seinen „Wähen" auseinanderzusetzen. Soweit dies erwünscht ist, geben die Wirtin oder der Wirt ihre Geheimnisse gerne preis. Die Grundlage der Fladen bildet eine Art Brot- oder Pizzateig. Und während man den Ausführungen des Wirtepaares lauscht, erhält man wiederholt Gelegenheit, in die Klangwelt des Appenzeller Dialekts einzudringen.

Ist jemand neugierig genug, erklärt ihm Frau Zimmermann bestimmt, dass „Rohm" aus leicht angesäuertem Rahm mit Ei besteht. Erfreut oder mit Staunen nimmt der Gast zudem die breite Palette aller Umschreibungen für das Wort „Birre-Schlurzi" auf. Nebst Rohm-, Chäs- und Birrenfladen verwöhnt auch ein solcher mit Speck und Lauch den Gaumen der Gäste. Auf Bestellung wird sogar ein herrlicher Schinken im Teig serviert. Unangemeldeten Gästen stehen auch Appenzeller Pantli und Käse zur Ver-

151

fügung. Nicht ratsam wäre es aber, die Tradition der Handwerksleute wieder neu zu beleben und den Pantli wie weiland mit dem Sackmesser auf dem Tisch zu zerschneiden. In unserer Zeit sind hierfür „Fladebrettli" geeigneter, sofern sich ein Gast einschneidend verewigen möchte. Die Zimmermanns werden es Ihnen danken ...

Übrigens: Wie es früher im „Sternen" (damals noch Gasthaus) zu- und herging, lässt sich wohl heute nur noch in Alphütten nachvollziehen. Die Handwerker brachten damals die Wolldecken gleich selber mit und schliefen in offenen Kammern.

*

Wer am liebsten allein oder zu zweit unterwegs ist, entdeckt im Wandergebiet rund um Schwänberg mehr als bloss eine Möglichkeit, Menschenansammlungen aus dem Weg zu gehen. Im Schwänberg endet nämlich die Strasse und wird mehr und mehr zu einem richtigen Wanderpfad, der zuerst an Bauernhöfen vorbei geradeaus führt, dann hinunter zur Wissenbachschlucht und zu einer uralten Holzbrücke schwenkt, die vierundzwanzig Meter über dem Bach das Tobel überspannt. Ehe man unten anlangt, begegnet man öfters eigenartigen oder für unsere Augen ungewohnten Hecken. Sie wurden, wie wir im „Fladehus" hörten, im Verlauf von Jahrzehnten jedes Jahr zurückgeschnitten; und heute bilden die Stämme und Äste der Weiden-, Hasel- und Schwarzdornsträucher bizarre Formen. Nicht selten entdeckt

Wirtin und Wirt unterhalten sich mit unserm infernalischen Trio

man in den Hecken auch Feld-ahorn und Spuren verschwunde-ner Gärten (Johannisbeeren, ver-wilderte Rebenranken usw.).

Links und rechts der gedeckten Holzbrücke teilt sich der Weg: der eine Richtung Degersheim dem Bach entlang, der andere windet sich in dieser uns oft undurchdringlich vorkommen-den Schlucht Gossau zu, fast immer im Schatten der Bäume. Und welche Seite wir auch wäh-len, der Weg öffnet uns einen Einstieg in die verborgene Welt von Nagelfluhwänden, Wasser-fällen und Kleinkraftwerken. Ein verlandender Stausee bietet heute Amphibien, Graureihern, Wasseramseln, Stockenten und Bachstelzen Lebensraum. Sollte einem die Lust überkommen, kalt zu baden, so verzichtet man doch besser darauf. Unter dem grünen Algenteppich lauern Ge-fahren. Einblicke in die Kraft des Wassers vermitteln nicht zuletzt die Felsen, die das mäanderbil-dende Flüsschen zwar teilen, aber vom Wasser unaufhaltsam abgetragen, geschliffen wurden.

Wählen wir übrigens den Weg auf Gossau zu, so gelangen wir durch verwachsene und verkrau-tete Uferpartien ins Tobel der Glatt und wenig später kommen wir an der berühmten Salpeter-höhle vorbei, die einst den kelti-schen Glaubensboten Kolumban und Gallus Unterschlupf gewähr-te – was die Höhle heutigen Wanderern, die niemanden zu ihrem Glauben bekehren wollen, ebenfalls nicht verweigert; zahl-reiche Feuerstellen vor wie unter den Sandsteinfelsen zeugen da-von. Und dass in und vor dieser Höhle schon Theater gespielt wurde, wird Ihnen im „Fladehus" auf entsprechende Fragen hin gern verraten; auch, was das Thema und wie die Aufführung gewesen ist ...

In erreichbarer Nähe vom „Fla-dehus" sind zudem weitere Wirt-schaften anzutreffen, in die man auch wie in einen Film hineinge-hen kann: Die **„Mult"** etwa oder die **„Traube"** in Burgau, der **„Rechberg"** ob Herisau, der **„Bären"** von der Sturzenegg, die Wirtschaft und Bäckerei **„Buech-schachen"** der Frau Meier oder, als absoluter Geheimtip, die al-lerdings geschlossene **„Linde"** auf dem Nieschberg (sh. folgen-de Seiten).

Freilich, die im Sommer mit ihren Bäumen genug Schatten spendende Gartenwirtschaft des „Sternens" lädt halt schon zum Verweilen ein. Die Tische, im ganzen Garten verteilt, wollen das Auge für alles öffnen, für das Näherrücken, für das Absondern, wie es gerade gefällt. Falls aber jemand ganz schwarz sehen will, braucht er nur dem Wegweiser zum benachbarten Rutenkamin-haus zu folgen. Unter dem riesi-gen, trichterförmigen Rauchfang, der sich zum Dach hin verengt, begegnet er einem Zauber, den er sonst nirgends findet. Mit einem Satz: Der Schwänberg kann für viele zu einem unver-gesslichen Erlebnis werden.

René Sommer/Werner Bucher

Der Aschermittwoch und die „Traube" von Mult

(wb) Es bringt einiges, vom „Fladehus" nach Mult oder Muelt zu wandern (oder umgekehrt). Erstens kommt man dabei unten an der Glatt an der berühmten Kolumban- oder Salpeterhöhle und an romantischen Nagelfluhfelsen vorbei. Und zweitens muss man weit gehen, bis man ein derart schönes, altes Bauernhaus wie die „Traube" von Mult zu sehen bekommt, vor allem was die Aussenansicht betrifft; Blumen und Reben schmücken die Holzfront, machen das Haus zu einem Haus, in dem man gerne wohnen würde.

Damit nicht genug: Auch in geschichtlicher Hinsicht ist die Gegend durchaus interessant. Am 2. November 1428 marschierte nämlich Graf Friedrich VII. von Toggenburg, nachdem er Gossau weitgehend niedergebrannt hatte, mit seinen Truppen an der Mult vorbei, und weil dies in

Gasthaus „Traube"
(„Mult" genannt)
Trudi Germann
9200 Gossau SG
Tel. 071' 385 13 05
Ruhetag: Donnerstag
und Freitag bis 17 Uhr

Schlacht- und nicht in Marschformation geschah, mussten die Appenzeller, die ihn weiter oben erwarteten, ihren Gegenstoss aus der sogenannten Letzi abbre-

Wirtschaft „Traube", genannt „Mult"

chen und hangaufwärts zurückweichen. Zwischen 40 und 80 Appenzeller sind dabei gefallen; sie wurden in Herisau begraben. In der Folge verzichtete allerdings der Toggenburger auf eine Eroberung des Appenzellerlandes; am 31. Mai 1429 kam es zum Friedensschluss. Dies alles verrät eine Tafel des sogenannten Felddivisionswanderwegs, der direkt an der langgezogenen Gartenwirtschaft vorbeiführt und eher für Leute interessant ist, die voll und ganz hinter dem Schweizer Militär stehen.

Das eindrückliche Bauernhaus selber steht wenige Meter über den vorerst letzten Wohnblöcken von Gossau, also auf St. Galler Gebiet. Warmes kocht Trudi Germann nur auf Bestellung, dann aber schon. Der Name des Weilers soll übrigens auf das Wort Mulde zurückgehen – und er ist in Gossau derart geläufig, dass man nicht von der „Traube", sondern von der „Mult" oder „Muelt" spricht. Leider hat die Renovation von 1986 das Innere der Wirtschaft etwas verändert. Bei schönem Wetter fällt dies nicht ins Gewicht; die herrliche Gartenwirtschaft gibt den Blick auf die Vorderfront des Bauernhofes und auf grüne Wiesen frei. Bekannt geworden ist Trudi Germanns „Chäshappich", der jeweils am Aschermittwoch aufgetischt wird und auf eine lange Tradition zurückblickt. Das Gericht besteht aus Käse, Bier, Mehl, Eiern und Salz; wie es genau hergestellt wird, soll das Geheimnis der Wirtin bleiben.

Der „Bären" von der Sturzenegg

(wb) Wer vom Gübsensee auf St. Galler Gebiet oder durch die düstere Sitterschlucht auf einem schmalen Weg zwischen St. Gallen Bruggen und St. Gallen Winkeln sechzig oder achtzig Meter hochsteigt, befindet sich nicht nur bald einmal im Ausserrhodischen, plötzlich steht er auch mitten im Grünen vor einer imposanten, mehrstöckigen Bauernwirtschaft, deren oberste Stockwerke schon durch ihre But-

zenscheiben auffallen. Es ist der „Bären" von der Sturzenegg, weit weg vom für viele (ich gehöre dazu) nicht allzu ländlich anmu-

Wirtschaft „Bären"
Rita Räss
Sturzenegg, 9100 Herisau AR
Tel. 071' 351 23 56
Ruhetag: Montag
Di-Sa über Mittag jeweils
Ruhezeit

tenden und ziemlich verbauten Herisau, dem Hauptort des Kantons.

155

Seit dem 1. Mai 1983 wirtet hier Rita Räss, die diesen Namen nun wirklich zu unrecht trägt (anderen Appenzellerinnen wäre er manchmal eher angepasst). Freundlich, meist mit einem Lachen auf den Lippen bedient sie ihre Gäste, erzählt, wenn diese es wollen, das eine oder andere und gibt offen zu, dass sie meist nur übers Wochenende viele Gäste in ihrer Wirtsstube und dem Säli hat, besonders Wanderer und Wanderinnen aus St.Gallen und Umgebung.

Der „Bären" der Familie Räss

(Irene Bosshart)

Während der Woche sind dafür weitgehend Stammgäste und Jasser am Zug, die alle wissen, dass die Wirtin oder ihr Mann Josef Räss die Wirtschaft um halb zehn Uhr herum schliesst, sofern niemand in der schönen, langgezogenen, von einem Kachelofen geprägten Bauernstube sitzt.

Und weil Rita Räss allein wirtet (Josef Räss hat mit zehn Kühen, Schweinen, Schafen und den 6 ha Land und 3 ha Wald genug zu tun), ist die Speisekarte nicht zu üppig ausgestattet. Wer ihre Appenzeller Käseschnitte ausprobiert hat, wird sie sicher wieder bestellen. Gemütlich ist's auch, an warmen Tagen draussen in der von Büschen überwachsenen Gartenwirtschaft zu höckeln, einen guten Tropfen zu trinken, dazu vielleicht einen Pantli zu geniessen, dem Muhen der Kühe zuzuhören und alte und junge Hennen zu beobachten, wie sie sich vom Holzzaun der Gartenwirtschaft herunter irgendwelche Leckerbissen erhoffen.

In der ersten Novemberwoche kommt es jeweils im „Bären" zu einer weit herum bekannten „Metzgete". Auf alle Fälle lohnt es sich, die Wirtschaft der Familie Räss zu besuchen. Wie man mit dem Auto hingelangt, verrate ich Ihnen lieber nicht. Sonst wird aus dem Geheimtip ein überlaufenes Sturzenegg. Auf der Landeskarte „Degersheim" ist das Strässchen, das zum „Bären" führt, immerhin zu entdecken. Und dass man vom Herisauer „Bären" ständig ansteigend zum teilweise renovierten **„Buechschachen"** oder zum **„Rechberg"** (mit ganz tollen Aussichten) gelangen kann, sei nicht verschwiegen. Auch die neue Holzfassade des „Bären" sollte man anschauen. Denkmalpflege pur.

Rechberg oder Der Blick zum Säntis hinüber

(wb) Kommt man von Herisau nach langem Fussmarsch durch einen Wald auf der Hochebene des Rechbergs an, bleibt man – wenigstens bei schönem Wetter – erstmals lange stehen. Man

Der alte „Rechberg" mit seiner Gartenwirtschaft

sieht die Hundwiler Höhi, die Hügel von Schwellbrunn und Waldstatt und dahinter die erste Kette des Alpsteins. Selbst den Hohen Kasten kann man ausmachen und einige Gipfel der Vorarlbergeralpen.

Vor wenigen Jahren wurde allerdings der alte „Rechberg" abgerissen und durch einen neuen ersetzt. Es wurde aber darauf geachtet, dass die frühere Atmosphäre erhalten blieb. Das ist weitgehend gelungen. Die Ländlermusik, die in der Gaststube aus dem Radio oder sonst woher unser Ohr erreicht, passt hierher.

Das gilt letztlich ebenso für die Küche. Zwölf verschiedene, währschafte Menüs können bei der jungen Wirtin Heidi Streule-Schiess telefonisch bestellt werden (Tel. 071' 351 19 41, Mittwoch geschlossen); so etwa Kartoffelstock mit Schweins- oder Kalbssteak an einer Morchelsauce. Nahezu sämtliches Fleisch stammt aus eigenem Viehbestand. Und dass der Kartoffelstock nicht aus einer Tüte kommt, sei hiermit festgehalten; es würde den Stolz der Bauersleute verletzen, wäre es anders.

Besonders vor dem Haus, auf einer der zahlreichen Bänke, wird es zum Genuss, allein oder mit andern das Mittagessen einzunehmen und dazu ein Gläschen Wein (oder ein Bier) zu trinken. Eine schönere Aussicht hat kaum eine andere Wirtschaft der im Zentrum vom Durchgangsverkehr drangsalierten Gemeinde Herisau zu bieten. Wanderungen zum Rechberg, der seinen Namen dem Reh (appenzellisch „Rech") verdankt, befreien uns vom modernen Lärm. Dafür dürfte zumindest der eine oder andere dankbar sein.

... und der neue „Rechberg"

Die Fahrstrasse endet auf dem Nieschberg

Die „Linde" vom Nieschberg ist leider geschlossen.
Aus Gründen der Nostalgie bleibt der Text jedoch
in unserem Buch!

Deutlicher sichtbar als bei anderen Appenzeller Wirtschaften sind in der alten Speisewirtschaft **„Zur Linde"** auf dem Nieschberg Landwirtschafts- und Gasthausbetrieb miteinander verbunden. Am Brunnen vor der kleinen Gartenwirtschaft werden die Milchkannen gewaschen. Daneben sieht man den sauber gepflegten Nutzgarten; und das dumpfe Gemuhe der Kühe ist aus dem Stall ebenfalls zu hören, während uns Josef Keller, der über achtzig Jahre alte Wirt, in der winzigen Gaststube mit Kachelofen und niederer Holzdecke berichtet, seine Wirtschaft sei alle Tage offen, abends auch, sofern jemand kommt.

Wanderer erreichen den Nieschberg über Herisau, von Waldstatt aus (über die Geisshalden) oder von Schwellbrunn her. Stärken können sie sich mit Speck, Käse und Buureschübli. Besonders zu empfehlen: ein Glas frische Milch.

> **Speisewirtschaft „Zur Linde"**
> *Familie Josef Keller*
> *Nieschberg, 9100 Herisau AR*
> *Tel. 071′ 351 16 31*
> *Ruhetag: vorläufig keinen*

Plädoyer für den Nieschberg

(wb) Es geht das Gerücht, dass die Wirtschaft auf dem Nieschberg von der nächsten Generation nicht weitergeführt werden soll. Das wäre ein Jammer. Eine schönere und auch niedrigere Wirtsstube gibt es wohl nirgends im Appenzellerland. Auch ist der Speck prima, Pantli und Buureschüblig ebenso, vom Käse und dem eigenen Saft gar nicht zu reden. Aber bereits 1989 meinte die damals schon im Pensionsalter stehende Wirtin zu einem Journalisten und einer Fotografin, sie dürften nur einkehren, wenn sie in ihrem geplanten Buch verschweigen, wo die Wirtschaft sei. Wir tun das nicht. Wir geben ein Plädoyer ab für dieses Schmuckstück von einer Beiz. Und weisen ganz verstohlen darauf hin, dass man beim Herisauer Bahnhöfchen Wilen zur „Speise-Wirtschaft zur Linde" hochfahren oder weitaus besser: hochgehen kann ...

Das Haus wurde 1817 während einer Hungersnot gebaut. Als Lohn erhielten die Arbeiter Speis und Trank. Das Bauerngut bewirtschaften heute der Sohn und die Schwiegertochter. Josef Keller selber wirtet seit 1948 zusam-

men mit seiner Frau. Eine Postkarte sei zwar noch vorhanden, aber nicht mehr käuflich. Nur im Frühling, Herbst und im Winter, wenn wenig Schnee auf dem Nieschberg lag, konnte er früher Gäste bedienen, im Sommer war dies schon schwieriger. Dann war die Landwirtschaft wichtiger, das Heuen und Emden.

Josef Keller erinnert sich an manch Vergangenes, etwa an die Zeit, als der Wald gegen die Geisshalden und Waldstatt hin noch nicht so hoch gewachsen war wie heute. Damals konnte man den Säntis über dem Wald-

kamm erkennen, heute ist es damit vorbei.

Mit Stolz zeigt er uns ein Wandbild, das er restaurieren liess, eine grosse Rarität: Die „Alpfahrt nach der appenzellischen Sennerei" von D. Zülle, 1884. Verschiedene reiche Herren hätten ihm das Bild gern abgekauft. „Aber was soll's in einem modernen Haus und in einer Stadt? Und ausserdem, für das Geld könnte ich mir kein solches Bild mehr kaufen", meint Herr Keller dazu.

Recht hat er, kein Zweifel.

Auf Wunsch zeigt er den Gästen persönlich den nur drei oder vier Minuten entfernten Aussichtspunkt, den eine Linde krönt und der eine herrliche Rundsicht bietet. Auch auf andern nahegelegenen Hügeln und vor Ställen locken im heissen Sommer Linden mit ihrem Schatten. Sie sind eine Art Wahrzei-

Der Wirt und zwei neugierige Gäste

chen des Nieschbergs. Daher wohl der Name „Zur Linde".

Die Fahrstrasse endet übrigens vor der Wirtschaft. Von dort aus sind Wanderungen angesagt – in einer Landschaft, die noch nicht die Härte des Alpsteins hat.

Gurtküh... ...chberg,
Jahren ... ...gegen bewusst Gurt-
gibt, frü... ...jedoch im Appenzellerland als Glücksbringer im Stall
galten, gehören hier noch zur
sanft abfallenden oder ebenso
sanft ansteigenden Weideland-
schaft. (Man erkennt Gurtkühe an
einem weissen Streifen oder Gurt
im Fell, der rund um den Leib
führt). Magie ist eben in der
Landwirtschaft heute nicht mehr
allzu gefragt. Andere Bauern
aber, etwa im Zürcher Oberland

kühe, unbekümmert darum, ob
sie nun für diese Subventionen
bekommen oder nicht.

Wie immer auch: Die „Linde"
auf dem vielleicht erfreulicher-
weise nicht allzu bekannten
Nieschberg ist ein Glücksfall.
Noch öfters möchten wir in oder
vor ihr sitzen und dabei ein Glas
Wein oder eben ein Glas Niesch-
berger Milch trinken.

René Sommer

Pater Ambrosius war auch auf der Geisshalden

(wb) Ganz ordentlich hoch über
Waldstatt stösst der Wanderer
auf die Speise-Wirtschaft **„Zur
frohen Aussicht"**. Im Innern des
hellen Holzhauses haben Hans
und Trudi Zeller das eine oder
andere verändert, auch rustikale
Stabellen und Tische hin-
eingestellt; man fühlt sich
aber gut in ihrer Stube.

Am Schönsten ist es je-
doch in der grossen Gar-
tenwirtschaft unter zahl-
reichen Kastanienbäu-
men. Ein besserer Platz
dürfte nur schwer vorstellbar sein.
Im Sommer und an warmen Früh-
lings- und Herbsttagen kann man
den Schatten geniessen und zugleich zur Hundwiler Höhi und zu
den Gipfeln, Felsen und Kreten
des Alpsteins hinüberblicken.
Gartentische wie -stühle evozie-

ren zusätzlich Zeiten, die manche
als heil bezeichnen; sie sind allesamt handgeschmiedet und gegen hundert Jahre alt. Und die
Strassen, auf denen sich der moderne Verkehr zur Schwägalp und
ins Toggenburg häufig staut, sind

Wirtschaft „Zur frohen Aussicht"
Trudi und Hans Zeller
Geisshalden, 9104 Waldstatt AR
Tel. 071' 351 21 15
Ruhetag: Montag und Dienstag

weit unten, in einer andern Welt
sozusagen ...

Deshalb wohl hat es Pater
Ambrosius vom Kloster Disentis
im Krimi „Mord über Waldstatt"
(Jon Durschei, orte-Verlag) trotz
schlimmer Ereignisse auf der
Geisshalden sehr gefallen. Mehr-

160

Die „Frohe Aussicht" auf der Geisshalden

fach hat er während jenes Aufenthalts die „Frohe Aussicht" betreten und an einem der wenigen Tische ein Zweierlein mit dem damaligen Wirt getrunken. Frau Trudi Zeller zum Buch: „Zuerst hat es mich ein wenig wütend gemacht. Viele Leute fragten, ob denn in der Nähe tatsächlich ein Mord passiert sei. Jetzt kann ich darüber lachen. Es kommen ja sogar Gäste wegen des Buches ..."

Gäste kommen aber auch sonst. Vor allem wegen der Aussicht und der guten Speisen. So gibt es nicht nur Chäsknöpfli, Speckrösti, Älplerrösti oder Schweinssteaks, je nachdem kann man telefonisch sogar Exklusives bestellen. Frau Zeller: „Als wir vor vielen Jahren die 'Frohe Aussicht' gekauft haben, war sie noch eine Buureschüblig- und Käse-Wirtschaft, heute verdient sie die Aufschrift 'Speise-Wirtschaft' zu Recht ..."

Das darf man sagen. Im Winter aber und öfters am Abend finden nicht allzu viele Leute den Weg auf die Geisshalden. „Wenn es Schnee hat", so die Wirtin, „trinkt an bestimmten Tagen nur gerade der Briefträger bei uns einen Kaffee, dafür können wir uns an schönen Tagen manchmal kaum wehren ..."

Ich begreife dies. In einer solch idyllischen Landschaft und vor und in diesem Haus, das Wärme ausstrahlt, fühlt sich jeder aufgehoben. Und wenn gar, wie etwa am 1. August, zum Tanz aufgespielt wird, könnte man sich beinah in einem Gotthelf- und nicht in einem Durschei-Roman wähnen. Mir jedenfalls erging es vor ein paar Jahren so. Dass Hochzeitsgesellschaften hin und wieder gern zum Apéro zur Geisshalden hochfahren, sei nur nebenher erwähnt. Lieber verraten wir, dass man von der Geisshalden auf einem bequemen und selten begangenen Wanderweg in gut zwanzig Minuten zum Nieschberg hinüberlaufen kann (oder umgekehrt). Auch auf diesem Weg bekommt man mit, wie schön das Appenzeller Hinterland ist – oben halt, nicht unten in den engen Tälern voller Autos und Lärm.

161

Wo Fuchs und Has' sich Gutenacht sagen und der Sheriff für Ordnung sorgt

(wb) Einiges in der 1890 erbauten Wirtschaft ist nicht mehr von früher, das Buffet zum Beispiel, der Fussboden. Wer aber mitten in einem gewaltigen Wald irgendwo zwischen dem „**Bergli**" und Degersheim unerwartet auf die nicht sehr grosse Waldwiese Fuchsacker stösst, kommt aus dem Staunen nicht heraus. Hier gibt es wirklich einen Gasthof, hier lebt Frau Berty Schlatter seit über vierzig Jahren.

> *Waldwirtschaft „**Fuchsacker**"*
> *Frau Berty Schlatter*
> *Schwellbrunn AR,*
> *postalisch 9113 Degersheim SG*
> *Tel. 071' 371 11 66*
> *Ruhetag: Dienstag und manchmal*
> *am Freitagvormittag*

Und die Einsamkeit, das Abgeschiedensein hat die Wirtin bis heute gut überstanden: Sie lacht bei jeder Gelegenheit und zeigt, als wir sie fragten, ob sie nachts je Angst verspüre, mit lautem Gelächter auf ihre Hunde, die sie seit dem Tode ihres Mannes und der späteren Trennung von einem Freund vor möglichen Übel-

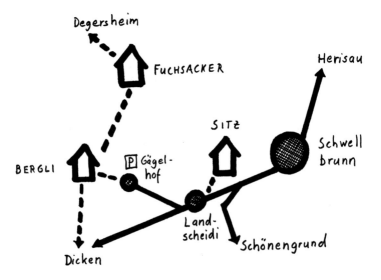

tätern schützen. „Wir sind hier auf 969 Meter über Meer", erklärt sie stolz, „und obwohl der Fuchsacker zu Schwellbrunn gehört, also zum Appenzellischen, richtet sich mein Leben weitgehend auf Degersheim aus, nach Schwellbrunn komme ich höchst selten ..."

Mit andern Worten: Wer sich vor Hunden fürchtet, bleibt besser draussen in der hübschen Gartenwirtschaft (leider mit jenen Plastiksesseln bestückt, denen man heute in ganz Europa und auch in Übersee begegnet und die irgendwann zu einem enormen Entsorgungsproblem werden dürften).

Vom Garten aus sieht man durch zahlreiche Baumwipfel hindurch zum auf einer langgezogenen Krete erbauten Schwellbrunn hinüber, das, wenigstens auf der Krete, sein Gesicht von anno dazumal fast zur Gänze bewahrt hat.

Allerdings, was die Angst vor bösen Hunden anbelangt: Frau Schlatters Hunde verhalten sich freundlich gegenüber seriösen Gästen, bellen höchstens fremde Artgenossen an. Nachts aber, nein, da möchte ich den Hunden

der Frau Wirtin wahrlich nicht begegnen.

Als Autofahrer können Sie den „**Fuchsacker**", seit Jahrzehnten ein Geheimtip für Wanderer und Familien, nur von Degersheim aus erreichen; und dies auch nur, wenn Sie sich nie verfahren und sich vielleicht beim einen oder andern Spaziergänger nach dem richtigen Weg erkundigen. Wer die langsamere Fortbewegungsart wählt (also seine Füsse), kommt vielleicht auch vom „**Bergli**", vom „**Sitz**", von Schwellbrunn oder gar von Herisau her – was bei unserm Besuch einige Feuerwehrmänner bewiesen, die

Wohin man vom „Fuchsacker" aus wandern kann

wir drei Stunden zuvor bereits im „Bergli" angetroffen hatten und die nach ihrem Aufbruch unterhalb Züblis legendärer Nase darauf verzichtet haben, mit ihren

Autos über Schwellbrunn nach Degersheim zu fahren, sondern vielmehr den halbstündigen Fussmarsch durch die im Sommer angenehm kühlen Wälder zum „Fuchsacker" wählten. Klar, dass sie unsern Ueli mit lautem „Hal- loo!" begrüssten, schliesslich hat er sie ja in seinem Kurzportrait vom „Bergli" (sh. nächste Seiten)

äusserst treffend beschrieben ...

Früher hat man auf dem Fuchs- acker im kleinen Rahmen Land- wirtschaft betrieben. „Wir besas- sen damals vier Kühe", vertraute uns die offene Wirtin an, „jetzt habe ich das Land verpachtet." Traurig, aber auch lustig sei es damals manchmal gewesen, er- fahren wir später, da habe sie

Der Sheriff vom „Fuchsacker"

Seine schwarze Limousine stand dicht hinter der roten. Der Himmel war Glas. Zuerst schau- te der liebe Gott von oben he- rab, dann, nicht sehr erfolg- reich, sein Gegenspieler. Und jedesmal, wenn ein Augenpaar auf den flüchtenden Wagen her- unterstarrte, wusste der Sheriff, was er diesen Augen schuldig war. Nur schön dranbleiben, sich nicht beirren lassen durch die Haken, die die Gauner schlugen. Die blitzartigen Ma- növer, die Versuche, ihn aus dem Fenster lehnend durch die Frontscheibe niederzuknallen. Sein Revolver war in Gottes lin- ker Faust, und dieser Mann hatte tatsächlich einen Bart. Er spürte sein Pedal, sein Steuer – im Sinne, dass Gott lenkt – und wurde hin- und hergerissen; doch der Allmächtige führte ihn direkt hinter das rote Teu- felszeug, schoss zwei-, drei-, viermal im richtigen Moment durch das Rückfenster der

Flüchtigen. Der Sheriff hörte das Glas zersplittern, die Glocken krachen, den Himmel lachen, spürte die Silbermünze, als sie durch die schmale Öffnung glitt, die Wohltat der frischen Injekti- on, jagte weiter, bis die Kräfte erneut nachliessen, glaubte un- verzagt an die höhere Macht da droben und ihren Energienach- schub – und schob eine neue Münze in den Schlitz.
Dann war es still, das Gewitter verzog sich, der Kampf blieb aus, die Gewaltigen verliessen den Himmel, die Dreieinigkeit löschte das Licht und schloss die Saaltür. In seinem Schlum- mer des Gerechten glaubte der Sheriff noch Stimmen zu hören, sanfte, schrille, und Gebell. Her- nach war endgültig Schluss für heute, und auch die zwei Mör- der im roten Wagen hatten ihren Frieden bis zum nächsten Be- such bzw. nächsten Banküber- fall. Dies bezeugt

Ueli Schenker

dem Fuchs oder dem Hennenvogel öfters mit dem Besen ein Huhn oder gar eine Gans abgejagt, hin und wieder hätte freilich der Fuchs oder der Raubvogel gewonnen – und immer beide ohne Besen.

Eindrücklich der relativ grosse Saal mit seinem Jugendstiltouch, umgeben von alten Bildern aus dem Tessin. Und von einem früheren Mitbewohner ist ein uralter Spielautomat zurückgeblieben, auf dem (sh. Kästchen) ein mutiger Sheriff mit seinem Auto Bankräuber jagt. Ueli Schenker ist es allerdings nicht gelungen, den bösen Mann zu stellen, dafür René Sommer, der seit jeher auf der Seite der Guten steht. „Ordnung muss schliesslich sein!" verkündet er in aller Öffentlichkeit, und vernimmt hierauf von der Wirtin, dass sie nach wie vor auf Bestellung sonntags für Besucher ein Frühstück bereite. Er bestellt gleich eines für den kommenden Sonntag. Als Sheriff will er im „Fuchsacker" fortan für Ordnung sorgen.

Zum „Sitz" ohne Auto!

(rs/wb) Gleichgültig, ob man hohen Bergen besondere Kräfte zuschreibt oder nicht, ein Besuch der Bergwirtschaft **„Sitz"** über dem weitgehend aus neueren Ferienhäusern bestehenden Weiler Hinter Risi ist in jedem Fall gesund. Notorische Autofahrer müssen den Wagen nämlich schlicht stehen lassen; entweder in der Nähe der **„Landscheidi"** (auch eine Wirtschaft, sehr gut geführt von Frau Esther Kurath, mit Menues und Pizzen, Donnerstag geschlossen, Freitag bis 11 Uhr, ein Fremdenzimmer), beim „Hirschen" (eine schöne, behäbige Wirtschaft, zur Zeit der Niederschrift dieser Zeilen geschlossen) oder direkt beim Schwellbrunner Altersheim Risi. Zum „Sitz" (Montag zu) kommt man nur zu Fuss (natürlich auch vom „Fuchsacker" oder vom „Bergli"). Der kurze steile Aufstieg lohnt die Mühe. Zwar wirkt die Wirtschaft auf uns recht modern, aber vor ihr an einem der Biertische erhält man eine Aussicht vom Säntis bis zum Bodensee präsentiert, an klaren Tagen sieht man gar entfernte Jurahöhen.

Selbst die Feuerwehr kommt zu Fuss

Auch wer Scientologen nicht besonders mag, stellt sein Auto besser beim noch zu Schwellbrunn gehörenden Gägelhof ab und geht zu Fuss zum „Bergli" (exakt 999 m ü.M.). Privatparkplätze für diese Bergwirtschaft sind dort, wo Scientologen einen wunderbaren Plätz gekauft haben, als solche bezeichnet, rechts davon steht eine kreisrunde Fahrverbotstafel, leicht abgedreht. Man könnte meinen, das Schild gelte für die Wiese ennet dem Hag. Faule Ausrede; wer keinen Ärger will, hält sich daran. Einer von uns hat sich nicht daran gehalten. Prompt hat er eines aufs Dach gekriegt ...

Hinter dem **„Bergli"**, das in den letzten Jahren einen neuen Stall erhielt, gibt es zwar Parkmöglichkeiten; aber sie sind wohl Relikte aus anderen Zeiten. Der Wirt bestimmt hier (zurecht) und ... auch sein kleiner Sohn.

Die Gaststube allerdings ist gegenüber früher die gleiche geblieben, und das ist gut so. Ein Bild von Christian Vetsch an der Holzwand. Der Raum hat Stil; Kästen, Tische und Bänke sind zeitlos geblieben. Der „Kafifertig" auch. Wir setzen uns in die schon halbwegs gefüllte Beiz an einen der langen Tische. Der Blick schweift wieder zur Wand: Fähigkeitsausweis für Heidi Naef-Tschumper (von Hemberg), St.Gallen, 17. Oktober 1984.

So lange schon gehören Hof und Wirtschaft den Näfs. Man mag die sachten Renovationen, Neubauten und die Strassenverbreiterung (wird vom Bund verlangt, sonst gibt's keine Subventionen für einen neuen Stall!) bedauern; dem Betrieb scheinen sie förderlich zu sein. Menükarte: Gerstensuppe, Knobli-Pantli, Appenzellerkäse, Mostbröckli, „Bergliteller" für Fr. 11.-, Hörnli und Ghackets.

Bergwirtschaft „Bergli"
Familie Naef
9115 Dicken bei Degersheim /SG
Tel. 071' 377 11 94
Ruhetag: Mittwoch

Der Wirt und drei Wanderer

166

Die zwei Määtle drängen zu unserm Tisch. Ihre Mutter hat in der Küche zu tun, denn heute kommt die Feuerwehr. Die beiden Määtle und der Bub gehen nach Dicken in die Primarschule. Hinweg zu Fuss eine Viertelstunde, Rückweg eine halbe, weil's bergauf geht, erfahren wir von den Mädchen. Tiere, jawohl: Genaue Zahlen werden geliefert, so und soviele Kühe, Rinder, Mastkälber, Geissen, Enten, 2 Katzen, 3 Hasen, aber die sind noch klein.

Zwei Tische sind schon gedeckt. Dreissig Stück waren gemeldet, jetzt kommen leider nur elf, sagt Frau Naef. Wegen des Wetters vielleicht? Chäshörnli, Ghackets und selbstgemachtes Apfelmus wurde vom Feuerwehrkommandanten vorausbestellt;

Dichter und Bauer

(Ein Dialog)

D: Grüss Gott, ich nehme gern ...
B: Und übrigens, gehört das weisse Auto ...
D: ... hinter dem Haus?
B.: Gehört das Ihnen?
D: (*ahnungslos*) Ja.
B: Mit der Solothurner Nummer?
D: (*immer noch ahnungslos*) Richtig.
B: Ich meine, Sie wissen schon. Haben Sie das Verbotsschild nicht gesehen? (*Der Bauernsohn spitzt die Ohren.*)
D: War da ein Schild?
B: Nicht war, ist. Ist immer noch dort.
D: Wo?
B: Am Weg, wo denn? Ein rundes Schild.
D: Ach so, deshalb. Ich habe das gar nicht für ein Schild gehalten. Schilder sind für mich immer dreieckig. (*Der Bauernsohn spitzt weiter*)

B: Das sind Warnschilder: Gleitgefahr zum Beispiel. (*Der Bauernsohn will sich einmischen, wird von seinem Vater aber abgedrängt*) Hier handelt es sich um ein Verbotsschild. Allgemeines Fahrverbot, wenn Sie's genau wissen wollen.
D: Ja, ich will es genau wissen, das habe ich nämlich in der Schule nicht gelernt.
B: Da können Sie meinen Sohn fragen, der weiss es. (*Der Bauernsohn schmollt nicht mehr.*) Und die viereckigen, wenn wir schon dabei sind, das sind die Gebotstafeln.
D: Die 10 Gebote kenn ich schon, da war ich dabei. (*Der Bauernsohn findet das lustig, der Bauer weniger.*) Aber das P hinter dem Haus, was ist mit dem?
B: (*Der Bauer versteht zuerst nicht, nach einer Weile*) Für Sie jedenfalls ist es nicht.

(*Fortsetzung folgt*)

das muss man, wenn man etwas Bestimmtes will. (Im WC habe es Windeltisch und Windeln, verrät mir Alice, als sie wieder hereinkommt. Allerhand.)

Die Feuerwehr ist endlich da, will zuerst löschen, mit trübem Saft. „Prost Bräseli, Prost Toni, Prost ...!" Es wird lauter in der gemütlichen Stube. Die Mädchen werden leiser, helfen beim Service. „Lauter kleine Schläuchlein", kräht ein Feuerlöscher, als er die Hörnli vor sich sieht. Pyromanenwitz. Einer hat grüne Hosenträger, „I'm in love, N.Y., London etc.". Full house.

Ein Rentnerpaar ist auch eingetroffen, bleibt still. Draussen regnet es. Dann kommt die Sonne wieder. Für die Gartenwirtschaft ist's heute zu kühl. Ein andermal. Zuerst noch ein Abstecher zu Züblis Nase. Hier stürzte vor zwanzig Jahren ein dreizehnjähriges Mädchen ab. Kleiner Gedenkstein.

„Nächstes Mal Fahrverbot beachten", sagt Naef nochmals zum Verkehrssünder, als wir uns verabschieden. Als dieses (kleine) Unglück geschah, waren Alice und ich auf der Brunnershöchi, dem Aussichtspunkt, wo die Kühe grasen und den Weg zum Bänklein versperren.

Ueli Schenker

Hundwiler Höhi – *der* Appezöllerberg!

(wb) Nicht nur Geistesgrössen wie Paracelsus sind schon rund um die berühmte Hundwiler Höhi gestreift, auch Pater Ambrosius, eine Figur des Bündner Krimischriftstellers Jon Durschei*, soll während jener Tage einmal auf ihr gewesen sein, als er in Waldstatt drüben, widerwillig wie immer, mit einem schrecklichen Mord konfrontiert wurde und diesen aufklären musste.

Für den Pater, schrieb der Autor, sei im Moment „alles relativiert, zurechtgerückt" worden, wie er „vor der Wirtschaft stand und dann, immer noch bachnass vom Aufstieg, um diese herumging",

Berggasthaus „Hundwiler Höhi"
Marlies Schoch
9064 Hundwil AR
Tel. 071' 367 12 16
Ruhetag: keinen

seine Sorgen und Probleme seien ihm hier oben plötzlich „aufgebauscht" erschienen, unerheblich. „Ich sah die Felsen des Alpsteins", beschrieb der Benedikti-

---

*sh. Jon Durschei „Mord über Waldstatt", orte-Verlag

ner das Panorama, „weit weg St.Gallen, das Blau des Bodensees, den Schwarzwald, die sanften Hügel des Appenzells, des Zürcher Oberlands, die sieben oder acht Zacken der Churfirsten, die Glarner Alpen, den ersten Jura-Höhenzug, Urnäsch, Waldstatt, Hundwil ..."

„Jeder", so dachte der Pater auf der Höhi, „der mit sich nicht zurande kommt, sollte von dieser Höhe in die Tiefe blicken. Manch einer könnte sich dann sagen: Du, nimm dich nicht so ernst, die Lösung kommt, wann sie kommt."

So kann man die Hundwiler Höhi wirklich erfahren. Allein ist freilich praktisch keiner; obwohl man, sehen wir von der Wirtin und ihren Mitarbeitern ab (Personal würde sie nie sagen), nur zu Fuss auf die Höhi gelangen kann und man bei der Ankunft je nach konditioneller Verfassung erschöpft vom Aufstieg sein dürfte, sind oft zahllose Gäste auf ihr und in der um 1900 vom Weberpfarrer Knöpfel gegründeten Wirtschaft. Einzig bei schlechtem Wetter und im Schneetreiben finden den wenige Wanderer den Weg hinauf. Deshalb ist kaum einer schlecht beraten, wenn er bei reg-

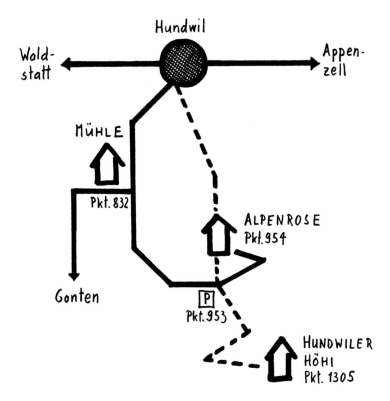

169

Die „Hundwiler Höhi" von unten

nerischem oder nebligem Wetter
zur Hundwiler Höhi, für viele
Appenzeller *der* Berg des Appenzellerlandes, hinaufsteigt und
zum vornherein auf die umwerfende Aus- und Fernsicht verzichtet; er erfährt dafür umso mehr
die Stille und kann eher mit der
stets freundlichen Wirtin, die
eigentlich gar nie Wirtin werden
wollte, es heute aber mit Herz
und Seele ist, oder mit einem
ihrer Mitarbeiter oder Mitarbeiterinnen ins Gespräch kommen.

Marlies Schoch, früher Sonder-
schullehrerin in Hundwil unten,
ist mit *ihrem* Berg regelrecht verwachsen. Ihr Vater kaufte die 1305
m ü.M. gelegene „Höhi" samt
Alpen und Wald um 1960, und
bald einmal wirtete seine Tochter
auf dieser, vorerst nur während
den Sommermonaten, dann, von
1971 an, ganzjährlich; die Tatsache, dass ihr geliebter Grossvater

einst gewirtet hat (auf der Petersalp und in der „Rose" von Bühler),
dürfte ihren Entscheid mitbe-
stimmt haben. Im ersten Winter
waren übrigens Zürichs legendärer Sprayer Harald Nägeli und der
Teufener Kunstmaler Hans Zeller
bei ihr zu Gast, wovon heute verschiedene Landschaftsbilder und
Portraits zeugen.

Schon bald einmal kannte Marlies Schoch jeden Weg und jeden
Stein der Hundwiler Höhi; heute
organisiert sie gemeinsam mit
der „Appenzeller-Zeitung" gelegentlich sogenannte Gipfelge-
spräche mit berühmten und
weniger berühmten Zeitgenos-
sen – und hat noch immer nicht
genug, so oft als möglich zum
Alpstein hinüberzuschauen, zum
fernen Bodensee hinunter oder
auf die kleineren Hügel ihrer Heimat. Der 1. August wird übrigens
auf der Hundwiler Höhi auf eige-

ne Art gefeiert: Mit von Petroleum getränkten Torben legen Jugendliche auf einem Hang des Berges ein riesiges Kreuz an und entzünden dieses. Weit herum dürfte das leuchtende Kreuz im Dunkel der Nacht Menschen anregen, das eine oder andere zu überdenken.

Dass Marlies Schoch auch als währschafte Köchin brilliert, beweist ihre berühmte Gerstensuppe; und wer etwas anderes aus der Küche möchte, muss halt vorher anrufen und seine Bestellung aufgeben. Selbst übernachten kann man auf der „Höhi", entweder im Matratzenlager oder in Einzelzimmern, und für bevorzugte Gäste steht neuerdings ein richtiges Himmelbett zur Verfügung. Dieses befindet sich im neu erstellten, reichlich modern anmutenden Haus neben der „alten" Wirtschaft. Die Modernität des Gebäudes hat seinen Grund: Durch die Sonneneinstrahlung auf die Südfassade wird Strom erzeugt, der fürs ganze Haus (Küche, Heizung, Licht) reicht. Was die eigentliche Wirtschaft betrifft, so wird für diese schon seit Jahren der Strom auf dem Berg erzeugt, nämlich mit Windrädern und Dieselmotoren, zuoberst auf dem Gipfel. Dies musste auch sein, führen doch keine Leitungen Strom zur „Höhi" hinauf.

Dafür führen praktisch alle Wege des Appenzells zu ihr. Von Ramsten vermutlich der kürzeste, von Gonten oder von Hundwil ein etwas längerer, und vom Buechberg, von der Zürchersmühle

Ob Marlies Schoch ein Gedicht schreibt?

oder von Appenzell braucht man noch etwas mehr Zeit.

Aber Zeit, so meinen wir, darf auf der Hundwiler Höhi keine Rolle spielen. Man sieht die Welt, wenn es nicht gerade schneit, Katzen hagelt oder Nebel hat, immer wieder aus anderen Perspektiven, kriegt den Berg nie satt – und jeder muss wieder und wieder kommen, wenn er einmal auf der „Höhi" gewesen ist.

Mir zumindest ergeht es so. Noch oft möchte ich in der gemütlichen Wirtschaft der Marlies Schoch einkehren, mit ihr und Freunden einen Halben trinken und mich ganz diesem Berg hingeben, der etwas Geheimnisvolles und Mystisches hat, das ich in Worten nicht einmal andeutungsweise ausdrücken kann. Darum werde ich noch öfters zur „Höhi" hinaufsteigen, egal, ob es schneit (und dadurch die Schritte schwerer werden) oder ob die Sonne einem den Schweiss aus den Poren treibt. Und ich werde es tun, obwohl auch andere Berge und Kreten und andere schöne Beizen locken ...

Von weitem strahlen die Schirme

Am Nordfuss der Hundwiler Höhi liegt der Parkplatz Buechberg (Pkt. 953) für all jene, die es bei einer 1-stündigen Wanderung zur „Höhi" hinauf belassen wollen. Blickt man vorher aber nach Norden, so sieht man bei gutem Wetter freundliche rotgelbe Sonnenschirme leuchten: von der Terrasse der „Alpenrose", etwa dreihundert Meter zu Fuss, mit dem Auto auf einer schmalen Fahrstrasse in Form einer Schlinge zu erreichen (kommt man von Hundwil, bitte Wegweiser beachten).

Gasthaus heisst die „Alpenrose" mit vollem Recht. Rita Tobler, die Wirtin, zeigte uns nämlich bald einmal die schön und komfortabel eingerichteten Zimmer: Fünf sind es im ganzen, für je zwei bis drei Personen mit Dusche und WC. Die Übernachtung samt Frühstück kostet pro Person Fr. 40.-. Auch Halbpension ist möglich. Feriengäste kommen

Gasthaus „Alpenrose"
Frau Rita Tobler
Buechberg, 9064 Hundwil AR
Tel. 071' 367 12 72
Ruhetag: Mittwoch

immer wieder, Walliser und Franzosen unter anderem. Gar Leute aus Dallas, wenn sie auf einem Europatrip sind. Sie mieten sich am Flughafen von Frankfurt am Main ein Auto und steigen zwischen St.Gallen und der Schwägalp in der „Alpenrose" ab.

Heute gibt es Kartoffelsalat und Schüblig. „Wösetsi, i bi e-lääh, do bruch i kä Spiischarte." Leute hätten schon ein Steak verlangt, und als es keines gegeben habe, seien sie wieder gegangen. Aber denen wäre sowieso alles nie recht gewesen, spöttelt Rita Tobler locker. Sie ist eine aufgestellte, freundliche und gesprächige Wirtin. Auf die Terrasse ist sie stolz, auf den Holunderstrauch, auf ihre treue Kundschaft und auch etwas darauf, dass das Fernsehen für „Schweiz aktuell" wegen einer Bläss-Sendung in die „Alpenrose" gekommen ist.

Wir nehmen uns Zeit an den alten, leicht gebogenen Holzti-

Die schöne Beiz und ihre Sonnenschirme

schen, freuen uns am schmucken Schild „Gasthaus Alpenrose", schauen auf die Siloballen auf der Wiese. Es sehe nicht so schön aus, aber es habe zu wenig Silos. Wir finden einfach alles schön. Rita Tobler ist mit ihrer Familie schon dreissig Jahre hier, ihr jüngster macht eben eine Kochlehre. Optisch habe sich während dieser Zeit in der Wirtschaft nichts geändert. Vier Jahre habe es aber gedauert, bis sie die baufällige Scheune abbrechen durfte: „Do chonsch jo Vögel ober."

Ein Rückkehrer aus Südafrika geniesst das neue Heimatgefühl auf der Terrasse. Ein Vater zum kleinen Sohn beim Weggehen: „Zieh d'Hose ufe, gsehsch jo uus wienen Jugo."

Die „Alpenrose" ist auch im Winter offen und bekannt für ihre Schnipo. Bei Voranmeldung gibt es Fondue, das Brot bringt der Gast selber mit. Mittwochs ist das Gasthaus geschlossen, denn die Wirtin holt alles selber. Nichts kommt aus der Tiefkühltruhe: „Bi öös het's, was s'het, ond da isch frisch." Sogar im Winter sitzt man bei schönem Wetter auf der Terrasse. Geschätzt wird dies unter anderem von St. Gallern mit gleitender Arbeitszeit. Sie steigen über Mittag aus dem Nebel und tanken auf.

Es ist jetzt Nachmittag. Gäste tauchen auf, zum Jassen. Ein Wind kommt auf. „Wenn de Loft zücht, isch nit guet." Die Jasser verziehen sich in die Stube. Rita Tobler ist flexibel. Diese Offenheit schafft eine gute Zusammenarbeit mit dem „Trübli" von

Hundwil und der „Hundwiler Höhi". Die drei Wirtinnen helfen sich gegenseitig aus und empfehlen sich bei der gleichen Kundschaft.   *Ueli Schenker*

Die „Örtlismüli" der Familie Oertle

(wb) Auch von der „Örtlismüli", an der schmalen Strasse zwischen Hundwil und Zürchersmühle/Gonten, kann man zur „Hundwiler Höhi" aufsteigen. Wir empfehlen aber jedem, der an ihr vorüberkommt, die Wirtschaft „Mühle" zu besuchen. Schon der kleine runde Tisch vor dem Haus lockt auf seiner erhöhten Position zum Verweilen. Und befindet man sich einmal im ersten Stock des prächtigen und alten Appenzellerhauses, kann man nicht nur eine in sich stimmige kleine Wirthausstube betreten, auch die Bäckerei der Familie Oertle lockt.

In der dank vieler Fenster-

Die „Örtlismüli"

Der gewaltige Backofen dient mitunter als Kleiderständer ...

scheiben sehr hellen Bäckerei duftet es herrlich nach Holzofenbrot, und man sieht Zöpfe, Fladen, Nussgipfel, Biber und andere Köstlichkeiten; selbst Obst und Gemüse sind in der Regel zu haben. Die „Mühle", die einst wirklich eine Mühle gewesen ist,

kann als Beispiel dafür herhalten, dass in appenzellischen Liegenschaften meist zwei Berufe ausgeübt wurden oder weiterhin ausgeübt werden. Hier bedeutet dies eben Bäckerei *und* Wirtschaft, zu der auch noch eine Milchannahmestelle kommt.

Die grosse Attraktion ist jedoch eindeutig der gewaltige Backofen in der Wirtsstube. Er kann sich mit jenem vom Herisauer „Fladehus" durchaus messen, übertrifft diesen vielleicht gar noch an Grösse. Eine Kostbarkeit, diese „Mühle". Sie werden einen Besuch bei der Familie Oertle nicht bereuen (Tel. 071' 367 12 46, sonntags geschlossen).

„Teufenberg", Wirtschaft mit *einem* Tisch

Am Bergsträsschen von Urnäsch nach Schönengrund, das auf der Höhe des Tüfenbergs plötzlich Züge einer Passstrasse annimmt, auf einem Sattel zwischen Hügeln eingebettet, sozusagen auf der „Passhöhe" (1060 m ü.M.) entdeckt man an einem gut erhaltenen uralten Appenzeller Bauernhaus ein Wirtshausschild, „Wirtschaft Teufenberg".

Es ist der Ort, wo Jugendliche und ältere Semester vom Rad steigen, das verschwitzte Leibchen ausziehen, ein trockenes anlegen,

bevor sie nach Schönengrund hinuntersausen. Zu Fuss erreicht man Urnäsch in etwa Dreiviertelstunden, bis Schönengrund ist es

> **Wirtschaft „Teufenberg"**
> Familie Frischknecht
> Tüfenberg, 9107 Urnäsch AR
> Tel. 071' 364 12 91
> Ruhetag: keinen

gut eine Stunde, bis Waldstatt anderthalb.

Während der Gast rund um den Eingang Blumen in Kisten und Töpfen in Hülle und Fülle sieht,

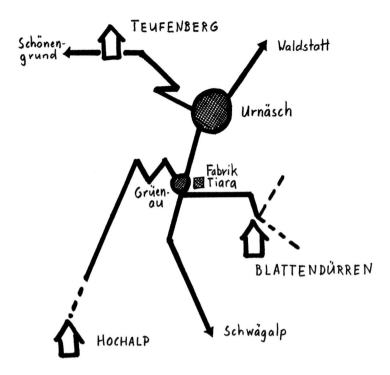

hält er vergeblich nach rechten Winkeln Ausschau. Die Holztreppe ist sauber, wie sandgestrahlt. Den gleichen Eindruck erweckt die Eckbank um den einzigen Tisch in der kleinen, hellen Gaststube. Hat man sich in eine private Bauernstube verirrt? Im angrenzenden Nachbarstübchen, das die Familie benutzt, bemerken wir den jungen Bauern, der kurz mit einem Lächeln grüsst. Bevor seine Mutter, die Wirtin und Bäuerin Frau Frischknecht, eintritt, finden wir ausreichend Zeit, die schöne Patina der niederen Decke, das Tischchen mit einem Radio aus den Fünfziger Jahren und die Aussicht durch die einfachen Fenster auf den gegenüberliegenden Hügel und gegen den Hochhamm zu betrachten (mit Wirtschaft auf dem Gipfel und per Seilbahn von Schönengrund aus zu erreichen). Immer wieder kehrt der Blick auf den langen Nussbaumtisch zurück, dessen Platte aus einzelnen Brettern gefügt ist.

Zu essen gibt es Käse, Speck, Pantli oder Gerstensuppe. Der Käse sei ein besonders feiner, erklärt Konrad Frischknecht, der sich, seit sein Sohn die Landwirtschaft übernommen hat, nun etwas länger den Gästen widmen und bei einem Jass auch „mithelfen" kann.

Die kleine Wirtschaft blickt auf eine lange Tradition zurück. Schon vor 275 Jahren sind hier die Kirch-

Die Bauernwirtschaft „Teufenberg"

gänger von Schönengrund auf dem Weg nach Urnäsch und zurück eingekehrt. 1951 übernahm Familie Frischknecht Hof und „Stübli" mit dem erklärten Ziel, alles so zu belassen, wie es schon damals war.

„Wir haben ausschliesslich nette Gäste", berichtet uns Frau Frischknecht, „die sitzen um *einen* Tisch und fangen daher stets an, miteinander zu reden." Nur ein einziges Mal, vor etwa vier Jahren, seien Gäste nicht miteinander ins Gespräch geraten. Sie habe es fast nicht glauben können, sei immer wieder in die Gaststube zurückgekehrt, so seltsam sei ihr das stumme Nebeneinandersitzen erschienen. Der Ausdruck der Verwunderung steht ihr noch heute ins Gesicht geschrieben, als sie auf den unerhörten Vorfall, der in den meisten modernen Restaurants leider die Regel bil-

det, zu sprechen kommt. Tisch und Eckbank sind übrigens nicht speziell behandelt, sondern nur immer sauber mit Wasser gereinigt worden. Auch die Bretter der

Die Wirtin vor dem einzigen Tisch

Tischplatte weisen keine Politur auf; Weinflecken bleiben nicht haften. Früher hätten die Schreiner eben das Holz sorgfältig ausgewählt. Der Tisch dürfte über hundert Jahre alt sein.

Wenn man zu guter Letzt von den Wirtsleuten persönlich hinausbegleitet und herzlich unter der Tür verabschiedet wird, versteht man, warum hier nur freundliche Gäste verkehren. Freundliche Wirte haben jene Gäste, die sie verdienen.

René Sommer

Bei Maja Jäger auf den „Blattendürren"

(wb) Wer immer auf der mehr als nur emsig befahrenen Strasse von Urnäsch zur Schwägalp hinauf bei der Fabrik Tiara nach links auf einem Feldweg zur Petersalp abzweigt, glaubt höchstwahrscheinlich in den seltensten Fällen, er werde auf diesem Weg auf eine der heimeligsten Alpwirtschaften des Alpsteins stossen. Nirgends ist sie angeschrieben, kein Wegweiser, kein Pfeil weist auf sie hin.

Und doch kommt er als Fussgänger in weniger als einer Stunde (und mit dem Auto in ein paar Minuten) zu einer bereits in die Jahre gekommenen und geschindelten Bergwirtschaft, die er mit Gewissheit betreten wird: „Blattendürren".

Geht er einfach an ihr vorbei, ist er selber schuld. Denn in dieser von mitte Mai bis ende September (an schönen Wochenenden gar weit in den Herbst

hinein) geöffneten Alpwirtschaft fühlt sich jeder einigermassen normale Mensch sofort zu Hause. Auf den ersten Blick mag sie vielleicht etwas hüttenmässig anmuten; aber schaut man sich genauer um, erstaunt nicht nur die grosse Sauberkeit und die ein-

Bergwirtschaft „Blattendürren"
Maja Jäger
Alp Blattendürren, 9107 Urnäsch AR
Tel. 071' 364 17 63 / 361 12 03
Offen: im Sommerhalbjahr
(Mai-Juni: Samstag und Sonntag;
Juli-Sept.: jeden Tag;
Okt.-Nov.: bei schönem Wetter
    am Sonntag)

drücklichen, an schlichten, hellen Holzwänden hängenden Fotobilder der in Herisau lebenden Italienerin Amelia Magro; vor allem die Herzlichkeit der Wirtin Maja Jäger gefällt, eine Wirtin zudem, die, eine Seltenheit heutzutage, wirklich ganz und gar für ihre Gäste da ist.

Maja Jäger vor ihrer Bergwirtschaft

Kein Zufall denn auch, dass Maja Jäger, Wirtin und Bäuerin in einer Person, zur Präsidentin der Regionalmarketing AG „Appenzellerland – rundum gesund" (RAR) gewählt wurde, die es sich zum Ziel gesetzt hat, bäuerliche Produkte aus dem Appenzellischen vermehrt bekannt zu machen und auf den Markt zu bringen.

Auf der Alp Blattendürren (1080 m ü.M.), direkt unter der bekannten und legendenumwobenen Petersalp (1594 m ü.M.), wird die bäuerliche Kultur noch ernstgenommen und entsprechend gepflegt; so hat es seinen eigenen Charme, der Alpauffahrt oder Alpabfahrt von Konrad Jäger und seiner Familie beizuwohnen. Und wer auch nur einige Stunden auf seiner Alp oder in seiner Wirtschaft verbracht hat, realisiert

bald, dass hier die Tiere (rund 120 Kühe, Galtlig und Busli, 60 Schweine, einige Pferde mit Fohlen und echte Appenzellerziegen) noch geliebt und nicht nur des Nutzens wegen gehalten werden. Dass Konrad Jäger trotzdem im Herbst hin und wieder auf die Jagd geht (und es dann durchaus geschehen kann, dass einem in „Blattendürren" Reh- oder Gamspfeffer angeboten wird), spricht nicht gegen sein positives Verhältnis zu den Tieren. Wer freilich mit seinem Vierräder auf die Alp hochfährt, soll bitte doppelt achtgeben: Das Vieh ist nicht eingezäumt, es darf rund um Blattendürren seine eigenen Wege gehn.

Sitzt man in einer der beiden Stuben (Grossveranstaltungen werden hin und wieder im Stall abgehalten), denkt man freilich nicht an Autos und Verkehrslärm. Man fühlt sich gut auf der Holzbank oder auf einem der Biedermeierstühle, schaut gerne zum Fenster hinaus, wenn die Ziegen, die Kühe (darunter zwei im Appenzellischen rar gewordene Gurtkühe) oder die Pferde der Jägers zum Tränken oder einfach sonst vorbeistolzieren, bedauert, dass die Wirtschaft im Winter, ausser vielleicht an einzelnen Wochenenden, geschlossen bleibt (dafür ist die gut dreissig Gehminuten entfernte Skihütte **„Osteregg"** geöffnet).

Auch beneidet man die Jägers vielleicht ein wenig: Sie leben, wie einst Nomaden gelebt haben, im Winter sind sie auf ihrem Hof zwischen Dicken und Schwellbrunn anzutreffen, im

178

Im Innern der Wirtschaft „Blattendürren"

Sommer auf der Alp.

Allein schon „Zom Esse" lohnt es sich, in oder auch vor der Bergwirtschaft „Blattendürren" zu sitzen. Es gibt Warmes und Kaltes (Käse, Mostbröckli, Knobli-Pantli). Beliebt sind vor allem Maja Jägers hausgemachte Zimtfladen, ihre Meringues mit frischem Alprahm oder Parfaits mit Beeren- oder Fruchtsaucen. Wer warm essen und dazu einen guten Wein trinken möchte, dem empfehlen wir, vorher anzurufen; gerne kocht die Wirtin für kleinere Gruppen und Gesellschaften, wobei folgende Köstlichkeiten bestellt werden können: Zwetschgenbraten mit Älplermagronen (mit Dörrzwetschgen gespickter Schweinehals), Hackbraten mit Knöpfli oder Schweinsfilet im Teig. Im Herbst dagegen ist Maya Jägers Rehpfeffer sehr begehrt.

Naheliegend, dass sowohl Fleisch wie Milch, der herrliche Alpkäse und der Rahm direkt von der Alp Blattendürren oder vom Hof in Schwellbrunn kommen und mit Berechtigung das Prädikat „Appenzellerland – rundum gesund" verdienen. Und wer Glück hat und wenn der Zufall es will, kommen während seinem Besuch unverhofft Einheimische in die knapp 35 Personen Platz bietende Stube und beginnen auf einmal zu jodeln oder gar zu zauern, und zwar mit einer Inbrunst und inneren Freude, die aus tiefsten Schichten ans Licht der Welt treten; auch Frau Jäger jodelt manchmal und beschenkt damit ihre Gäste. Mit andern Worten: Die einstige Militärwirtschaft gehört, wie eingangs erwähnt, zu den behaglichsten Bergwirtschaften des Alpsteingebietes.

Und das will etwas besagen. Es gibt ja deren nicht wenige. Der Duft von Bergkräutern, die Ruhe, das Grün der Wiesen, die Felswände weit weg, das friedlich weidende Vieh, die zu Streichen aufgelegten Appenzellerziegen, das gelegentliche Gebell des Bläss und nicht zuletzt die schmackhaften Speisen ergeben zusammen jene Atmosphäre, die man unten in den Städten und Dörfern und auch drüben auf der von Cars und PWs so oft verstopften Schwägalp ganz selten oder überhaupt nie findet.

„Hochalp" oder Im Haus des Wettermachers

Wenn man nach Urnäsch bei der Grüenau von der immens befah-

renen Strasse zur Schwägalp rechts abzweigt und einem geteerten Bergsträsschen folgt, rechnet man zunächst kaum damit, auf eine Alp zu geraten. Die Steigung ist zwar ziemlich konstant, aber den Wechsel von Weidehängen und Wäldern kennt man von andern Hängen des Appenzellerlands, die oft auf eine schöne Höhe führen, ohne dass man sich nachher auf eine Alp versetzt weiss. Beim letzten steilen Anstieg, bei einem Bauerngut, das „Nasen" genannt wird, kann der Wanderer das Strässchen verlassen und einen Serpentinenpfad durch die Wiesen zur Hochalp hinauf benutzen; und auch der Autofahrer muss von hier aus zu Fuss gehen. Ein Fahrverbot macht es deutlich.

Das grosse Berggasthaus hebt sich schon weit unten deutlich vom Horizont ab. Bedenkt man die Transportmittel, die früher den Bauleuten und Handwerkern zur Verfügung standen, ist man immer wieder über die Grösse der Berggasthäuser im Alpsteingebiet erstaunt. Wie haben sie damals nur all die Balken, Schindeln, Bretter und Werkzeuge usw. hinaufgeschleppt?

Wie immer, die weite Sicht, die wir oben geniessen können, und weidende Kühe und Rinder zeigen uns, dass wir auf einer Alp sind. Das Berggasthaus „Hochalp" befindet sich genau 1530 m ü.M. Obwohl die Gaststube sehr geräumig ist, wecken Täferung und Möblierung Erinnerungen an Alphütten. Dass die Wirtefamilie mit einfachen Mitteln und schönen Gedecken angemeldeten Gesellschaften einen besonderen Rahmen für Feste und Firmenanlässe bietet, beweisen Fotos, die uns Hans Fuchs, der Wirt, vorlegt.

Die Gartenwirtschaft finden wir auf der Südseite des Hauses. An klaren Tagen geniesst man auf der Hochalp eine Rundsicht, die den Vergleich mit dem tausend Meter höheren Säntisgipfel durchaus nicht zu scheuen braucht. Man sieht den Bodensee, den Feldberg und weit ins Deutsche hinaus, ebenso den

Berggasthaus „Hochalp"
Familie Hans Fuchs-Ammann
Hochalp, 9107 Urnäsch AR
Tel. 071 364 11 15
Ruhetag: keinen, von mitte Mai bis Allerheiligen durchgehend offen, im Winter bei gutem Wetter am Wochenende

Titlis, den Pilatus und die Berner Alpen.

Nebst Wanderern aus der Ostschweiz und dem süddeutschen Raum besuchen immer wieder zahlreiche Stammgäste die „Hochalp". 1919 erwarb sie der Grossvater des heutigen Wirtes. Sie besteht seit etwa hundertfünfzig Jahren. 1902 war die Beiz, wie wir vom Wirt erfuhren, noch eine einfache Sennhütte.

Hans Fuchs lebt bereits seit mehr als sechzig Jahren im Sommer auf der Hochalp. Als Dreijähriger sei er hinaufgezogen, erzählte er uns, und der Schulweg

Für einmal ohne Sonne: Die „Hochalp"

nach Urnäsch sei früher kein Sonntagsspaziergang gewesen, man habe damals noch keine motorisierten Fahrzeuge besessen. Sein Blick wandert beim Reden über die Wände. Er vermisst das Zeller-"Bildli", ein Knabenbildnis, das der Maler Zeller von ihm gemalt hat. Aus der offenen Küche erhält er den Bescheid, dass das Bild im oberen Stockwerk hänge. Der Wirt lässt es holen, zeigt uns die Reproduktion. Anstelle der charakteristischen Appenzeller Pfeife steckt eine Alpenrose im Mundwinkel des Knaben. Nicht ohne Stolz hängt Hans Fuchs das Bild an den angestammten Platz in der Gaststube.

Gesellschaften können ein Menü oder ein reichhaltiges Frühstück bestellen. Aber auch unerwartete Gäste müssen ihre Beine nicht vergebens unter den Tisch strecken. Angeboten werden (manchmal von der mitarbeitenden Tochter) Kartoffelsalat, Schüblig und Appenzeller Spezialitäten. Der Käse stammt aus dem eigenen Betrieb, Schweine- und Rindfleisch zum grössten Teil ebenfalls. Zu empfehlen ist eine Portion Alpkäse. Man kann ihn übrigens auch kaufen und nach Hause mitnehmen. Er be-

Ein Wettermacher wird interviewt

181

wahrt sein unverkennbares Aroma. Was immer Käsehändler dazu sagen mögen, das Plus an Kräutern und Blumen unterscheidet den Alpkäse von allen anderen Sorten und macht ihn besonders kräftig. An einer anderen Wand hängt zudem ein Diplom, das Herrn Fuchs einen exzellenten Alprahm bescheinigt. Man muss es nicht unbedingt lesen; es genügt, einen Kaffee mit Rahm zu bestellen.

Als einziges Gasthaus im Kanton haben die „Füchse" auf der Hochalp nie mit der „Stubete" aufgehört. Alljährlich findet am nächstgelegenen Sonntag des Jakobitags (25. Juli) mit einer Streichmusik die Jakobifeier statt. Als eine Art Abschluss der Alpsaison feiert man zudem am dritten Sonntag im August die traditionelle „Alpstobete".

Zu unserem Erstaunen berichtet der Wirt, dass er etwas vom ehemaligen Angebot, welches früher als minder eingestuft wurde, auf Wunsch der Gäste wieder eingeführt habe: das Strohlager nämlich. Es würde heutzutage offenbar als besonderes Erlebnis gelten, im Stroh zu übernachten. Wer Betten und Matratzen vorzieht, dem stehen Zweier- und Dreierzimmer sowie das Massenlager zur Verfügung. Es ist ja nicht allein das Stroh, das eine Nacht zum unvergesslichen Erlebnis macht.

Bevor wir gehen, wirft Herr Fuchs noch einen kritischen Blick auf das Barometer; der Stand will ihm gar nicht gefallen. Er klopft heftig gegen das Glas. Ich weiss nicht, wie oft dieses Verfahren einen günstigen Wetterumschwung hervorgerufen hat, diesmal verläuft nicht alles nach Wunsch. Der Zeiger fällt noch tiefer. Hans Fuchs, der auf uns wie ein Wettermacher wirkt, zuckt mit den Achseln, geht in den Stall. Der Tiefstand muss uns Wanderer nicht unbedingt erschrecken: In zwei Stunden sind wir in Urnäsch, in zweieinhalb Stunden würden wir die Schwägalp erreichen.

Und ein letztes noch: Auch im Winter sollte man wenigstens einmal die Hochalp aufsuchen. Bei guten Schneeverhältnissen dient das Bergsträsschen nämlich als beliebte Schlittelbahn. Und nicht allein für Jugendliche ...

René Sommer

Appenzeller Mittelland: Wer grossartige Fernsichten will, muss es kennen

(wb) Nicht ganz so hoch hinauf wie im Hinterland geht's im Appenzeller Mittelland. Aber Berge gibt es auch. So wurde der Gäbris (1246 m ü.M.) zum eigentlichen Berg der St.Galler, während der Sommersberg (1172 m ü.M.) als Ziel sonnensüchtiger Rheintaler gilt, der Schwäbrig (1162 m ü.M.) den Wettermachern gehört und auf der Hohen Buche (1145 m ü.M.) noch mancher dem alten Gasthaus nachtrauert, das vor ein paar Jahren dem Feuer zum Opfer fiel. Am Rand zum Ausserrhodischen stehend, gehört auch der Hirschberg (1167 m ü.M.) dazu. Wenn wir auf den folgenden Seiten nur eine Handvoll Wirtschaften erwähnen, so hat dies seinen Grund. Der ständige Hunger nach Sonne und die häufige Flucht vor dem Nebel von so vielen „Unterländern" hat eben manchen Wirt und manche Wirtin aus Umsatzgründen veranlasst, zu vergrössern und noch vor wenigen Jahren intakten Gasthäusern ein neues Gesicht zu geben (z. B. dem bereits zum Innerrhodischen gehörenden „**Hohen Hirschberg**" mit einem Anbau). Diese Entwicklung ist offenbar nicht aufzuhalten.

Dennoch empfehlen wir gern noch die eine oder andere, nicht ausdrücklich von uns porträtierte Wirtschaft: den „**Steig**" in Bühler, den „**Bären**" im Schlatterlehn oder die „**Jägerei**" (beide in Teufen), den „**Sand**" oberhalb der wahrscheinlich geschlossenen und von ihren Fans sehr vermissten „**Grossen Säge**" und die „**Traube**" an der Verbindungsstrasse zwischen Wald und Trogen, in der heute mit Paul Jakob der unter „Grosse Säge" (sh. 191) vorgestellte Wirt wirkt, den „**Unteren Gäbris**" oder das „**Untere Sägli**" (Speicher), in dem der letzte durchs Schwert enthauptete Appenzeller Mörder vor seiner Gefangennahme öfters verkehrt haben soll (sh. Walter Züsts Roman „Der Weg zum Richtplatz", der Dörfer und Landschaften des Mittellandes eindrücklich beschreibt).

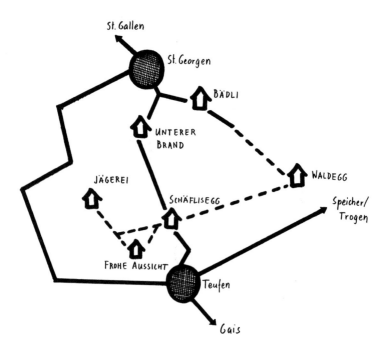

Spaziergänge über St.Gallen

(wb) Einst brachte es doppelte Freude, vom zu St.Gallen gehörenden St.Georgen oder vom Riethüsli aus auf steilen Wegen gegen Teufen hinauf zu spazieren. Eine wunderschöne Landschaft, oft von der Sonne erhellt, während weiter unten nichts als Nebel wallt, erwartete jeden. Hinzu kamen gemütliche Beizen.

Dies hat sich – wohlverstanden aus unserer Sicht – etwas geändert. Die herrliche Landschaft ist geblieben, die zahlreichen Beizen sind in den meisten Fällen renoviert worden oder gar verschwunden. Gleichwohl empfehlen wir unsern Lesern und Leserinnen eine Wanderung zwischen St.Gallen und Teufen.

Wir wandern zuerst zum **„Bädli"**, in dem einst badewannenlose St.Georger gebadet haben und das bis heute sein Wasser von einer Quelle bezieht. Doch die ganz eigene, in den letzten Jahren etwas alternativ wirkende Beiz gibt es nicht mehr. Hansruedi Weber, ein glänzender Koch, hat sich auf seine EDV-Arbeit zurückgezogen und die von ihm kreierten Gerichte sind leider für Liebhaber guten Essens nur noch ein Träumli. Die bald hundertjährige Beiz unter der Starkstromleitung wurde zu einer Wohnung umfunktioniert.

Also gehen wir halt, nachdem wir das „Bädli" von aussen besichtigt haben, einige Schritte zurück und peilen den immer noch auf St.Galler Boden stehenden **„Un-**

Als das „Bädli" noch das „Bädli" war
(*Brigitte Gegner*)

teren Brand" an, entweder auf selten befahrenen Waldpfaden oder, sollte es Winter sein, auf knirschendem Schnee. Nach gut zwanzig Minuten taucht der „Untere Brand" auf: Ein altes, beeindruckendes Bauerngehöft, das im Besitze der Ortsbürgergemeinde St.Gallen ist und von einer Bauernfamilie bewirtschaftet wird. Leider wurde die Gaststube und des Sälchen im üblichen Stil saniert. Dennoch, der Glühwein wärmt im Winter vorzüglich, die kräftige und nahrhafte Suppe ist stets selber gemacht und sowohl Fondue wie Pouletbrüstchen dürfen sich sehen lassen.

Dann geht's langsam weiter: Zuerst geradeaus, dann einen düsteren Wald hinunter und anschliessend auf einer wenig befahrenen Strasse während knapp dreissig Minuten hinauf zur „**Schäflisegg**", einst eine Bergwirtschaft, heute eine fast herrschaftliche Speisewirtschaft, die häufig von Kindergeschrei umtost wird. Aber Achtung beim Hinaufwandern: Im Sommer stechen manchmal neben Autos Mountainbiker in die Tiefe, im Winter (auf eigenes Risiko) Schlittenfahrer, selbst bei nebeligem Wetter.

Doch das Schwitzen im Verlauf des Aufstiegs lohnt sich allemal. Oben sieht man auf einmal den ganzen Alpstein, den Säntis, den Schäfler, den Hohen Kasten, den Kamor, Gipfel, die ein gewisser Friedrich Hölderlin, als er im thurgauischen Hauptwil weilte, einst fälschlicherweise als Alpen besungen hat und die fast immer hoch über dem Nebelmeer liegen (sh. „Waldschenke" von Bischofszell). Und wer sich satt gesehen hat, kann entweder in der „**Schäflisegg**" eine Verschnaufpause einlegen oder hinüber zur vollständig computerisierten „**Waldegg**", vielleicht die beste Speisewirtschaft des Appenzells, wandern oder – wir ziehen es vor – auf einer schmalen Krete und durch den Wald die „**Jägerei**" anpeilen, ein Bauerngut, dessen kleine und heimelige Wirtschaft freilich desöfter erst gegen siebzehn Uhr geöffnet wird.

Wer nicht so lang warten mag, dem steht die geschmackvoll renovierte „**Frohe Aussicht**" zur Verfügung, die einen herrlichen Rundblick zum Alpstein erlaubt

Drei gehen zur „Jägerei" (Brigitte Gegner)

und tagsüber eher an ein Café (mit Kuchen) gemahnt denn an jene Beiz, die sie einmal gewesen ist. Und später, so man wieder über die notwendigen Kräften verfügt und die Sonne langsam am Horizont entschwinden will, können Sie ja gleichwohl über die „Jägerei" zum Riethüsli hinuntersteigen oder nochmals den Weg zum „Unteren Brand" wählen. Das eigene Auto oder die häufig fahrenden Busse führen Sie von dort nach St. Gallen zurück.

Der „Sommersberg" blüht auch im Winter

Schliesslich kriegten sie die Kurve wieder (zu Fuss), dort, wo der Twingo, es war April, partout nicht mehr weiter wollte, wo die Strasse bei jedem Schritt weisser wurde, der Nebel alles aussichtslos machte, einer im Schnee zurückblieb, die andern doch noch einholte an der Vorderseite des langgezogenen Hofes, die aussah wie die Rückseite.

Bergwirtschaft „Sommersberg"
Familie Schläpfer
9056 Gais AR
Tel. 071' 793 11 31
Ruhetag: Mittwoch

Ums Haus herum, an den Gartentischen vorbei, die gedeckte Treppe, Schirm zu, Tür auf. Wie eine Ansichtskarte alles: Auf der Rückseite steht „Wirtschaft Sommersberg 1172 m", darunter „Fam. E. + K. Schläpfer, Gais". Von Gais

her sind sie auch gefahren, die seltsamen Gäste, von denen ausgerechnet einer Sommer hiess. An der in die lokalen Schlagzeilen geratenen Klinik vorbei, an Parkplätzen vorbei, wo man den Twingo hätte stehenlassen können. Ein Wegweiser machte es klar: An sich könnte man bis zur Wirtschaft fahren. An sich.

Doch der Sommersberg ist halt eher Bestandteil einer Wanderung, die je nach Bedarf ausgedehnt oder verkürzt werden kann. Und eigentlich wäre hier ein lohnender Schlusspunkt vor dem Abstieg nach Gais; denn die Aussicht von der Gartenwirtschaft zum Rheintal hinunter oder auf der andern Seite zum Alpstein hinüber hat es in sich. Pater Ambrosius, der Mörderjäger des orte-Verlages, war hier, hoch auf einem Pferd sitzend. Wie bitte? Die Wirtin, Frau Emmy Schläpfer, kann es bezeugen. Der Pater hat mit ihr einen Halben getrunken.

Seit 1987 wohnen und leben die Schläpfers im „Sommersberg", mit ihren zwei Buben und den zwei Mädchen. Der Schulweg kann

Der „Sommersberg" im Nebel

Der Twingo-Fahrer unterhält sich mit der Wirtin (über Schirme)

mühsam sein. Haltestelle Riedtli zwischen Stoss und Gais. Aber sie schaffen es, alles: Milchwirtschaft, Kalbmästerei, Geissenaufzucht, fünf oder sechs Rinder vom Besitzer der einstigen Alp und Gasthaus. Der Wein wird gebracht, aber sonst müssen die Schläpfers alles selber holen, auch das Bier im Depot. Mit Allrad und Spikes für alle Fälle, nicht mit einem Twingo. Die Gäste nicken. Ihr Hund (schwarzweiss) liegt unter dem Tisch.

Samstag und Sonntag ist übrigens Fahrverbot. Da kommen Familien, wandernd mit ihren Kindern. Und dann staunen die fast eingeschneiten Gäste, wie die Wirtin ihnen berichtet: Der Sommer sei auf dem Sommersberg eine flaue Zeit, es sei halt zu heiss. Hingegen im Herbst laufe viel, die Leute würden aus dem Nebel flüchten, und auch der

schneefreie Winter bringe zahlreiche Gäste; alles hat eben auch seine guten Seiten.

Es gibt freilich keine Menüs zum Schlemmen, dafür auf Bestellung am Sonntagmorgen von 9 bis 11 Uhr Zmorge mit Zopf – und natürlich stets eine Suppe oder Spiegeleier. Darauf einen Kaffee „Sommersberg". Aber nicht zwei oder drei, sonst wird's kritisch.

Und wenn die Füchse zu den Hühnern, Pfauen, Gänsen und Kaninchen kommen? „Und *wie* sie kommen!" sagt Frau Schläpfer, „und erst recht der Rote Milan!" fügt sie hinzu. Die Gäste nippen und schauen in das kluge Gesicht der Wirtin. Es wird Zeit, zu gehn, die Tage sind noch kurz und der Nebel wird nicht lichter. Warum nicht im Sommer hier auftauchen, wenn die Tage länger sind und kein Nebel weit und breit? Einer

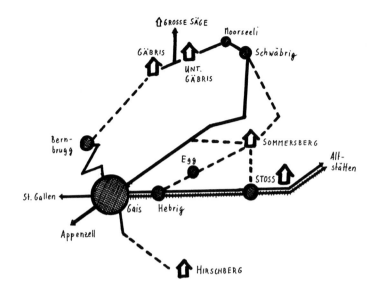

lässt jedenfalls den Schirm stehn. Er werde bald wieder auf dem Sommersberg sein, erklärt er. Die andern lachen im Schnee, aber sie werden hier auch wieder zu sehen sein, später. Und der schwarzweisse Hund jagt den schwarzweissen Hund vom „Sommersberg". Und der bleibt vor dem Twingo stehn, während dieser sich aus dem tiefen Schnee würgt. „Den Schirm brauch ich nicht mehr", sagt jener, der ihn (absichtlich) vergass, „ich habe noch viele." Und die andern lachen bis Gais. Doch der Hund lacht nicht. Er denkt noch immer an die tolle Jagd im Schnee und an die warme Stube mit dem Kachelofen und an die zwei oder drei Tische und natürlich an den Sommer, wenn er mit seinem Meister wieder dorthin darf.   *Ueli Schenker*

Einige Wandertips: Vom Sommersberg kann man beispielsweise über den Schwäbrig, wo Kachelmann zum Ärger so vieler Wandervögel, ähnlich wie Fernsehen DRS, oft falsche Wetterprognosen stellt, auf dem Meteowanderweg zum Gäbris hinüber, wo wir eine Pause eher im **„Unteren"** als im **„Oberen Gäbris"** empfehlen. Von dort wäre es dann zum Restaurant **„Bach"** von Hansueli Anderegg nur noch ein Pappenstiel. Wer eher auf die andere Seite möchte, steigt vom Sommersberg zur Schlachtkapelle **„Stoss"** hinunter, und dann geht's hinein zu den Zellwegers ins gleichnamige Restaurant. Und wer hernach noch immer nicht müde ist, kann zum **„Hohen Hirschberg"** hinauflaufen, der an Höhe den Sommersberg noch um ein paar Meter überragt. Es könnte sich wegen der Aussicht nochmals lohnen.

Eine fotogene Wirtin, die sich nicht fotografieren lässt

(rs/wb) Die Appenzellerbahn St.Gallen-Gais-Stoss-Altstätten führt den Gast zum Restaurant „**Stoss**" (Tel. 071' 793 12 75). Die Bilder in der Schlachtkapelle und ein Denkmal widerspiegeln nationale Auseinandersetzungen, die sich heutzutage eher in Fussballstadien ereignen, zum Beispiel in einer Partie zwischen Österreich und der Schweiz. Weil die Bauern damals nicht abkömmlich waren, stürzten sich die Frauen in Männerkleidern in die Schlacht. Man kann darin einen Vorläufer zur modernen Frauenbewegung sehen, die Diverses den Berg hinunterrollen liess, unter anderem Baumstämme.

Niemand kann leider das Geheimnis enträtseln, warum sich die fotogene Wirtin in der Nähe dieses – allerdings vergangenen – weiblichen Heldenmuts durchaus nicht fotografieren lassen will. Die Wirtschaft bleibt so oder so eine Art Insel. Wie früher alles, sauber, währschaft und heimelig und eine Wirtin, die gern zu einem sitzt und bei einem Halben samt Käse oder Trockenwurst freundlich über dies oder jenes Auskunft gibt. Nur fotografiert zu werden, das liegt für Frau Zellweger nicht drin …

THE KID oder Die Treue des Wirts ist grenzenlos

Die „Grosse Säge" ist leider geschlossen.
Aus Gründen der Nostalgie bleibt der Text jedoch in unserem Buch!

Ein prächtiges Haus an einer Wanderwegkreuzung bei Bruderwald. Und tief unten. Dazu eine schöne Gaststube, daneben ein Säli, so, wie's immer schon war. In der Nachbarschaft die Säge: Manchmal hört man es surren, früher angetrieben vom Bruderbach, heute läuft's elektrisch. Oder dann ist es Paul Jakob, Wirt und Landwirt in einer Person, der surrt.

„Irgendwann wird's nicht mehr hell am Morgen. Dann regnet's nur noch", philosophiert er.

Ein grosser grüner Kachelofen signalisiert Gemütlichkeit.

Und einer von uns ist für Paul der Reserveheiland. Wir sagen nicht, wer. Es gibt spritzige Sprü-

„Grosse Säge"
Bruderwald,
9043 Trogen AR
Tel. 071' 344 32 59
Ruhetag: Montag

che. Manchmal bei Bedarf auch Gerstensuppe. Am Montag ist geschlossen (das muss man wissen). Gekocht wird, wenn Leute etwas bestellen. „Maiensässer"

kommt auf den Tisch (Ostschweizer Blauburgunder).

„Ich schuli?" fragt Paul VII. (Was auf gut deutsch etwa heisst: „Bin ich schlimm?") Sechs Personen suchen einen Autor. Aber Fragen werden vom Wirt mit Fragen beantwortet. Pauls Hände sprechen zudem Bände und suchen andere, weibliche eher. Die Nachbarin heisse Silvia Schneider und seine Treue sei grenzenlos.

Eine Frage, um das Thema zu wechseln: „Heizisch s'ganz Huus mit dem Chachelofe?" Gegenfrage: „Muesch du do früüre oder ii?" Gelächter. Eine Wirtschaft zum Sitzenbleiben.

Vor dem Abschied noch aufs WC. Auch dieses hat Stil. An der Wand hängt ein Plakat: Charlie Chaplins THE KID. Was hängt wohl in der Damentoilette? Ein

Die „Grosse Säge" des Paul Jakob

191

Stilleben

Foto von Paul Jakob? Er steht unter der Tür und winkt uns nach. Kurz vor Redaktionsschluß erfahren wir, dass Paul Jakob in die „Traube" (sh. 184, Tel. 071' 344 13 80) gewechselt hat. Was hier über ihn und seine Wirtschaft geschrieben steht, gilt jetzt für die „Traube". Dennoch bleibt zu hoffen, dass die „Säge" wieder aufgeht.

Ueli Schenker

Statt zur „Säge" vielleicht zum „Bach" …

Nicht weit entfernt von der eben erwähnten „Traube" wirtet Spitzenkoch Hansueli Anderegg (früher „Barcelona", St. Gallen) in der abgelegenen, aber einmaligen Wirtschaft **„zum Bach"** (Tel. 071' 344 11 70). Sie ist ein echtes Appenzeller Schmuckstück nahe einer Sägerei, mit einem Gärtli und einem Holzofen vor dem Haus, auf dem der Wirt wie ein Künstler zaubert. Wanderer kehren speziell am Wochenende ein. Sie kommen vom Suruggen oder vom Gäbris oder von sonst woher. Für sie gibt es auch kleinere Sachen auf der Speisekarte. Im Winter ist zudem der Schlittelweg von der Landmark beliebt. Geschlossen ist der „Bach" Mittwoch und Donnerstag. Mit dem Auto erreicht man die schöne Wirtschaft, indem man von Trogen oder Wald her kommend in der Nähe der „Traube" das Strässchen nimmt, das zur Goldach und zur Wirtschaft hinunterführt.

Hansueli Anderegg vor seinem „Bach"

Warten auf die Auferstehung

(oder: Die „Hohe Buche" ist nicht mehr die „Hohe Buche")

(wb) Noch vor wenigen Jahren war sie eine sehr schöne, wenn nicht die schönste Bauern- und Alpwirtschaft des Mittellandes. Doch dann schlug bei einem gewaltigen Unwetter der Blitz ein. Und bis die Feuerwehr von Bühler, zu dessen Gemeindegebiet die „Hohe Buche" gehört, und jene von Trogen erscheinen konnten, war es mehr als nur zu spät. Umgestürzte Bäume auf der schmalen Fahrstrasse waren daran beteiligt.

Wie es heute auf der „Hohen Buche" aussieht, schildert Ueli Schenker folgendermassen: Hohe Buche, 1130 m ü.M. Fantastische Aussicht und viel Volk. Die alte Wirtschaft brannte 1991 ab. Die Profile für das neue Haus stehen schon. Ein Container dient als Provisorium. Kein Platz mehr an den Tischen. Vielleicht doch besser werktags (wir kamen am Sonntag).

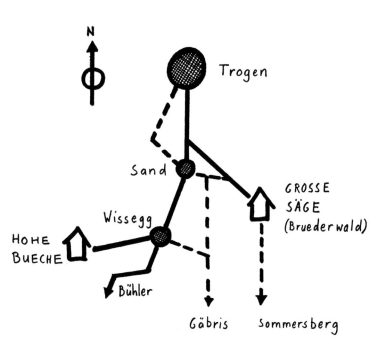

Appenzeller Vorderland, Terrassen und Höger über dem schwäbischen Meer

(wb) Was wir in Sachen Schönheit dem Appenzeller Hinter- und Mittelland attestierten, gilt ebenso – oder vielleicht noch mehr – für die sanfte Hügelwelt des Vorderlandes, die bis über 1100 m ü.M. reicht und die Dörfer Wald, Rehetobel, Appenzellisch Grub, Heiden, Lutzenberg, Wolfhalden, Walzenhausen sowie Reute und zahllose Weiler (unter anderem das Dörfchen Lachen, das Kinderziel Wienacht oder Mohren hoch über dem Rheintal) umfasst. Auch die innerrhodische Enklave Oberegg (ihr höchster Punkt 1136 m ü.M.) zählen wir zum Vorderland, zumal sie recht weit vom andern Halbkanton, dem Kanton Innerrhoden, entfernt ist.

Wie immer, eine herrlichere

194

Aussicht zum Bodensee oder ins stellenweise ziemlich verbaute Rheintal hinunter, zum Pfänder und den Vorarlbergeralpen hinüber müsste erst gefunden werden. Und wenn man sich auf einer der Kreten oder einem der zuoberst oft von einem Baum oder Bäumchen bewachsenen, fürs Vorderland typischen Hoger befindet, sieht man manchmal gar auf beide Seiten: zum schwäbischen Meer (wie die Deutschen den Bodensee nennen) und zu den Alpsteinketten (etwa vom Kaien, von der Fromserrüti, vom St. Anton oder von der Eggen aus).

Wir aber stellen Ihnen auf den nächsten Seiten die unseres Erachtens gemütlichsten und lebendigsten Wirtschaften des Appenzeller Vorderlandes vor. Die meisten von ihnen sind erst nach etlichen Treppentritten zu finden. Der Grund: Im ersten Stock ist es im Winter seit jeher wärmer als im Erdgeschoss. Und zudem haben früher die selten begüterten Appenzeller Wirte und Wirtinnen im Parterre oder gar im oft feuchten Keller ein zweites Gewerbe gepflegt, um einigermassen über die Runden zu kommen. Da gab es Bäckereien, Mühlen, Spezereiläden oder Metzgereien, seltener (wie in fast allen „normalen" Bauernhäusern und -häuschen) Stuben für Seidenweber, die höchstens zwei, drei Kühe besassen, täglich zehn, zwölf oder vierzehn Stunden lang Seide woben und diese alle paar Wochen auf steilen Pfaden reichen Fabrikanten ins Tal hinuntergebracht haben.

Dass heute wie damals alle diese Wirtschaften problemlos zu Fuss erreichbar sind, können wir versichern. Einige von ihnen sind gar durch eigentliche Themenwanderwege (dem populären und viel begangenen Witzwanderweg, dem Gesundheitsweg, dem Rheintaler Höhenweg usw.) miteinander verbunden. Auf alle Fälle: Die Högerwelt des Vorderlandes mit seinen Tobeln und Terrassen, seinen Streusiedlungen, Weiden und unzähligen Wäldern und Wäldchen fasziniert. Und wer es kennengelernt hat, wird es vermutlich nie mehr vergessen. Nicht umsonst wurden bereits in vergangenen Zeiten die Vorderländer Kurhäuser gerühmt, haben Wunderheiler und zahlreiche Sekten diese Gegend für sich erobert. Man weiss eben, wo es sich gut leben lässt. Dass wir jedoch einige wunderschöne Wirtschaften ausklammern oder nur am Rand erwähnen, hat seine Gründe. Sie haben in den letzten Jahren ihre Türen wohl für immer geschlossen. Darunter das verträumte „Chastenloch", das einst als Kulturbeiz geltende Rehetobler „Landhus" und das „Rössli" zwischen „Urwaldhus" und „Aachmühli", die Pantli-Beiz „Heimat" in Walzenhausen, die abgebrannten Wirtschaften „Gebertshöchi" oder „Falken" (wo heute Antisemiten hausen) und viele andere.

Darum unser Rat: Besuchen Sie jene im besten Sinne typischen Vorderland-Beizen, die es noch gibt. Die eine oder andere von ihnen dürfte früher oder später ebenfalls dem berühmten

Zahn der Zeit zum Opfer fallen. Und dann ist es zu spät, in ihnen ein Gläschen trinken und sich an vergangene Zeiten erinnern zu wollen.

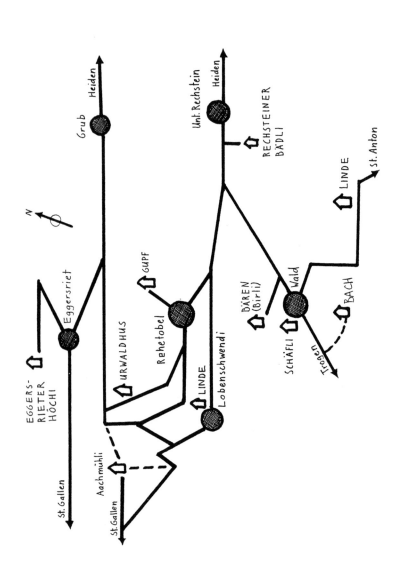

Ein „Urwaldhus", das ein Siechenhaus gewesen ist

Der Kaffee ist praktisch in dem Moment schon da, wenn er bestellt wird. Die Wirtin Ruth Pflugi macht dabei kein Wettrennen um die Gunst des Gastes; sie arbeitet einfach rasch und speditiv.

Ihre Wirtschaft liegt an einer beliebten Wanderroute, die im Naherholungsraum St.Gallens auf den Kaien, den Gupf oder zur **„Aachmühli"** führt. Sie kann auf ihre Stammgäste zählen, gilt doch das „Urwaldhus" im Weiler Robach (Rehetobel) für Bauern, andere Rehetobler und Auswärtige als Beizli mit Ambiance. Die frühere Wirtin Susi Sturzenegger verstärkt den liliputanerhaften Eindruck, den die Tür erweckt. Als wohl einzige Wirtin des Kantons Appenzell Ausserrhoden musste Frau Sturzenegger beim Betreten ihrer Gaststube ständig den Kopf einziehen; sie führte die Bewegung mit grazilem Charme aus. Ein Gast, der sie nachzuahmen versucht, läuft Gefahr, den Kopf anzuschlagen. „Die Tür ist das einzige, was nicht grösser wird", bemerkte der damalige Wirt.

Das Durchschlüpfen bekommt in diesem Haus eine besondere Bedeutung. In welchem Restaurant gibt es schon ein Seelenfenster in der Toilette zu besichtigen? Nirgends auf der Welt, nur im „Urwaldhus"! Bereits im Korridor fällt eine kleine, klappenartige Durchreiche auf. Darüber hängt ein Tüchelbohrer mit langem Stiel. Dass dieses Gebäude viel zu erzählen hat, sticht ins Auge. Es ist eine Fundgrube für Geschichten. Der Gast fühlt sich in die magische Welt des Mittelalters versetzt, wenn die Wirtin davon berichtet, dass das Gebäude vor fünfhundert Jahren während der Pestzeit und Choleraepidemien als Siechenhaus gedient hat. Die (noch) gesunden Leute griffen damals einer Richtung der Ausgrenzung voraus, die heutzutage eher Patienten mit

Restaurant „Bären"
(genannt „Urwaldhus")
Ruth Pflugi
Robach, 9038 Rehetobel AR
Tel. 071' 877 14 65
Ruhetag: Montag
Öffnungszeiten: Ab 15,
Sa/So ab 10.30 Uhr

schweren psychischen Erkrankungen erleben; über eine Leiter wurden damals unheilbar Kranke regelrecht in das türen- und weitgehend fensterlose Siechenhaus „transportiert" bez. geschoben. Und die schmale Durchreiche für das Essen sollte Gesunde vor Ansteckungen bewahren, während die eingekerkerten Todgeweihten ihre letzten Erdentage weit eher in einem Verliess als in einem Haus verbringen mussten.

Sich dies vorzustellen, bringt heute wohl manchen Zeitgenos-

sen zum Schaudern. Einst gab es im „Urwaldhus" auch ein Zimmer (heute ist's die Toilette), aus dem das bereits erwähnte – recht winzige – Seelenfenster ins Freie führte. Durch dieses Fensterchen, so glaubte man, konnte die Seele eines eben Verstorbenen in die bessere oder schlimmere Welt entweichen ...

Einen Zugang zu einer anderen Zeit bietet auch das in den Wandschrank gebaute Bett in der heutigen Gaststube. Es war früher die einzige Liege in einem vom Kachelofen geheizten Raum. Aber heute schläft niemand mehr in diesem von karierten Vorhängchen geschmückten Bett (oder macht auf ihm ein Nickerchen) – in der Nische befindet sich vielmehr die Radioanlage.

Der Name „Urwaldhus" lässt desweitern vermuten, man müsse nur vor die Haustür treten und schon befinde man sich mitten in einem dunklen Wald. Dem ist natürlich nicht so; und auch die Chance, einem Bären zu begegnen, ist relativ gering. Statt dessen empfängt den Gast draussen eine kleine, jedoch hübsche Gartenwirtschaft und entführt ihn in eine heute selten gewordene Stille; kein Panoramablick, den fotografierende Touristen verstellen, wird allerdings geboten, dafür die Sicht auf Wiesen und zu einem Waldrand, der auf den Betrachter beruhigend wirkt.

Die frühere Wirtin beim Betreten der Gaststube

An der Rückwand des „Urwaldhus'"
(Peter Eggenberger)

Ein Porträt an einer der Wände der heimeligen Wirtsstube stellt einen flüchtigen Moment dar: Die im Nachhinein berühmt gewordene frühere Wirtin Frieda Fässler steht auf diesem Foto an einem Fenster ihrer Bauernbeiz. Das Bild löst Neugierde aus. Man möchte etwas über die ledige Frau mit ihren acht Geschwistern erfahren. Zum Glück scheute Susi Sturzenegger nicht davor zurück, Wundernasen zu erzählen, dass Frieda Fässler den Geruch von Käse – im Gegensatz zu jungen männlichen Gästen, die sie gerne im Haus behalten habe – gar nicht mochte. Selbst Schatzsucher könnten im „Urwaldhus" fündig werden; hartnäckig hält sich nämlich das Gerücht, die einstige Chefin des „Bären" hätte alte Münzen im Keller unten ausgegraben, hernach gesammelt und ausgestellt ... und später wiederum im Haus versteckt.

Wie immer, an frühere Zeiten erinnert auch eine Öllampe. Sie hängt an einer langen Eisenstange im Saal, erinnert entfernt an eine Waage. Der Docht wurde früher in Schweineöl eingelegt, bevor er als brennende Lichtquelle benutzt wurde. Brenzlige Zwischenfälle verdunkeln überhaupt die Geschichte der Wirtschaft; beim Kirchenbrand von 1890 sind leider alle alten Schriften verbrannt.

Doch weg von der Vergangenheit: Die derzeitige Wirtin, die zuvor im Baselbiet gewirtet hat, ist Rehetoblerin und ihr Cordon-Bleu ist weit herum berühmt und sehr günstig (Schweinefleisch). Sie nimmt dazu Appenzeller Käse wie bei den Appenzeller Chäshörnli (auf Bestellung macht sie auch anderes). Selbst von ihren Weinen kann man nur träumen.

Zu sprechen gibt derzeit eine als sanft deklarierte, von der Gemeinde angestrebte Renovation: Die Küche wird erneuert, eine unglaublich kostspielige Heizung (Erdwärme) ist geplant. Und die Freunde des „Urwaldhus" können nur hoffen, dass die Ausstrahlung dieser einmaligen Wirtschaft nicht flöten geht. Wer traut schon heutigen Architekten? Wir haben es aufgegeben. Möglicherweise wird der Umbau, sofern er beginnt, gar einen Wirtinnenwechsel provozieren.

René Sommer/Werner Bucher

199

„Aachmühli", eine Beiz für Krimiautoren

(wb) Tief unterhalb vom „Urwaldhus", dort, wo die Goldach und der Landgraben aufeinanderstossen, erwartet bestimmt kein auswärtiger Wanderer eine Wirtschaft. Zu sehr evoziert die ganze Szenerie in uns eine Schlucht, in der böse Räuber hausen. Und doch gibt es dort unten, gleich neben einer wunderschönen Holzbrücke, eine Beiz: die „Aachmühli". Es feuchtet davor überall, man hört das Rauschen der Bäche, sieht verlassene und etwas verlotterte Tiergehege und steile, von Bäumen und Büschen bewachsene Borde.

Doch dann tritt man, vorbei an der eher düster wirkenden Gartenwirtschaft, in die „Räuberhöhle" und ist erstaunt, wieviele Gäste am Stammtisch und an den andern drei, vier Tischen hocken und sich rege miteinander unterhalten. Schon bald einmal wird man auch als „Fremder" in die Gespräche einbezogen und der Wirt Kurt Hauser verrät einem (uns wenigstens erging es so), dass die frühere Wirtin Pauline Roth von der „Aachmühli" vor Jahren ins Bündnerland gezogen sei, um in der Nähe von Filisur die ebenfalls in einer Schlucht gelegene Wirtschaft „Bella Luna" zu übernehmen; dort sei sie auf Hinweis eines Schweizers hin von zwei Jugoslawen ermordet worden, ohne dass diese sich gross bereichert hätten.

Man kann's kaum glauben. Rund um die „Aachmühli", in der durchaus ein Krimiautor einen Mord ansiedeln könnte, *hier* scheint eine derartige Untat möglich, hier sagen sich Füchse und Hasen „Gute Nacht" (sofern nicht schon alle Hasen in Fuchsbäuchen verschwunden sind); doch in dieser Schlucht ist Pauline Roth und ihren Eltern, die vor ihr ge-

Restaurant „Aachmühli"
Kurt Hauser
9037 Speicherschwendi
(postalisch),
Wirtschaft gehört zur
Gemeinde Rehetobel AR
Tel. 071' 877 11 31
Ruhetag: Dienstag, im Winter
auch Montag (geöffnet wird
jeweils um 13.30 Uhr)

wirtet haben sollen, nie Böses geschehen. Hingegen dürfte es weiterhin ein Problem bedeuten, von der derart abseits liegenden Wirtschaft mit zu vielen Promillen wieder zu der Strasse St.Gallen-Rehetobel oder eben zum Robach hochzukommen, sei es zu Fuss oder gar, steil, steil geht's auf beiden Seiten aufwärts, mit dem Auto oder Motorrad.

Wie dem auch sei, so manche Wirtschaft hat in den vergangenen Jahren und Jahrzehnten in der

Die „Aachmühli" im Goldachertobel

Goldachschlucht ihre Tür für Durstige für immer geschlossen (etwa das durch viele Anekdoten bekannte „Chastenloch", das „Schaugenbädli", das „Trogener Bädli" usw.); ebenso erging es Mühlen oder längst vergessenen Heilbädern. Einzig die „Aachmühli", deren Name auf „Mühle an der Goldach" zurückgeht, blieb als Beiz für Einheimische und Wandervögel erhalten.

Die alte Mühle ist 1896 samt Bäckerei und Gasthaus abgebrannt, wovon noch die teilweise überdachte Gartenwirtschaft zeugt, in der einst Korn gelagert wurde. Eine grosse Küche à la Baur au lac darf man in der „Aachmühli" nicht erwarten. Bekannt ist aber die Metzgete im Monat Oktober.

Auf Bestellung gibt es zudem kleine, saftige, vom Wirt in der Küche und auf dem Grill zubereitete Steaks – und wer je in seine Wirtschaft kommt, sollte unbedingt einen „Grüüsigen" bestellen. Er fährt allerdings erst ein, wenn man zuvor mehr als ein Bier durch die Kehle rinnen liess.

Unsere geeichte Testerin Erika Koller tat es nicht. Darum, wer weiss?, schwärmt sie vielleicht noch heute von diesem „Grüüsigen"; er, ich durfte einen Schluck aus ihrem Gläschen trinken, ist, falls ich dem Wirt glauben darf, aus Williams, einem Birnenschnitz und etwas Birnensaft zusammengesetzt und verflixt süffig und erfrischend*. Kurt Hauser hat uns allerdings versichert, schon mehr als ein Gast oder eine Gästin hätte nach drei, vier „Grüüsigen" am Ufer der Goldach so lange ein Räuschchen ausgeschlafen, bis ein Regenschauer oder eben der Wirt selber ihn oder

Das leider geschlossene „Chastenloch"
(Peter Eggenberger)

---

*Anderswo im Appenzell gehört zum „Grüüsigen" Wilder Wermuth oder dann wird er aus Aronenkraut gebrannt. Mag sein, dass in der „Aachmühli" gewisse Gäste auch einen härteren „Grüüsigen" erhalten als unsere charmante Testerin.

sie aufgeweckt habe. Sollte dies jedoch für einmal nicht helfen, so sind beim Eingang der „Aachmühli" zum Glück blecherne Tafeln angebracht, auf denen Wiederbelebungsmassnahmen präzis geschildert werden. Kurz, vielleicht müssen Sie vor Ihrem Eintritt in die sympathische Räuberhöhle die Texte auf den Tafeln lesen, um sie später an ihren Begleitern gleich anzuwenden. „Gesundheit!" auf alle Fälle, beim „Grüüsigen"!

„Eggersrieter Höchi" und seine Sicht zum grossen See

(rs/wb) Wer genug vom Goldachertobel und schattigen, verkrauteten Uferwegen hat, der soll auf eine der zahlreichen Höhen rechts oder links der Goldach wandern (natürlich auch vom „Urwaldhus" aus), auf denen hin und wieder gar eine Wirtschaft lockt. So etwa auf dem Kaien das nahezu von Bäumen umschlossene, leider nur am Wochenende, an Feiertagen und während den Schulferien geöffnete **„Haus der Naturfreunde"** oder die bereits zum Kanton St.Gallen gehörende **„Eggersrieter Höchi"** (Tel. 071' 877 13 75), einst eine kleine Bauernwirtschaft (896 m ü.M.); heute, mit am Bauernhaus angebauter Wirtschaft, wird sie vor allem von Pensionierten und sonnensüchtigen Müttern samt Kinderwagen und Zweitauto besucht. Nur am Dienstag steht man vor verschlossener Tür (Ruhetag).

Und wie fast alle Höhen des Vorderlandes bietet sie eine wundervolle Aussicht. Niemand wird (vorausgesetzt, das Wetter spielt mit) auf der Höchi von Eggersriet auf die Sicht zum Säntis und zum Bodensee verzichten müssen; vom Gasthaus sind es nur ein paar Schritte zum von einem Kreuz bestandene Hügelchen, und schon ist die Welt ganz und gar in Ordnung, sieht man den Alpstein *und* den See.

An sonnigen Tagen dürfte die Gartenwirtschaft mit ihren langen Bänken und Tischen neben dem Bauernhof bis auf den letzten Platz besetzt sein. Sie schenkt jedoch genügend Raum, um alle Gäste atmen zu lassen.

Trotz imposantem und vielversprechendem Grill werden meist nur kalte Menüs serviert; Franz Koller, der Wirt, muss halt ebenfalls zum Vieh schauen, muss heuen, holzen, was eben so auf einem Bauernhof an Arbeit anfällt. Im Sommer aber kann sich ein Besuch bei Franz und Rosmarie Koller besonders lohnen: Dann gibt es ausgezeichnete Steaks.

Auch vom grossen See, genau-

Die „Eggersrieter Höchi" der Familie Koller

er von Goldach her über die „**Altburg**" (ebenfalls ein Restaurant) kann man zur „Höchi" hochkommen, ein Weg, meist durch schattenspendende Wälder, der einige Entdeckungen bringt; etwa das sogenannte „Möttelischloss" mit seinem erstaunlich grossen Schlossweiher voller Fische, Frösche und Schilffelder. Oder das „**Iltenriet**", auf dem der ehemalige Strassenrennfahrer Niki Rüttimann als Landwirt auf einem grösseren Betrieb Mutterkuh-Haltung betreibt, während seine Mutter wirtet. Gelegentlich finden im „Iltenried" auch kulturelle Veranstaltungen statt.

Die „Linde" von Lobenschwendi

Auch nahe der Gemeinde Rehetobel gibt es interessante Wirtschaften. So den „**Gupf**" auf 1077 m. Am 1. 8. 1981 brannte die alte Bergwirtschaft ab; dank Emil Eberle gab es bald ein neues Gasthaus, das in die Landschaft passt. Im Innern geschmackvoll eingerichtet, ist der „Gupf" ein Gasthaus für Feinschmecker. An schönen Sonntagen freilich hat's

für Wanderer keinen Platz. Wer sich jedoch gerne kulinarisch verwöhnen lässt, für den lohnt sich ein Besuch jederzeit (Tel. 071' 877 11 10, Montag und Dienstag Ruhetag). Christian Fässler bringt nur Fleischgerichte aus eigener Zucht auf den Tisch (Limousin-Rinder und Schweine; die Sauen leben frei in einem riesigen Gehege).

Einen Besuch verdient auch die „**Linde**" von Lobenschwendi (Tel. 071' 877 12 82). Auf eine der beiden Kreten über dem Moosbach gebaut (er fliesst beim „Chastenloch" in die Goldach), hat sie am Dienstag und Mittwoch geschlossen. Sonst aber bleibt ihre Tür bis am späten Abend offen. Und sollte ein Gast das Menü für die Eintrittskarte in eine exklusive Welt halten, muss er unbedingt die „Linde" aufsuchen und Bärlauch-Spaghetti bestellen, vorzugsweise im Frühjahr. Während den übrigen Jahreszeiten kann er Pantli und andere Appenzeller Spezialitäten anschneiden, in der vierten Generation von Frau Elsbeth Stieger bedient. Früher war dem Gasthaus übrigens eine Bäckerei angegliedert, heute dagegen immerhin noch ein Bäckereiwaren-Vertrieb. Darum wird in und vor der Wirtschaft auch alljährlich am letzten Sonntag im Juli der sogenannte „Bäckerzmorge" gefeiert.

In der noch unverfremdeten Gaststube selber fallen desweitern nicht nur Bilder von Brücken ins Auge. Beim Verlassen der Wirtschaft kommt man zum Schluss, dass der Gast nirgends besser von

Elsbeth Stiegers „Linde"

Stammgästen, darunter gelegentlich der bekannte Fotograf und Ex-Nationalrat Herbert Maeder oder der Wirt vom „Urwaldhus", mehr über Brücken erfahren kann (und wie man Abstürze vermeidet) als in der „Linde"; uns jedenfalls erging es so. Dass zudem der Blick nach Wald und Trogen hinüber nicht ganz ohne ist, sei zum Schluss ebenso gesagt wie der Hinweis, dass der Flurname „Lobenschwendi" diesen einer einst gerodeten Kuhweide verdankt

Hoch über dem Tobel wirtet Käthi Meier

(wb) Den **„Bären"** (Tel. 071' 877 12 29) von Wald, sozusagen gegenüber der Lobenschwendi, findet man nicht leicht. Fährt man etwa mit dem Auto von Heiden Richtung Trogen, muss man vor der Gemeinde Wald rechts zum Birli hinunter abschwenken und erst nach langer Vorbeifahrt an mehreren neuen Einfamilienhäusern gelangt man zur Wirtschaft der Käthi Meier.

Das Suchen wird belohnt. Hoch über dem Tobel des Moosbachs, der die Dörfer Wald und Rehetobel trennt, grüsst uns der „Bären", vor wenigen Jahren noch ein richtiges Bauernhaus. Damit ist es in einer Zeit, in der praktisch nur Grossbauern überleben, vorbei. Und obwohl die Gaststube einzig aus zwei gemütlichen Holztischen und einem wunderschönen Kachelofen besteht, uns gefällt es dort. Pantli gibt es keine, dafür Salsiz. Bei sonnigem Wetter kann man auch vor dem „Bären" sitzen; und man tut dies ebenso gern wie in der unverfälschten Wirtschaft, nur am Donnerstag und am Freitag bis 17 Uhr bleibt die Wirtschaft geschlossen. Krumm darf's keiner nehmen, wenn Stammgäste sich nicht scheuen, neue Besucher des „Bären" mit witzigen Bemerkungen einzubeziehen. Aus gesundheitlichen Gründen ist die Wirtschaft leider nicht immer offen.

Birli* wött üs gfale

Pfingstmorgen. Fröhliche, ausgelassene Stimmung. S'Käthi wirtet. Draussen wäre Selbstbedienung. Aber die Gaststube hat's uns angetan, sehr gut erhalten, mit Kachelofen.

„Da isch e frechi Gsellschaft", tönt es uns entgegen und später leiser: „Hans, du hesch no nönt gsäät."

Hans (heiser): „Du hesch au nönt gfröget."

Etwas später: „Wäsch, wie me eme Wasserbett säät?"

„Wi dänn?"

„Schwimmendi Vecheersinsle."

Lustig war's. Wir kommen wieder ins „Birli" zu Frau Käthi und ihren Sonntagsgästen.

Ueli Schenker

Im „Bären" am Sonntagvormittag

Wer Lust nach weiteren Wirtschaften in der Nähe hat, dem raten wir, das **„Schäfli"** in Wald zu besuchen. Es dürfte die einzige Jugendstil-Beiz des Appenzells sein. Auch in der **„Nase"**, die eigentlich „Sonne" heisst und zum grossen Gemeindegebiet von Rehetobel gehört, ist man gut aufgehoben – vor allem, wenn man nachher gestärkt zum Weiler Tannen oder sogar auf den St.Anton wandern will, Punkte, die beide nicht nur eine einmalige Fernsicht bieten, sondern mit der Bauernbeiz **„Zum Wilden Mann"** wenigstens *eine* Wirtschaft vorweist, die noch nicht, wie das „Rössli" oder das „Café Breu", völlig „vercheibet" ist.

Das Letztere gilt zum Glück nicht für die **„Linde"** an der Strasse von Wald zum St.Anton hinauf. Obwohl in ihr derzeit neben Appenzeller Spezialitäten in erster Linie Pizzas angeboten

---

*Der Name geht in unserem Fall allerdings auf einen kleinen Berg zurück, nicht auf Birne.

werden, hat sie ihren bisherigen Charakter beibehalten, nicht zuletzt dank des heutigen Wirtepaares. Einen Besuch wert scheint uns zudem das „**Rechsteiner Bädli**" (ebenfalls auf Rehetobler Gebiet). Schon die Frage, ob man im älteren Teil der Wirtschaft die im Laufe von Jahrhunderten schief gewordenen Fenster überhaupt noch öffnen kann, dürfte diesem Ausflug ganz nahe vom Heil- und Mineralbad Unterrechstein seinen Sinn geben. Seit anfangs 1998 wirtet dort Frau Signer. Da sie längere Zeit in Thailand war, gibt es neben helvetischer auch thailändische Küche. Am Montag und Dienstag ist das „Bädli" geschlossen. Sonst wird um 11 Uhr geöffnet (Tel. 071' 891 34 16).

Wirtschaft „Kreuz" – Ort des „orte"-Verlags

Der Wanderer, der Schritt um Schritt oder auch zügig vom Weiler Sonder (Wolfhalden) hinuntersteigt, sieht über Baumwiesen nicht nur auf den Bodensee und ins Vorarlbergische hinein, sondern auch auf den sanften Ausläufer eines Plateaus namens Hueb und auf diesem erblickt er die stattliche Wirtschaft „Kreuz", seitlich von einem Schopf flankiert, im Norden vom Stall geschützt.

Wirtschaft „Kreuz"
Irene Bosshart und Werner Bucher
9427 Zelg-Wolfhalden AR
Tel. 071' 888 15 56
Ruhetag: Mittwoch und Donnerstag

An dieser idyllischen Lage würde man kaum einen Buchverlag vermuten, schon gar nicht einen der progressivsten der Schweiz, der neben einer vielbeachteten Krimi-Serie aktuelle moderne Literatur herausgibt: den „orte"-Verlag. Seit 1974 erscheint die gleichnamige Literaturzeitschrift, die über die Zürcher Unruhen hinaus Farbtupfer, Bewegung in die graue Literaturlandschaft gebracht hat und weiterhin bringt. Ebenso wenig verrät die Appenzeller Fahne, die friedlich im Wind flattert, vom Drama, das sich um 1920 ereignet hat. Damals stand die Wirtschaft noch bei der Fahnenstange vorne. Das Haus brannte nach einem Blitzschlag völlig nieder; leider verlor dabei die Wirtin ihr Leben.

Das Gasthaus „Kreuz" existiert seit dem letzten Jahrhundert; und seit manchen Jahren wirten hier Irene Bosshart und Verleger und Buchautor Werner Bucher. Die Gäste merken der freundlichen Wirtin nicht an, dass sie nach Beizenschluss Texte für die Literaturzeitschrift oder für ein neues Buch setzt.

An Plakaten und Bildern im Treppenhaus vorbei gelangt der Besucher in die Gaststube, die gelegentlich für Ausstellungen genutzt wird. Hausgemachte Käsefladen, Käseschnitten, Gerstensuppe mit Schüblig oder Wienerli, Hörnli mit gehacktem Fleisch aus der Region oder Pot au feu zählen zu den Spezialitäten. Bei kulturellen Veranstaltungen, Vernissagen, Lesungen, hin und wieder Konzerten kommen Gäste zuweilen in den Genuss von ausgesuchten Menüs, die nicht nur zufällig an Buchtitel erinnern. Als Gastköche fungieren dann jene Autoren/innen oder Künstler/innen, die mehr als Buchstabensuppe kochen können. Nicht umsonst liest man in Buchprospekten etwa von leichter Kost oder schwer verdaulicher Literatur.

Wie immer man sich aber Literatur einverleiben möchte, im „Kreuz" kommt man auf seine Kosten. Auf dem Schanktisch, im Regal des halboffenen Zwischenwändchens und im Sälchen findet man Bücher, die von der Aktivität des Verlags zeugen. Bei all der Freude über das Vollbrachte kreisen in den Köpfen von Irene Bosshart und Werner Bucher bereits Gedanken, das Programm zu erweitern. Die neue Lyrik-Reihe „fund-orte" etwa sorgt bei Liebhabern von exklusiv gestalteten Gedichtbänden für eine kleine Sensation.

Ausser Gästen flanieren Perlhühner, Enten und Hühner durch die Gartenwirtschaft. Die Meerschweinchen und Kaninchen hingegen haben einen Stall mit Auslauf. Eher nachts und heimlich streifen (bzw. flattern) Igel, Fledermäuse, Füchse, Marder und Katzen ums Haus. Und wer den Wirt gelegentlich „Hölderlin" rufen hört, muss nicht fürchten, es sei eine Beschwörung des grossen Dichters im Gang. Der schlanke Appenzellerhund hört nun einmal auf diesen Namen. Nicht zufällig trägt das Weibchen mit dem fuchsroten Fell den Namen „Diotima"; denn was wäre Hölderlin ohne seine unsterbliche Geliebte?

Nachts sollen auch Kühe die Gartenwirtschaft besuchen. Diese und andere Geschichten kann man in „orte"-Nummern nachschlagen oder direkt beim tierliebenden Wirtepaar erfragen. Die schöne Lage jedenfalls lockt allerlei Gäste an und lädt zum Verweilen ein.

Auf allen drei Sonnenseiten stehen für sie Gartentische bereit. Je nach Vorliebe wandert der Gast mit der Sonne oder auch mit dem Schatten von Tisch zu Tisch, falls er sein Behaglichsein nicht unter einem Sonnenschirm sucht. So oder anders wird er ein weites Blickfeld aufnehmen. Von der Hueb aus gesehen, erinnert der Bodensee an Küstenstriche

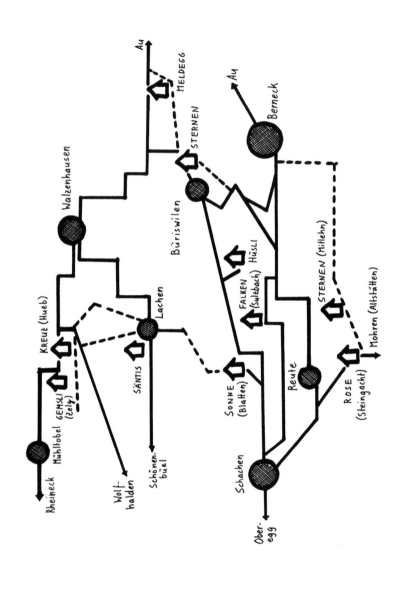

Das „Kreuz" und seine Hunde   (Irene Bosshart)

der Ostsee, vor allem, wenn der Dunst den Horizont verblaut.

Lohnend ist es, die Gäste näher zu betrachten. Unter Appenzeller Bauern mit markanten Persönlichkeiten und Gesichtszügen entdeckt man hin und wieder Schriftsteller aus dem In- und Ausland, nicht zuletzt den brummigen Art-brut-Dichter Bill Offermann, dessen schonungslose Offenheit die Ich-Suche beträchtlich abkürzt. Bill schweigt oder sagt dem Gast auf den Kopf zu, was er von ihm hält.

Auch der in der Nähe lebende Mundart-Autor Peter Eggenberger, der mit seinen lustigen Geschichten den beinah ausgestorbenen Kurzenberger Dialekt zu retten versucht, ist manchmal in oder vor dem „Kreuz" anzutreffen; ebenso ein anderer Peter (nämlich Morger aus Trogen), dessen purzelbaumartige Gedichte im orte-Verlag unter dem Titel „Hailige Bimbam" erschienen sind, mit ebensoviel Recht aber unter dem Sammelbegriff „Tuschuur Lamuur" hätten herausgebracht werden können. Was man jedoch im „Kreuz" nie sagen und vielleicht nicht einmal denken darf: Dass der Wirt einem gewissen Peter Bichsel gleicht. Beide tragen zwar Brillen und noch lieber Gläser in der Hand. Weiter geht die Ähnlichkeit wirklich nicht.

Mit etwas Glück schafft es ein Besucher gar, nicht nur Autoren und ihr Werk, sondern auch eine Figur aus diesem oder jenem

Buch persönlich kennenzulernen. Die gewichtige Hauptfigur in Jon Durscheis Krimis, Pater Ambrosius aus Disentis, sprach zum Beispiel einmal im „Kreuz" vor und stellte seine Trinkfestigkeit unter Beweis. Alle, die dabei waren, können von Glück reden, dass die Wirklichkeit manchmal etwas anders ist als die Welt der Bücher. In den Romanen von Durschei nämlich ereignet sich meistens ein Mord, wenn der stumpenrauchende Pater auftritt.

Das „Kreuz" sollte man nicht verlassen, ohne einen Blick auf und ein paar Münzen in die Juke-Box geworfen zu haben. Neben Appenzeller Striichmusig hört man das goldene Lachen von Elvis. Diese und andere Zauber beherbergt der Ort des „orte"-Verlags. Und er braucht sie auch. Es sind fast mehr Sekten als Insekten, die das „Kreuz" umgeben. Das Wirtepaar hält sich standhaft. Man kann nur hoffen, dass die Sektierer ihr Ziel, in den Himmel zu kommen, einmal auch erreichen.

Das interessante Wirtshaus liegt etwa hundert Meter vom viel begangenen Witzwanderweg entfernt (von Walzenhausen nach Heiden oder umgekehrt). Zu empfehlen sind desweiteren Wanderungen auf die Fromserrüti, zum wie aus einer anderen Welt anmutenden Striland (literarisch durch einen Autor namens Enrico Danieli bekanntgeworden) oder zum St.Anton hinauf. Wer dagegen eine Beizentour unternehmen möchte, schlägt den Weg ins nahe **„Gemsli"** (Zelg), zum **„Säntis"** (Lachen) oder über den Kuss zur **„Meldegg"** (Walzenhausen) ein. Auch die **„Sonne-Blatten"** ist in gut zwei Stunden zu schaffen.

Freundliche Menschen können zudem im „Kreuz" übernachten. Das „Krimi"-Zimmer würde ich aber nach einschlägigen Erfahrungen nicht unbedingt empfehlen ...

René Sommer

Werner Hannys „Eingeklemmte"

(wb) Eine der schönsten Wirtschaften des Appenzeller Vorderlands ist das **„Gemsli"** in Zelg-Wolfhalden, einen Katzensprung vom „Kreuz" entfernt. Es liegt zwar, was die Aussicht betrifft, möglicherweise nicht so beeindruckend wie dieses, dafür ist aber das „Gemsli" im Innern ein wahres Wunder.

Verantwortlich hierfür sind Karin und Werner Hanny, die das halbwegs verfallene Haus um 1974 herum erstanden und es dann derart sorgsam und ohne die übliche Hast umbauten, so dass heutige Gäste, wenn sie eine der drei Wirtstuben erstmals betreten, aus dem Staunen kaum herausfinden.

Mehr verraten möchten wir nicht; Sie müssen die Wirtschaft selber entdecken, auch die Reben, die an ihr emporranken,

oder die kleine Gartenwirtschaft in der grünen Laube, von der man auf den Bodensee bis weit nach Deutschland hinunter sehen kann.

Nur so viel sei noch erwähnt: Montag und Dienstag ist immer geschlossen, ab und zu hängt auch an andern Tagen das Schild „Heute Ruhetag" an der Tür. Lässt sich diese aber trotz „Ruhetag-Tafel" öffnen, nur eintreten – und die Tischglocke schütteln!

Und was das „Gemsli"-Angebot betrifft: Abgesehen vom Roten und Weissen aus einem exzellenten Weinkeller sind drei Sorten Spaghetti zu empfehlen, Karins „Chili con carne" oder ihre Schinkengipfeli. Laut dem Wirt soll die Wirtschaft übrigens praktisch an fast allen Tagen (sh. oben) ab sieben Uhr in der Früh geöffnet sein; dann locken die „Eingeklemmten" von Werner Hanny. Noch bekannter als diese sind freilich die Jazzkonzerte, die häufig in den drei Wirtstuben und manchmal gar im Freien ablaufen und ihre Existenz dem Chef des Hauses, einem Jazzfreak vom Scheitel bis zur Sohle, verdanken. Daher hier noch rasch die Telefonnummer: 071′ 888 17 22. Und wichtig: Die Dudenreform wird im „Gemsli" weiterhin vehement bekämpft. Ein Schild mit „Gämsli" dürfte es noch Jahrzehnte nicht geben. Chapeau!

Das gerettete Gärtchen der Frau Messmer

(wb) Wählt man vom Zelger „Kreuz" die Direttissima steil hinauf zur Schibenweid und dann durch einen verwachsenen Pfad zur 900 m ü.M. gelegenen From-serrüti, gelangt man, ob man will oder nicht, nach kurzem Abstieg zur andern Seite ins wunderhüb-sche Dörfchen Lachen, das zu Walzenhausen gehört. Es wirkt und ist aber nicht nur bedeutend heimeliger als der bekannte Kur-ort, sondern selbst im Winter meist nebelfrei, wenn die grauen Schwaden Tag für Tag vom gros-sen See nach Lutzenberg, Wienacht-Tobel, Walzenhausen und Zelg hochsteigen und die typischen Appenzeller Streusied-lungen, Strassen, Wäldchen, Wie-sen und auch das Kurhotel von Walzenhausen bald einmal ganz und gar erobern.

Frau Elsi Messmer in ihrem Reich

Genau in dieses so oft von der Sonne beschienene Dörfchen passt Frau Elsi Messmers **„Sän-tis"**, ein hübsches, kleines Restau-rant, dem auch der kürzliche Umbau nur wenig anzuhaben ver-mochte. Das Haus, 1857 erbaut, war früher eine Ferggerei, was das Erdgeschoss noch immer andeu-tet (Seidenweber lieferten Stoffe, die wiederum von den Ferggerei-Besitzern gewissermassen als Siebe an Munitionsfabriken und Labors verkauft wurden). Frau Messmer selber wirtet in ihrem kleinen Gasthaus seit 1949. Hübsch ist's auch unter den vier Platanen in der aus wenigen Tischen bestehenden Gartenwirt-schaft; daran ändert das benach-barte, zu luxeriösen Wohnungen umfunktionierte Schulhaus zum Glück wenig.

Erfreulich hingegen, dass die Gartenwirtschaft nicht dezimiert wurde, weil einige junge Mütter mitsamt der Gemeinde einen Fussgängerstreifen entlang dem „Säntis" gefordert haben (auf einer Strasse, auf der es notabe-ne bislang keinen gravierenden Unfall gegeben hat). Er ist jetzt auf der andern Seite geplant – weil sich die über siebzigjährige Wirtin wie die berühmte Stauff-acherin zu wehren wusste.

So kann man also im Sommer weiterhin im Gärtchen oder oben in der von einem grünen Kachel-ofen geheizten Stube sitzen, gemütlich ein Weinchen trinken und dazu vielleicht einen Pantli oder ein Schwinigs Stückli essen. Geschlossen hat Frau Messmer (Elsi genannt) am Mittwoch und Donnerstag; und wen sie gut mag, dem macht sie auf Bestellung (Tel. 071' 888 19 23) sogar ihre nicht ganz unbekannten Käs-knöpfli. Kurz, ein Grund mehr, sich im „Säntis" höflich aufzu-führen. Wer nämlich wie jener alte und kauzige Appenzeller bei fast jedem Besuch laut zu lamentie-ren beginnt (als „äs lätz gfädäräts Mandli" bezeichnet ihn die Wir-tin), dem sagt die sonst überaus freundliche Frau Messmer schon, wo Bartli den Most holt ...

Die „Meldegg", über einer Felswand und umgeben von knorrigen Bäumen

(rs/wb) Der Wanderer, der Strassen meiden möchte, ist auf und in der „Meldegg" am richtigen Ort. So kann er vom Walzenhausener Weiler Leuchen auf einem schmalen, zu guter Letzt sehr steilen Weg zur Meldegg hinauflaufen. Einen anderen Zugang bietet der zauberhafte Wiesenpfad von Walzenhausen-Platz. Beide führen direkt über den Ausläufer des äussersten appenzellischen Bergkamms zum bewaldeten Felskopf rund zweihundertfünfzig Meter über dem Rheintal. Auch von diesem her (von St. Margrethen wie von Au) gibt es über das Weingut **„Burg"** (mit Wirtschaft) einen Fussweg hinauf; er sollte aber nur von trittsicheren Frauen und Männern begangen werden. Wer's nicht glaubt, lese das nachstehend erwähnte Buch ...

Wenn man nahezu oben ist, verspürt man bald einmal den Wind, der allfällige Wolken über den Bodensee treibt. Der Gratweg im Wald starrt von Wurzeln. Man durchpirscht ihn auf den Spuren von Schneewittchen und den sieben Zwergen und sieht plötzlich durch die Stämme ein herrschaftliches Haus. Es wurde 1867 gebaut, vom Ururgrossvater des heutigen Wirtes. Leider ist das Innere weitgehend „usegrupft", wie die Appenzeller zu sagen pfle-

gen, und schöne, alte Fenster mussten Panoramafenstern weichen. Dennoch: Ein Ereignis bleibt die „Meldegg" alleweil.

Man sollte sich auch die Musse und Zeit nehmen und den gewaltigen Sandsteinfelsen unterhalb des eigentümlichen Wirtshauses besichtigen, auf dem die zum Teil enge, dann wieder ziemlich breite Gartenwirtschaft steht. Als Wunder dürfen wir zudem die uralten, recht hohen oder dann überaus knorrigen Bäume bezeichnen, darunter Föhren, Buchen, Eichen

> **Restaurant „Meldegg"**
> *Christine und Martin Niederer*
> *9432 Platz-Walzenhausen AR*
> *Tel. 071' 888 15 92*
> *offen: Von Mai bis September,*
> *und zwar Donnerstag – Samstag*
> *von 11 bis 21.30 Uhr und Sonntag*
> *9 – 18.30 Uhr (von Okt. bis April,*
> *Samstag von 11 bis 18.30 Uhr,*
> *Sonntag 9 – 18.30 Uhr)*

und Rottannen, die die „Meldegg" flankieren, in Gesellschaft unzähliger zahmer wie halbwilder Kätzchen. Einer der Bäume ist sogar vor Jahrzehnten nach einem Sturm mit seiner Krone aufs Dach gekippt und scheint heute mit diesem – nicht nur unser Eindruck – zur Gänze verwachsen zu sein.

Für Schatten im hinteren Teil der Gartenwirtschaft sorgt eine Jahrhunderte alte Föhre. Der Blitz schlug einst in den Wipfel ein.

Um den zweigeteilten Stamm zu schützen, brachte man eine Metallkappe an, und im Verlauf dieser Arbeit wurden die Jahrringe gezählt.

Besagte Föhre hat viele Menschen kommen und gehen gesehen, darunter General Guisan, als er während der Kriegsjahre Soldaten und Offiziere auf der Meldegg inspizierte, die die Aufgabe hatten, Tag und Nacht mit ihren Augen, Feldstechern und Fernrohren auszukundschaften, ob vom „Reich" her nicht ein grosses Verhängnis nahe. Welches Alter der Föhre zugeordnet wurde, dies wird Ihnen der Wirt schon sagen. Und dass jene Bäume, deren Äste über die Felswand hinauswachsen, teilweise zum Kanton Appenzell Ausserrhoden und zum andern Teil zum Kanton St.Gallen gehören, wird

diese selber wenig bekümmern. Allfälligen Verbrechern wird's dagegen behagen: Ein einst von der Polizei gesuchter Dieb durfte von der appenzellischen Polizei nicht verhaftet werden, weil er auf der Flucht auf einen ins St.Gallische ragenden Ast hinausgeklettert war. Von diesem Moment an büssten die Appenzeller ihre Zuständigkeit ein, da galt es, St.Galler Polizisten zu mobilisieren ...

Die Meldegg ist ohnehin ein geheimnisvoller Ort. So faszinierte ihre Lage etwa den Bündner Krimi-Autor Jon Durschei. In seinem Roman „War's Mord auf der Meldegg?" findet man Abgründiges und zugleich eine gekonnte sprachliche Wiedergabe der ganzen Gegend. Es fällt dem Leser möglicherweise sogar nicht leicht, sich zu entscheiden, was er nun für tiefer halten soll, die geographischen oder die menschli-

chen Abgründe. Bevor Durscheis Held Pater Ambrosius genauer erkunden konnte, was eigentlich unterhalb der Meldegg geschehen war, musste er zuvor in und vor der Wirtschaft einige Stumpen rauchen und manchen Zweier leeren. Wir empfehlen Ihnen Ähnliches und wünschen bereits jetzt ein ehrliches „Prosit!" ...

Von der Terrasse unter der Rosenlaube kann der Gast die Aussicht auf Hügel und Berge bewundern und sich freuen, dass er vor der „Meldegg" und nicht im ununterbrochen vom Verkehr umtosten Rheintal in einer Gartenwirtschaft sitzt (verhalten hört man von unten den Lärm und kann sogar die Autos auf der Autobahn zählen). Er sieht die Bündner- und Österreicheralpen und dürfte nicht wenig erstaunt sein, wenn er entdeckt, dass sich die Küche unmittelbar unter seinen Füssen im Fels eingelassen befindet.

Bereits in der fünften Generation wirtet die Familie Niederer auf der Meldegg. Der verstorbene Wirt Paul Niederer hat auf ihr sogar seine Jugend verbracht. Seine Augen funkelten, als er uns die Entstehungsgeschichte der Löcher in den Felsen heraufbeschwor. Er sah darin Spuren des Gletschers, der einstmals das Rheintal bedeckt hat.

Heute wird aus verschiedensten Gründen etwas reduziert gewirtet. Aber Christine und Martin Niederer halten die Öffnungszeiten genau ein und haben Spaziergängern (die „Meldegg" kann

Auf diesen Felsen ist die „Meldegg" gebaut

man nur zu Fuss erreichen) viel zu bieten. Schon legendär sind der Rauchlachsteller mit Toast und Butter, ein Stück Appenzellerkäse mit Zwiebeln und Haussauce, der Wurstsalat „Zur Meldegg", die hausgemachten Suppen in Suppentöpfchen (täglich zwei zur Auswahl) oder die Meldegger Siedwurst. Bei schönem Wetter gibt es zudem Schnipo – und wenn eine Gesellschaft sich anmeldet, bietet der exzellente Koch Menues an. Probieren sollte man auch den Café Amaretto. Er ist ein Traum fürwahr. Zuviele sollte man freilich nicht bestellen. Schon wegen der Felswand, die direkt neben dem Zaun der einmaligen Gartenwirtschaft in die Tiefe stürzt ...

Der kleine Zoo vom „Sternen"

(rs/wb) Nicht weit von der „Meldegg", oberhalb des Weilers Büriswilen, der zur Gemeinde Oberegg, also zum Innerrhodischen gehört (postalisch Berneck), fällt dem Wanderer wie dem Automobilisten ein schönes Bauerngehöft auf. Es ist der „Sternen" von Büriswilen. Und das Wirtepaar hiess jahrelang Vreni und Walter Eugster; während er zum Bauernbetrieb schaute, wirtete sie mit Leib und Seele, im Sommer vorab draussen, im Winter in der von einem Kachelofen wunderbar geheizten Bauernwirtschaft.

Der Charakter eines typischen Appenzeller Gehöfts ist auch bei den neuen Pächtern nicht zu übersehen. Und so sehr im Sommer die Sonne wie Schatten bietende, in keiner Weise aufgemotzte Gartenwirtschaft gefällt, manche Besucher, darunter vor allem Kinder, werden sich bald einmal den Gehegen neben den Gartentischen zuwenden. Gänse,

Gasthaus „Sternen"
9413 Büriswilen (Oberegg) AI
Tel. 071' 744 14 91
Ruhetag: Montag und
Dienstag

Truthennen, Hühner, Katzen, weidende Kühe geben zumindest eine Ahnung von der Artenvielfalt, die einen Bauernhof beleben können.

Im Gegensatz zu andern Gasthäusern im Vorderland sind

im „Sternen" Holzdecke, kleine Fenster und die ursprünglichen Zugläden erhalten geblieben. Und durch die Fensterchen hindurch entdeckt man auf dem gegenüberliegenden Hang, geschützt in einer Sonnenmulde, den einzigen Rebberg von Appenzell Innerrhoden. Lässt man draussen den Blick weiter schweifen, sieht man ins Rheintal hinunter und in die Bergwelt des Vorarlbergischen hinein. Einiges Interesse dürfte auch der ins Treppenhaus verlängerte Windfang wecken. Er führt nicht nur die besondere Konstruktion der Fenster und Zugläden vor Augen, sondern der Gast kann von der Wirtschaft aus beobachten, wer nun im allernächsten Moment in die schöne zweigeteilte Stube treten wird.

Stammgäste im „Sternen"

Heute wirtet ein Pächter. Neben Steaks und Koteletts mit Pommes frites und Eintopfgerichten bietet er Bauernspezialitäten wie Pantli, Appenzeller Käse, Speck, „schwinigi Stückli" oder Mostbröckli an. Telefonisch kann man sich auch zum Mittagessen anmelden – nur nicht am Montag und Dienstag. Dann nämlich bleibt der „Sternen" geschlossen. Zu empfehlen ist desweitern ein Besuch der nahegelegenen Büriswiler Kapelle (sie ist dem Heiligen Bartholomäus geweiht). Und falls Sie mit Ihrem Auto zum „Sternen" fahren (sei es von Berneck oder von Walzenhausen aus), liegt vielleicht ein Besuch des Frauenklosters Grimmenstein drin. Es gilt als zweite Enklave von Innerrhoden, ist es doch völlig vom Ausserrhodischen umgeben. Die Glaubenskriege haben diese Kuriosität entstehen lassen. Katholiken wie Protestanten, Gläubige wie Ungläubige dürfen aber im Kloster feine Liköre und natürliche Heilmittel für allerlei Gebresten kaufen. Die liebenswürdigen Nonnen machen da keine Unterschiede ...

Das „Hüsli" vom Lerchenfeld oder Wir bleiben draussen!

Der Beschluss „Wir bleiben draussen!" gilt nur für Hunde. Und vielleicht gilt er nur wegen der alten Hauskatze. Alle andern Gäste sind aber drinnen herzlich willkommen, ausser an den beiden Ruhetagen.

Das „Hüsli", von der Strasse zwischen Büriswilen und Oberegg erreichbar, ist ein sauberes, gepflegtes Appenzellerhaus mit einem sonnigen, zugleich schattigen und luftigen Sitzplatz vor dem „Hüsli". Blumen leuchten vor den Fenstern, Katzen sonnen sich öfters auf den Fensterbänken, und in der Gaststube mit einem wunderschönen Kachelofen hängen Bilder von Metzler (der verstorbene Rheintaler Künstler war jahrzehntelang der Appenzeller Witzmaler vom Dienst), in den Simsen stecken Fensterläden mit Zugriemen.

Die schönste Aussicht (ins Tal) hat man von der Nebenstube aus.

Gasthaus „Hüsli"
Rita Bischofberger
Lerchenfeld, 9413 Oberegg AI
(postalisch Berneck SG)
Tel. 071' 744 12 53
Ruhetag: Dienstag und Mittwoch

In diesem Raum bestaunen wir den 120-130jährigen Unterlagsboden: frisch geputzt, geschliffen und versiegelt. Die Urahnen verlegten den Boden Ende des 19. Jahrhunderts aus einer eingegangenen Fabrik von St.Gallen hierher, erzählt uns Rita Bischofberger, die Wirtin. Vor allem Vereine und Gruppen benützen die Nebenstube. Und wenn der Dialektdichter Peter Eggenberger zu einer Lesung kommt (einige Fotos in unserem Buch verdanken wir ihm), gibt es Kartoffelsalat und heissen Beinschinken, bei Aufrichtefeiern spezielle Salate und neben all den kalten Appenzellerspezialitäten (Pantli etwa vom Zuberbühler, Nussgipfel vom Eschenmoser), zu denen man einen herrlichen Weissen trinken kann, steht öfters eine kräftige Gerstensuppe auf dem Küchenherd. Allfällige Bestellungen für andere Speisen nimmt die Wirtin telefonisch entgegen.

Das „Hüsli" vom Lerchenfeld

218

Die Bischofbergers bewirtschaften zudem einen kleinen Bauernhof. Auf diesem ist die heutige Wirtin aufgewachsen. Es hat aber in ihr keine Begeisterung ausgelöst, als auch das Lerchenfeld (wie der „Sternen" von Büriswilen) postalisch über Nacht Berneck zugeschlagen wurde. „Wir gehören doch zu Oberegg", meint sie wohl zurecht. Doch nicht einmal eine Intervention von Ständerat Carlo Schmid habe etwas ausrichten können. Jawohl.

Im „Hüsli" gibt's auch Locherbier, das einzige „Appezöller"-Bier, quöllfrisch natürlich und die Flasche mit Bügelverschluss. Als wir dort waren, hockten am andern Tisch einige Jasser. „Das sind gute Tische zum Jassen", sagt die Mutter der Wirtin, die einst selber gewirtet hat (in Thal unten und später im „Hüsli"). Recht hat sie. „Alti Wiiber ghöret nöd zu so aktive attraktive Mane", argumentiert sie ebenfalls. Da hat sie weniger recht.

Aber die Jasser sind im Element:

Die Wirtin vom „Hüsli"

En schöne Tag ond vier Puure. An der Wand hängt der Kalender. Ich kaufe noch Eggenbergers „Gwönderbüechli" und kann empfehlen, dasselbe zu tun. Draussen wartet der Hund.

Ueli Schenker

Das prächtige Gasthaus „Sonne-Blatten" und seine Linde

Wir kommen gerade noch rechtzeitig zum Aussichtspunkt auf 884 m ü.M. und schauen ins Rheintal.

Seit bald 150 Jahren residiert hier oben die gleiche Familie. Der Grossvater des vor einigen Jahren verstorbenen Wirtes hat die Linde vor dem Haus noch ge-

Gasthaus „Sonne"
Frau Beata Geiger
Blatten, 9413 Oberegg AI
Tel. 071' 891 15 85
Ruhetag: Mittwoch und letzter Sonntag im Monat

setzt. Sie ist also mindestens hundertjährig.

„Wäret er no fertig bis am

Oobed?" scherzt Frau Geiger, eine echte Innerrhodlerin, als einer von uns Notizen auf seinen Block kritzelt und Erika Koller mit

der Kamera um die „Sonne" herumgeistert. Wir schauen zum Himmel. Die ersten Tropfen. Nur noch kurz einwirken lassen, was hier am langen Holztisch bei gutem Wetter zum noch längeren Bleiben verleiten kann. Ja, stundenlang unter der Linde sitzen und, wie jetzt, vereinzelte Wanderer sehn, die den Wegweiser lesen.

Die Wanderer setzen sich in den Windschatten. Nützt nichts. Die Böen kommen, wir und sie müssen hinein. In der ebenfalls zweigeteilten Gaststube samt Kachelofen hängt ein Foto von Herrn Geigers Grosseltern.

Samstags und sonntags, wenn sonnenhungrige Wandervögel nur so heranstürmen, auch aus dem Vorarlbergischen, gibt's Gerstensuppe. Dann kommen jeweils Tochter und Schwiegersohn aus

Die Sonne scheint in die „Sonne"

220

der Sursel-va, um zu helfen. Und das Säli? Frau Geiger holt den Schlüssel. Stukkaturen, dort musste der Ofen gewesen sein, hier vielleicht der Kronleuchter? Doch jetzt ist es vor allem ein riesiges Spielzimmer für die Grosskinder.

Anfangs der siebziger Jahre soll ein Elektriker bei minus 29 Grad und Bise auf den Masten gestiegen sein, um Telefondrähte zu reparieren. Seine Beine erfroren bei der Arbeit. Uns friert. Wir verlassen den Saal. Frau Geiger schliesst wieder ab. Wir bleiben in der Gaststube. Es wird wieder wärmer. Hier ist es schön, draussen ein andermal. *Ueli Schenker*

Meist über dem Nebel

(wb) Die „Sonne-Blatten" gehört zu meinen liebsten Beizen im Vorderland. Schon, weil dort wirklich so oft die Sonne scheint, wie der Name besagt. Die aufsteigenden Nebelschwaden des Bodensees und des Rheintals machen weiter unten Halt ...

Oft habe ich in und vor der „Sonne" mit Karl Geiger, dem verstorbenen Wirt geredet. Es war stets interessant, von ihm Lokalgeschichtliches zu erfahren. Etwa, dass die Appenzeller während der Aktivzeit nicht hier in der Gegend ihren Dienst (am Vaterland) versahen, sondern weit weg, im Jura beispielsweise. Und dass er im Urlaub, spät abends in Berneck oder Altstätten angekommen, noch zu Fuss mit Tornister zu seinem Hof und zu seiner Wirtschaft hochstapfen musste. Oder übers nahe Neienriet erfuhr ich einiges, in dem einst Betrunkene tatsächlich ertrunken sind und das heute als Relikt einer ehemaligen Moorlandschaft immer noch seine Reize hat. Ein Glück, dass der in Oberegg ansässige Ex-Skistar Girardelli mit seinem Vorhaben nicht durchkam, auf diesem heute von Bauern genutzten Ried einen Platz für eine von ihm geleitete Helikopterschule aufzubauen. Das Neienriet, eine kleine Hochebene (die wegen den Tannenwäldern ringsum ans Jura erinnert) wäre kaputt, die „Sonne" auch ...

Er war ein guter, integrer Mann, dieser Karl Geiger. Und schön, dass seine Frau nach einer Pause das prächtige Doppelbauernhaus hoch über der Strasse und noch viel höher über dem Rheintal wieder geöffnet hat. Wir werden wiederkommen. Ueli Schenker und ich.

221

Zur Auswahl: Drei Bauern-wirtschaften ganz nah beieinander

Der „Sternen" vom Mitlehn

Der „Sternen" vom Mitlehn

(rs/wb) Die **„Sternen"**-Wirtin trägt den Most, ein Mixgetränk aus Apfel- und Birnensaft, in einem Steinkrug aus dem Keller herauf. Man tut gut daran, mit dem Trinken Mass zu halten, bevor man Sterne sieht. Sonst läuft man Gefahr, in einen der zwei Weiher nahe der Wirtschaft zu fallen. Sie spiegeln idyllisch Baumkronen und Himmel, bieten Fischen und Fischreihern Lebensraum, verraten nichts vom Pioniergeist und der potentiellen Energie, welche dank diesen künstlichen Weihern gerüchteweise die erste elektrische Strassenbahn (der Welt) im

Im „Sternen" von uns entdeckt
(Peter Eggenberger)

Rheintal bewegten, in Tat und Wahrheit aber die Ziegelei der auch heute nicht ganz unbekannten Familie Schmidheiny mit Strom versorgte.

Während heutzutage aber die Strassenbahn keine Weltneuheit und nichts Besonderes ist, hält man in andern Appenzeller Gasthöfen vergeblich nach einer Appenzeller Spezialität Ausschau: dem Käsesalat, der nicht gehackt oder geraffelt ist, sondern am Stück serviert wird, mit Salatsauce drauf und Zwiebelringen. Im „Sternen" gibt es ihn noch, dank Leni Sturzenegger. Wer lieber Fleisch isst, kann Wurstsalat oder Schwinigi Stückli zu günstigen Preisen bestellen.

Die Bauernwirtschaft, die zur Gemeinde Oberegg, postalisch aber zu Reute gehört, besteht seit dem 19. Jahrhundert. Beim Umbau fand man in der Wand Zeitungen von 1894. Bevor der Grossvater des heutigen Wirtes den Betrieb übernahm, führte eine Familie Rohner die Wirtschaft und den Bauernhof. Am Mittwoch und Donnerstag ist der „Sternen" geschlossen. Wer ihn sucht, muss von Oberegg Richtung Reute fahren, dann rechts nach Mohren und Altstätten abschwenken, nach der allein in der Landschaft stehenden und recht berühmten Bäckerei Kast bis zur ebenfalls bemerkenswerten Wirtschaft „Rose" (sh. nachstehend) fahren und dort auf einem Feldweg und an einem der beiden Weiher samt Fischerboot vorbei den „Sternen" anpeilen. Eine Tafel, die auf diese schöne Landbeiz hinweist, gibt es nirgends. Das haben Leni und Ruedi Sturzenegger nicht nötig. Auch vom – wie häufig im Appenzell – in die Einsamkeit gebauten Altersheim kommen ja Gäste, andere wiederum auf Schusters Rappen vom Rheintal her und wieder andere sind einfach Liebhaber des „Sternen". Wir denken, Sie werden es nach einem Besuch ebenfalls. Auch die Telefonnummer behalten wir nicht für uns: 071' 891 15 27.

Die „Rose" von Steingacht

(wb) Hart an der oben erwähnten Strasse (zwischen Reute und Mohren) steht die **„Rose"** von Steingacht, die, verwirrend für Unkundige, wiederum zur Gemeinde Reute gezählt wird. Ein Besuch bei Alice Sturzenegger (Tel. 071' 891 30 73) ist immer erfreulich. Die stets gut aufgelegte Wirtin scheint auch jene Gäste bestens zu kennen, die zum erstenmal vor ihrem altehrwürdigen Bauernhaus oder in der nicht sehr grossen Gaststube sitzen.

Über die am Montag geschlossene Wirtschaft hat Ueli Schenker für unsere Leser und Leserinnen einige Stichworte notiert: „Oma ist Spitze und Opa ist in Ordnung, heisst es auf dem Schild in der Stube mit dem schönen Täfer. Hauptattraktion beim Mobiliar: der Abwaschtrog von damals und der Schrank. Rheintaler: Name der hiesigen Zeitung und des vorzüglichen

Der Eingang der „Rose" (mit Stammgästin Alice Quadri)

und sanften Maisbiers."

Dem wäre hinzuzufügen, dass oberhalb der „Rose" und ennet der Hauptstrasse ebenfalls eine weitere Wirtschaft steht, der **„Grüne Baum"** (gehört wieder zu Oberegg!); er kann es aber in Sachen Gemütlichkeit unseres Erachtens nicht mit der „Rose" und dem „Sternen" aufnehmen, was freilich Carchauffeure nicht hindert, öfters mit Rentnern oder Mitgliedern eines Vereins die steile und recht schmale Strasse hochzufahren. Dass es jedoch gleich drei Bauernwirtschaften auf so engem Raum gibt, ist eine weitere Spezialität der Appenzeller. Im Luzernbiet oder anderswo in der Zentralschweiz würde man mehrere Beizen ausserhalb eines Dorfes, so unsere Erfahrung, nirgends finden. Oft hat's über viele Kilometer nicht einmal eine einzige für durstige und erschöpfte Wanderer ...

Wer übrigens die frühere Wirtin der „Rose" gekannt hat, wird sie, die Schwiegermutter der heutigen „Chefin", niemals vergessen. Vor allem im höheren Alter hat sie nämlich die Wirtschaft einfach zugeschlossen, wenn in ihrer Stube eine fröhliche Runde beieinander war. Welcher (geldgierige) Wirt würde dies heute tun? Da gilt primär der Umsatz, und nichts sonst.

Zum Zwerglihus im Sulzbach

(wb) Eine weitere Wirtschaft in der Nähe möchten wir Ihnen ans Herz legen: den **„Falken"** im Sulzbach. Sie finden ihn, indem Sie an jener nicht ganz ungefährlichen Kreuzung von Schachen, die sternenförmig in fünf Richtungen weist, die Strasse wählen, die zwischen jener, die nach Reute/Berneck führt, und jener, die Büriswilen anzeigt, Richtung Eschenmoos/Sulzbach angelegt ist. Sie zieht sich steil abwärts, vorbei an schönen Bauernhäusern und einer Kapelle. Etliche hundert Meter, ehe das Strässchen wieder in die breite Strasse nach Berneck einbiegt, befinden wir uns auf einmal, direkt vor einer Kurve, beim „Falken".

Er war während ungefähr zwei Jahren geschlossen, kann nun aber, nach einer liebevollen Restauration, wieder betreten werden. Besonders oben im Stübli ist es gemütlich; überall grüsst helles Holz und der Kachelofen trägt zur guten Ambiance bei. Hinzu kommt, dass Philipp Koneth ein ausgezeichneter Koch ist und erschwingliche Menüs und Kartengerichte auf die beiden Tische des Stüblis und auf die weiteren in der Wirtschaft zaubert (Tel. 071' 891 18 95, Ruhetag: Montag und Dienstag).

Der „Falken", in dem Regina Bischofberger über fünfzig Jahre lang gewirtet hat, wurde seinerzeit durch ein geschwisterliches Zwergenpaar berühmt, die beide im „Falken" gewohnt haben. Von weither kamen damals Gäste, manche gar per Velo, um zu sehen, wie der Seppetoni im Schneidersitz auf einem Stuhl hockt, damit er, seine Lieblingsbeschäftigung, mit Gästen überhaupt jassen konnte. Auch Fotos wurden allenthalben geknipst. Männiglich sah sich vermutlich gern auf einem Bild, auf dem der andere einem nur bis zur Höhe des Bauches reichte. Dass in und um Oberegg zu dieser Zeit öfters kleinwüchsige Menschen geboren wurden, weil Inzucht im abgeschiedenen Ort notgedrungen zur Tagesordnung gehörte, dürften wahrscheinlich die wenigstens gewusst haben. Mehr über Seppetoni und seine Schwester Kathrin-li wird Ihnen der heutige „Falken"-Wirt gewiss zu berichten wissen, falls Sie danach fragen. Bilder der beiden kleinen Menschen sind in der Wirtschaft wie im Stübli aufgehängt. Auch gibt es einen Salatteller „Zwerglihus"; und während den Wintermonaten bereitet Philipp Koneth eigentliche Nostalgiemenüs auf einem wunderschönen alten Kochherd zu.

Auch in der heutigen Dichtung hat das Vorder- und Mittelland immer wieder Einzug gefunden. Namen wie Rolf Hörler, Peter Morger, Peter Eggenberger und andere stehen dafür. Hier ein Gedicht von **Rolf Hörler**:

Schlafende Katze

Die schlafende Katze
in der Stube des Seidenwebers,
der schon lange tot ist.
Die schlafende Katze
unter der Pendeluhr,
die wieder in Gang
gesetzt worden ist.
Die schlafende Katze,
die nichts weiss
vom verlassenen Webkeller,
in dem die Mäuse tanzen.
Die schlafende Katze
im Haus des Seidenwebers,
das längst einem andern gehört.

Für Sie neu entdeckt:

Mit der Fähre zur Schenke Gertau

(wb) Wer als Fussgänger zur Schenke „Gertau" will, suche am besten an der Sitter in der Gegend von Bischofszell den Weiler Degenau und gehe von dort bis zum Ufer der Sitter. Auf einmal entdeckt er am andern Ufer des Flusses eine erstaunlich grosse Fähre und zugleich auf seiner Seite eine Metallplatte, auf die er mit einem Hammer schlagen kann. Damit ruft er den Fährmann oder die Fährfrau herbei. Innerhalb weniger Minuten sind sie auch da und holen den oder die Fussgänger hinüber. Meist sind es Ursula oder Werner Attinger, die die allerletzte Fähre im Kanton Thurgau von einem Ufer sicher zum andern bringen. Einzig bei schlechtem Wetter oder hohem Wasserstand benutzen allfällige Wanderer vergebens den Hammer. Originalton Ursula Attinger: „Ich verzichte früher als mein Mann darauf, die Fähre ans andere Ufer zu staken. Zu ertrinken ist ja nicht besonders lustig ..."

Aber so hoch, dass Frau Attinger Kunden vergebens warten liesse, ist der Wasserstand selten. Und es lohnt sich, für zwei Stutz (Kinder ein Franken, für ein Fahrrad fünfzig Rappen) zur Gertau zu gelangen. Dort warten nämlich nicht nur Pferde vor zwei Offenställen darauf, von Wanderern bestaunt zu werden, in diesem von Wasser, Auen, grünen Magerwiesen und Wäldchen umgebenen Paradies schnattern Gänse und Enten, bellen Hunde und warten unzählige gepflegte Katzen darauf, gestreichelt zu werden. Die Attingers führen nämlich nicht nur den Fährbetrieb, sie betreiben auf ihrem Land auch eine Pferdepension und eine Schenke, die allerdings im Winter aus Witterungsgründen geschlossen wird.

Schenke „Gertau"
Ursula und Werner Attinger
9220 Bischofszell
Tel. 071' 433 15 50
Offen: April bis Oktober (bei
schlechtem Wetter manchmal zu)

Eigentlich gehört der abgeschiedene, zauberhaft gelegene und vom Autolärm weitgehend verschonte Hof zu Wilen-Gotts-haus, dieses wiederum zum durch Friedrich Hölderlin in literarischen Kreisen weltberühmt gewordenen Hauptwil. Die Post jedoch wird aus Bischofszell angeliefert.

Klar, dass an schönen Sonntagen unzählige Wanderer mit und ohne Kinder das Paradies „Gertau" anpeilen. Sie kommen von Amriswil her, von Bischofszell, von Hagenwil mit seinem berühmten Hudelmoos, vom auf einer Krete gelegenen Kloster St. Pelagiberg, der Ruine Ramschwag oder von sonst woher. Sie müssen in der „Gertau" auch nicht verhungern. Der antik aussehende, jedoch moderne Grill unter einem riesigen Segeltuch bietet herrliche Grilladen an (von der Bratwurst bis zur Rindshuft), ebenso kann man hausgeräucherte Lachse aus Schottland bestellen oder ebensolche Forellen aus der Schweiz. Und auch die Weinkarte kann sich sehen lassen: Neben Iselisberger aus dem Thurgau gibt es vor allem erdige spanische Weine, so einen Toro oder Rioja „Murice Crizanza" oder „Conde de Valdemar". Und auch der Fähre-Kafi lässt sich trinken! Nur nicht mehrere hintereinander ...

Die Attingers verstehen nämlich ihren Job. Sie kommen aus dem Hotelfach, haben Wirteprüfungen bestanden, gehören nicht zu den zahllosen 08-15-Wirten, die ohne die Gabe der Fantasie auf die Welt gekommen sind. Schade bloss, dass es im Winter im Bauernhaus (noch?) nicht eine Stube gibt, wo man sein Weinchen trinken kann. Frau Attinger zu uns: „Im Winter scheint bei uns praktisch nie die Sonne. Dann ist sogar das Strässchen gefroren. Daher kommen kaum Leute zu uns." Wer weiss, ob sie nicht gleichwohl kämen, gäbe es dieses Stübchen, um auszuruhen und sich bei einem Glas Glühwein oder bei einem Grog aufzuwärmen.

Früher, als vor allem Pilger zwischen Konstanz und St. Gallen pendelten, soll während dreihundert Jahren eine Familie

Die Sitterfähre transportiert nicht nur Menschen ...

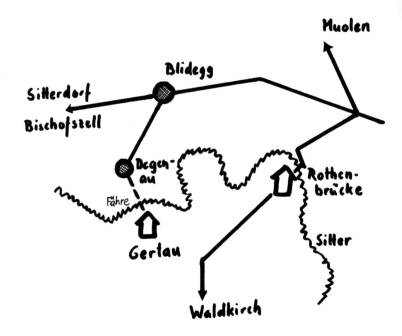

Scheiwiler den Fährendienst zwischen Degenau und Gertau betrieben und vielleicht einmal einem durstigen Wanderer ein Glas Most angeboten haben. Bevor die Attingers aus dem Züribiet die Gertau kauften, gab es dagegen eine mehr oder weniger gut geführte Kioskwirtschaft. Heute hat sich das radikal geändert. In diesem Paradies verbringt man gern einige Stunden. Kinder können spielen oder Tiere bewundern, Erwachsene unter der gedeckten Gartenwirtschaft einen Rioja oder Iselisberger trinken. Auch Anlässe aller Art sind möglich, zum Beispiel Geburtstagsfeiern.

Ein geheimer Tip freilich: Ich würde an Wochentagen zur „Gertau" wandern. Dann hat man die wunderhübsche Landschaft direkt an der Sitter mehr oder weniger für sich allein – und vor allem mit weniger Kindergeschrei.

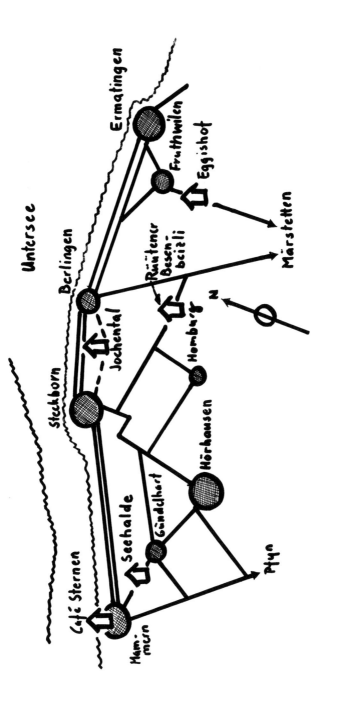

Untersee

Ermatingen

Fruthwilen

Eggishof

Märstetten

Berlingen

Rüütener
Besen-
beizli

Homburg

N

Jochental

Steckborn

Hörhausen

Seehalde

Gündelhart

Café Sternen

Pfyn

Mam-
mern

Besenwirtschaften am und auf dem Seerücken

(wb) Seit wenigen Jahren kennt man auch in der Schweiz sogenannte Besenwirtschaften oder Besenbeizen. Es handelt sich meist um Bauernbetriebe, die während der Wandersaison mit Wirten zusätzlich etwas Geld verdienen. Im Österreichischen und in Süddeutschland gibt es solche Beizen unseres Wissens seit eh und je. Wenn gemostet oder Wein gepresst wurde, hing man einen Besen vor das Bauernhaus oder befestigte ihn vorne an der Strasse, was bedeutete: Hier kann man etwas trinken und vielleicht auch essen. Nachdem sich nun in vielen Schweizer Kantonen die Bestimmungen im Gastgewerbe gelockert haben (keine eigentliche Wirteprüfung mehr, Bedürfnisklausel gefallen), konnten einzelne Landwirte auch in der Schweiz für die Sommermonate eine Besenbeiz eröffnen – über die Vorschrift, nur zehn Gäste zur gleichen Zeit bedienen

zu dürfen, schmunzelnd. Einige von diesen Besenbeizen sind bereits zu Gelegenheitswirtschaften mutiert, die es den Betreibern ermöglichen, ihre Nebenwirtschaft während 230 Tagen im Jahr geöffnet zu halten. Sie alle müssen sich freilich an die Bestimmungen der Gesundheitskommissionen halten und werden von der Wirtschaftspolizei ebenfalls stichprobenweise kontrolliert.

Am und auf dem Seerücken am Untersee haben wir drei Besenwirtschaften besucht und schätzen gelernt. Wir stellen sie Ihnen stellvertretend für zahlreiche Schweizer Besenwirtschaften vor. Auch auf dem Seerücken und in dessen Nähe gibt es noch weitere. Zum Beispiel das nur im Sommer geöffnete **„Mostbaizli"** von der Bauernfamilie Hansueli und Beatrice Meier im Weiler E*ggishof* von *Fruthwilen* (oberhalb von Ermatingen, Tel. 071′ 664 12 83).

Jochental, zwischen Reben und Wiesen

Märchenhaft gelegen ist die Besenwirtschaft „Jochental" von Heidi und Daniel Lampert. Man

glaubt sich bei ihnen beinah ins letzte Jahrhundert versetzt. Und doch merkt man bald, dass auch im sogenannten Jochental in der Gegenwart gelebt wird. Unten im Bauernhaus steht eine grosse Mosterei, die die beiden betreiben, wenn Äpfel und Birnen reif geworden sind. Und ebenso findet sich meist ein Traktor vor dem Haus. Aber sonst poésie pure. Überhört man das gelegentliche Aufheulen eines Töffs, der unten auf der Strasse zwischen Berlingen und Steckborn (Steckbore, sagen die Einheimischen) dahinrast, gelenkt von einem Fahrer, dem Geschwindigkeit alles bedeutet ...

Seit der dritten Generation arbeiten und leben hier, nahe beim legendären Weissen Felsen, die Lamperts. Im Winter 1942 hat der Grossvater von Daniel Lampert das Höfchen mit seinen steilen Wiesen und Wäldern gekauft. Und was der jetzige Landwirt und frühere Käser längst erkannt hat, ahnten bereits seine Vorgänger: Nur wer mit der Zeit geht, hat in der Landwirtschaft Zukunft. Da-

(Irene Bosshart)

niel Lampert zu uns: „Jede Generation hatte hier Probleme. Nur wer Neues wagte, konnte überleben. So betrieb mein Grossvater

> **Besenbeiz „Jochental"**
> *Heidi und Daniel Lampert*
> *8266 Steckborn*
> *Tel. 052' 761 15 70*
> *Geöffnet: Vom 1. Mai bis ende September*
> *(werktags ab 12, sonntags ab 10 Uhr)*

reine Landwirtschaft mit einigen Rebstöcken, während mein Vater die Rebfläche und die Anzahl Kühe verdoppelte. Wir selber, meine Frau und ich, pachteten 1983 den Landwirtschaftsbetrieb, jedoch ohne Reben. Dafür begannen wir mit einer eigenen Kundenmosterei. Nach 15jähriger Pacht konnten wir den Landwirtschaftsbetrieb erwerben. In dieser Zeit baute mein Bruder eine eigene Weinkellerei auf, und wir verpachteten ihm den Rebberg. Auf der Rückseite der Krete pflegt er übrigens ebenfalls Reben; er hat sich sowohl als Weinbauer wie mit seiner Kellerei weit herum einen Namen gemacht. Und nun führen wir im Sommer eine Besenwirtschaft, nachdem uns Wanderer während den letzten Jahren oft dazu aufgefordert haben ..."

Und was für eine führen sie! Sie liegt kaum vierzig Meter über dem See, eingebettet zwischen Reben und steilen Wiesenborden. Und wenn man auch auf Verlangen der am See unten durch-

Das „Jochental" mit Blick nach Berlingen
(Irene Bosshart)

fahrenden Bahn den schmalen Waldgürtel von Jahr zu Jahr dezimiert (damit keine Bäume aufs Geleise stürzen) und deswegen ab und zu Verkehrslärm zu hören ist, ich verstehe, weshalb Adolf Dietrich den alten und später abgebrannten Jochentalhof gezeichnet hat. Auch heute, ich bin sicher, würde der grosse, zu Lebzeiten von vielen belächelte Maler hier zeichnen und malen und mir gewiss verraten, warum der Weisse Felsen so genannt wird, obwohl er als Sandsteinfelsen eher graubraun ist ...

Wie immer, im 1937 erbauten Haus und vor allem davor ist es einmalig. Gerade, weil der Gemeindewald in den letzten Jahren weitgehend abgeholzt wurde, sieht man zum Untersee hinunter, hinüber zum deutschen Schienerberg und seinen Dörfern und, eine fertige Postkarte aus dieser Optik, zum Dörfchen Berlingen mit seiner Kirche, das in den See hinausragt. Auch wer süffigen Wein liebt, kommt im Jochental nicht zu kurz. Der aromatische weisse Jochentaler, der neben dem Hof reift, liegt genau so herrlich auf der Zunge wie der rote von der andern Seite des steilen Hügels oder der Oeil de Perdrix von dort. Der weisse ist ein Müller-Thurgau, der rote (wie der Rosé) ein Blauburgunder. Auch eigener Saft und selber pasteurisierter Most kann getrunken werden; vor allem der süsse scheint den Sonnenschein mitgenommen zu haben, der einst in verschiedenen Äpfelsorten Zucker entstehen liess. Ebenso gibt es hauseigenen, selber gebrannten Schnaps. Und dazu kann man vom Grill der Lamperts ein Steak, eine Bratwurst oder eine Cervelat bestellen. Auch Käse- oder Fleischteller, Speck, Bureschüblige und, eine Spezialität, geräucherte Felchen sind zu haben. Und während dem Essen und Trinken darf man, begleitet von Muhen der Rinder und dem Geblöke der Schafe, etwas erhöht über dem Untersee gratis über die Schönheit der Welt staunen. Übrigens: Bei schlechtem Wetter muss kein Wanderer oder Velofahrer umkehren. In der ehemaligen Gara-

In der Gartenwirtschaft „Jochental"

Blick vom Jochental zum Untersee und zur Halbinsel Berlingen

ge haben die Lamperts eine einfache Wirtschaft mit drei oder vier Biertischen eingerichtet.

Entdeckt haben wir das sogenannte Jochental durch den in Pfyn lebenden Dichter Beat Brechbühl, der mit seinem Fahrrad oder Bike oft den Seerücken verunsichert. Er zeichnete für uns eine Skizze, mit deren Hilfe wir uns auf die Suche nach der Besenbeiz der Lamperts machten; und nachdem wir zuerst oben am Seerücken vergebens nach ihr Ausschau hielten, entdeckten wir schliesslich doch den verwunschenen Wanderweg, der über der Autostrasse und dem Bahngeleise Berlingen mit Steckborn verbindet. Der knapp 45 Minuten dauernde Spaziergang lohnt sich. Und ein Halt bei den Lamperts ohnehin.

Ich sage dies, ohne von ihnen eine Provision an Ihrer allfälligen Konsumation zu erhalten. Und vielleicht, wer weiss, sitzt einmal gar Beat Brechbühl, der oft imaginär mit Adolf Dietrich auf dem Seerücken herumstiefelt, mit Ihnen am Tisch*. Er könnte Ihnen vom Seerücken tolle Geschichten erzählen, von seinem Lieblingsweg, der am am Hof der Lamperts vorbeiführt. Möglicherweise erklärt er ihnen gar, dass Jochental vom Jakobstal kommt und hier, meine Vermutung, einst Pilger auf dem Jakobsweg vorbeigekommen sind. Oder dann wartet der begnadete Narrateur mit ganz anderen Stories auf. Zum Beispiel vom Weissen Felsen, „der (ich zitiere Brechbühl) wie eine abgeschliffene Nase aus dem Wald herausragt

---

*siehe Beat Brechbühl: „Fussreise mit Adolf Dietrich", Erzählung (Verlag Nagel & Kimche)

und in den viele Namen und Herzen und Ringlein und andere Liebesschwüre eingeritzt sind" und der einst „ein uralter Wachtstein" gewesen ist, auf dem Alemannen, Österreicher, Eidgenossen, Thurgauer ins Reich „hinübergewacht haben"; während des letzten Krieges aber „wollte sich niemand mehr auf den Stein stellen, weil man Angst hatte, von denen drüben abgeschossen zu werden".

So wird's wohl gewesen sein.

Heute kann man freilich seelenruhig und fern von Ängsten auf dem Felsen stehen.

Sollte jedoch Beat Brechbühl weder imaginär noch real in der Gartenwirtschaft bei einem Halben Jochentaler sitzen, sind Gespräche mit den Lamperts auch nicht ohne. Ich kann's bestätigen. So hat Daniel Lampert mir beispielsweise beigebracht, wie sinnvoll es ist, wenn einige dürre Bäume und Baumstrünke des abgeholzten Waldes stehen bleiben, damit verschiedenste Insekten und Vögel weiterhin eine Lebensgrundlage finden. Landwirte, die für so etwas einstehen, sind eine Seltenheit …

Auf 718,7 m ü.M. im Rüütemer Besenbeizli

Praktisch auf dem höchsten Punkt des Seerückens, gleich neben einer Kapelle, betreiben Sibylle und Gottfried Eichenberger seit 1997 eine Besenbeiz, die in der Zwischenzeit zu einer sogenannten Gelegenheitswirtschaft avanciert ist. Ein Blitzschlag trägt letztlich schuld, dass der Seerücken nur 718,7 Höhenmeter erreicht (im Bürer Holz kann man sich auf 721 m in die Höhe rekken). Ich weiss dies, weil der bereits zuvor zitierte Verleger und Poet Beat Brechbühl in seinem Buch „Auf dem Rücken des Sees"* sein Gedicht „718,7 m" veröffentlich hat, in dem unter anderem zu lesen ist:

Sankt Antonius Reutenen ist immer
zu,
niemand mag den Schlüssel holen
bei Gott oder
der Familie Baumann.
Und weiter:
Ja, das ist nun der Punkt. Der
höchste
des Rückens, auf seiner Schulter
wächst seit
1912 eine Wellingtonia, wisst Ihr,
dass die
100 Meter hoch wachsen kann?
Das katholische Kirchlein war bei unserm Besuch ebenfalls geschlossen (wie sich dies für Schweizer Kirchen offenbar gehört). Und bei den Baumanns haben wir nicht geklingelt bzw.

*erscheinen bei Wolfau-Druck Rudolf Mühlemann, 8570 Weinfelden (zusammen mit Fotos von Simone Kappeler) sie gar nicht gesucht. Die Überreste des Mammutbaums haben wir dafür nahe der Besenbeiz gefunden und auf einem Täfelchen gelesen, dass ein Blitzschlag die mächtige, im Herbst 1912 gepflanzte Wellingtonia am 21. Juni 1995 morgens um 8.15 Uhr weggedonnert hat. Vielleicht gut so. Sonst müsste die Landesvermessung den Seerücken neu vermessen und als höchste Höhe 818,7 m angeben...

So oder anders: Während die Kapelle von uns nicht betreten werden durfte, konnten wir uns dafür am Schwedenofen der Besenbeiz von Salen-Reutenen beinah grillieren lassen.

Vor oder hinter ihrem Bauernhaus, je nachdem, woher man kommt, haben Eichenbergers vor drei Jahren auf der Hochebene des Rückens im Weiler Reutenen eine einfache Holzhütte gebaut, in der bei schlechtem oder kaltem Wetter gewirtet wird. Deswegen wurde die bisherige Viehwirtschaft aufgegeben und weitgehend durch Ackerbau ersetzt. Dass aber Gottfried Eichenberger in erster Linie als Holzfäller tätig ist, wird er Ihnen vielleicht wie mir bei einem Gläschen verraten.

Gänsegeschnatter und ein Barry empfingen uns vor dem Hof der Eichenbergers. Und weil wir froren, öffnete uns die Wirtin halt schon vor 14 Uhr die kleine Wirtschaft, schob sofort einige Scheiter in den Schwedenofen, und

zehn Minuten später mussten wir am runden Tisch immer mehr nach links rücken, um nicht vollends gebraten zu werden. Bei einem feinen Schinken-Käsetoast und einem Gläschen Berlinger „Wieseli" tauten wir oh-

Rüütemer Besenbeizli
Familie Eichenberger
Salen-Reutenen, Kapellenstr. 3
Tel. 052' 761 19 55
8507 Hörhausen
Ruhetag: Mittwoch und am ersten
Samstag und Sonntag im Monat
Geöffnet: Immer Montag bis
Samstag ab 14 Uhr
Sonntag ab 9.30 Uhr

nehin auf und begriffen bald, warum abends öfters grössere Gruppen oder Gesellschaften im Besenbeizli auftauchen.

Allerdings, noch schöner als in der einfachen, aber sehr zweckmässigen Wirtschaft mit ihren von neckischen Vorhängen geschmückten Fenstern ist es in der Gartenwirtschaft. Und hat man Glück, kann man nicht nur durch den Wald ins Vorarlbergische hinüberblicken, ebenso gefällt die Ruhe und die auf die Hochebene des Seerückens den ganzen Tag scheinende Sonne (falls sie sich nicht hinter Wolken versteckt).

Zum Wohlbefinden tragen auch die Wirte, zahlreiche spiellustige Katzen und Kätzchen bei, ebenso der süffige Wein (darunter Steckborner Blauburgunder und weisser Jochentaler), selbst-

Auf dem Weg zum „Rüütemer Besenbeizli"
(Irene Bosshart)

gebrannter Schnaps und Most, das küstige Brot, traumhafter, von der Wirtin gebackener Zwetschgenkuchen, Fleischspezialitäten wie Knobliwurst, Buureschüblig oder Speckplättli und verschiedene sehr preisgünstige Kaffees (am Sonntag wird manchmal gegrillt, auf Bestellung gibt es Spanferkel, Fondue oder Raclette).

Und nicht zuletzt die Tatsache, später nochmals in dieser harmonischen Landschaft wandern oder velofahren zu dürfen, macht ein Besuch zum Erlebnis. Das nahe „Haidenhaus" mit seiner grossen Speisekarte und dem gewaltigen Möhlkrug lockte hingegen eher mit seinen Menues und seinem interessanten Namen. Er soll dem Vernehmen nach weniger mit Heiden zu tun haben, eher mit einer eigentlichen Heide.

Empfehlen könnte ich, bei einer „Chüngel-Metzgete" – jedes Jahr im Oktober oder November – im Rüütemer Besenbeizli aufzutauchen. Wer will, kann übrigens bei den Eichenbergers im Stroh oder gar in Betten schlafen. Nach einem Fest beinah anzuraten.

Spannend aber ist's fast bei jedem Wetter, zu Fuss oder mit dem Fahrrad den Seerücken zu erkunden. Überall, sofern man mit offenen Augen durch die Welt geht, entdeckt man Neues, sanfte und wilde Landschaften (wilde vor allem, je näher der Untersee rückt), Schlösser, Weiler, einsame Bauernhöfe, geheimnisvolle Waldwiesen, Kapellen, winzige Seen. Begreiflich, dass Adolf Dietrich sein Leben lang, abgesehen von kurzen Reisen, immer in dieser Gegend blieb. Nach Sujets für seine Bilder musste er nie suchen. Auch heute wäre es für ihn kaum anders.

Was der Blitz vom Mammutbaum übrig liess ...   *(Irene Bosshart)*

Die Belegschaft der „Seehalde" gerüstet für den Ansturm von Gästen (links aussen Frau Lina Gerber)

Die Seehalde: Fast wie zu Mörikes Zeiten!

Als wir, vom Weiler Gündelhart mit seiner kleinen barokken Kirche herkommend, zum ersten Mal vor dem prächtigen Haus der Besenwirtschaft „Seehalden" standen, musste ich unwillkürlich an den schwäbischen Dichter Eduard Mörike denken, der selber am Bodensee und sogar im Thurgau weilte und in seinen Gedichten, Novellen, Märchen und der „Idylle am Boden-

Bäsewirtschaft „Seehalde"
Lina, Hanni, Heidi und Rösli Gerber
8265 Mammern (postalisch: Hörhausen)
Tel. 052' 741 25 77
geöffnet: Samstag und Sonntag
ab 11 Uhr (von mitte April
bis ende Oktober)

see" eine Welt beschwor, wie sie noch heute bei den Gerbers zweihundert Höhenmeter über Mammern zu finden ist. Gäbe es da nicht vor allem hinter dem prächtigen Haus alte, von einem Sohn der Gerbers gehortete Autos, die

Die einladende „Seehalde" von vorn

auf mögliche Käufer warten, könnte man sich in jener romantischen Zeit wähnen, die Mörike und andere deutsche Dichter der Romantik ins Wort geholt haben. Dieses gute Klima strahlt auch die achtzigjährige Frau Lina Gerber und die vier oder fünf Töchter aus; sie streben jeweils am Wochenende von überall her zur von Wald umgebenen „Seehalde", um ihre Mutter in der Besenwirtschaft tatkräftig zu unterstützen. Schon die Erfahrung, wie liebe- und humorvoll diese Frauen untereinander und mit den Gästen umgehen, dürfte zum Höhepunkt einer mehrstündigen Wanderung an und auf der rechten Seitenmoräne des Gletschers werden, der sich vor Urzeiten durchs heutige Thurtal zog.

Frau Lina Gerber verwahrt sich allerdings dagegen, als Wirtin angesprochen zu werden. Mehre-re ihrer acht Töchter seien die Tätschmeister, nicht sie, wehrt die Ruhe und Güte vermittelnde Frau in ihrem Stübchen mit dem mächtigen Kachelofen bescheiden ab. Liest man aber die Getränke- und Speisekarte, sieht man bald, dass Frau Gerber zumindest für Muettis Rosechuche (aus Hefeteig, mit Nussfüllung) verantwortlich ist. „Jede von uns", erklärt sie knapp, „hat ihr Ressort, ihre Spezialität."

So ist es auch. Tochter Lina bäckt Brot im eigenen Holzofen, Heidi zaubert eine Nusstorte auf den Tisch, Hanni einen Schoggichuchen, Rösli Huusglacés und wieder eine andere die zahlreichen auf der Karte aufgeführten Tees, darunter einen „Liebestee" und einen „Tee gueter Luune" aus dem verwunschenen Kräutergarten neben dem Haus. Dennoch, eine tantige Atmosphäre, wie ich sie einst im Cafe „Zum Turmhahn" in Mörikes Cleversulzbach vorgefunden habe, sucht man in der „Seehalde" vergebens.

Für jeden, der will, gibt es auch Handfesteres: „Sälbergräuchts mit Chäs und Brot", eigener Saft (und Süssmost), Steckborner Blauburgunder, Nussbaumer Beerli, Weine von der Kartause Ittingen und zu unserer Überraschung wie im „Jochental" weissen Jochentaler, Weine, die weit weniger kosten als in den grossen Fischwirtschaften unten am See und gleichwohl deren Qualität aufweisen. „Wir sind mit den Lamperts verwandt", verriet uns Frau

Lina Gerber stolz, und nach einigem Zögern gibt sie zu, dass sie sich jahrelang mit dem Gedanken, eine Besenbeiz zu gründen, herumgetragen hat. Die vage Idee wurde aber erst in die Realität umgesetzt, nachdem die kleine Wirtschaft „Bäckerstübli" von Gündelhart die Pforten schloss und immer mehr Wanderer mit dem Vorschlag an die Gerbers herantraten, doch wirklich eine Besenbeiz zu eröffnen. Und weil ohnehin übers Wochenende Lina Gerber von ihren Töchtern und deren Männern und ihren vier Söhnen und deren Frauen samt grosser Kinderschar seit Jahren ständig Besuch bekam, wurde im Prinzip nur legitimiert, was es zuvor schon gegeben hatte: Aus einer privaten Besenbeiz wurde, wenn man so will, eine offizielle.

Wer scharfe Getränke liebt, kommt in der „Seehalde" bestimmt nicht zu kurz. Vor dem Haus und in der kleinen Gartenwirtschaft dahinter kann man aus der Seehalder Brennerei ein oder mehrere Gläschen Goldschmeckler, Gravensteiner, Berner Rose, Trester, Zwetschgenwasser, Kirsch, Chrüter und Quittenschnaps bestellen – oder gar in einer Art Laden flaschenweise erstehen. In diesem ist auch anderes zu haben: eigener Honig, Confi, Dörrfrüchte, Kräuter, Hausessig und, je nach Saison, selber gesuchte Pilze.

Sollte es einmal regnen, wird notfalls im Stübchen mit dem grossen Kachelofen gewirtet. Und dann ist die Idylle perfekt. Mörike, wäre er vor vielen Jahrzehnten zufällig während einer Wanderung auf dem Seerücken bei den Gerbers eingekehrt, hätte möglicherweise gleich seinen ungeliebten Pfarrerhut für immer an den Nagel gehängt, wäre geblieben und hätte gewusst, warum er früher so intensiv von seiner Trauminsel Orplid träumte. Und

Das legendäre „Plättli"

vielleicht, wer weiss, wäre an einem Septembermorgen auf der Waldwiese der Seehalde eines seiner berühmtesten Gedichte entstanden:

Im Nebel ruhet noch die Welt,
noch träumen Wald und Wiesen:
Bald siehst du, wenn der Schleier
fällt,
den blauen Himmel unverstellt,
herbstkräftig die gedämpfte Welt
in warmem Golde fliessen.

So oder so, auf der Seehalde ist Mörikes Orplid zumindest in Ansätzen zu finden. Ich, warum es bestreiten, fand ihn.

Der „Sternen" von Mammern

(wb) Erblickt man das von der Hauptstrasse in Mammern etwas zurückversetzte Restaurant „Sternen" mit seiner Bäckerei, vermutet man kaum, dass es sich hier um eine Wirtschaft im Sinne unseres Buches handelt.

Es trifft aber zu. Das vor rund 250 Jahren erstmals erwähnte Haus beherbergt nicht nur eine der besten Bäckereien der Schweiz und eine Wirtschaft, die schon vom Aussehen her in jedem Glauserfilm als Szenerie in Frage käme. Verantwortlich hierfür sind Franz und Katharina Weber. Er führt die vom Vater 1967 übernommene Bäckerei, sie die Wirtschaft, die freilich nur tagsüber geöffnet ist. „Ich habe vorher bei Dr. A. O. Fleisch als Sekretärin in der berühmten Schlossklinik Mammern gearbeitet", verriet sie uns, „und dann bin ich in Mammern hängen geblieben ..."

Zum Glück. Für ihren Mann und den „Sternen". Beiden war und ist es ein Anliegen, die Gaststube praktisch so zu lassen, wie sie der Vater von Franz Weber 1928 übernommen hat. Selbst die vier eckigen und der kleine runde Tisch stammen aus dieser Zeit. Dazu passen die hübschen, Jahrzehnte alten und sorgfältig aufgehängten Bilder vom Untersee, die der Kunstmaler Lotter von der Reichenau gemalt oder aquarelliert hat und die der Stube einen zusätzlichen Charme vermitteln. Und wenn man an der Decke da und dort kleine Löcher oder Einschläge im Verputz erkennt, kommt dies von den Gewehren und Bajonetten, die während der Aktivzeit an der Wand hingen und beim Herunterholen von Soldaten mit und ohne Absicht die Decke gestreift haben.

Ein kleines Wunder die winzige Gartenwirtschaft vor der einzigen

> **Wirtschaft und Café „Sternen"**
> Katharina und Franz Weber
> 8265 Mammern, Tel. 052' 741 24 76
> Ruhetag: Montag und Dienstag
> offen von 8 bis 19 Uhr
> (geschlossen zwischen 12 und 13.15 Uhr)

Bäckerei Mammerns. Sie wird von alten Bäumen beschattet. Und besonders erfreulich: Nicht die scheusslichen Plastikstühle, die heute auf der ganzen Welt zum Inventar von Wirtschaften und Beizen gehören, warten auf Gäste, sondern vielmehr alte währschafte Gartenstühle.

Und wo man hinblickt, man merkt, dass die Webers keine typischen Wirtsleute sind (Frau Weber sagt uns dies sogar). Nicht möglichst grosse Parkplätze und möglichst viel Umsatz wollen sie haben; und dass der „Sternen" ein wenig versteckt ist, wird ihnen recht sein. Gäste und Kun-

(Irene Bosshart)

den kommen trotzdem. Wanderer aus dem Thurtal und anderswoher, Spaziergänger, Wassersportler, Velofahrer, Patienten der Klinik und Einheimische aus dem 500-Seelendorf.

Franz Webers Bäckerei ist nämlich, genau wie die Konditorei der „Blume" in Bürglen, weit herum und bis nach Deutschland berühmt. So etwa das Grahambrot, das einst nach Anweisungen Dr. Oscar Ullmanns, des früheren Leiters der Klinik, vom Vater des heutigen Bäckers hergestellt wurde. Bis heute hat man das Geheimrezept nicht verändert. Franz Weber verrät uns nur, dass grobes Weizenkorn verwendet und auf einem Chamottherd gebacken wird. Keine Frage jedenfalls, dass der „Sternen" jeden Morgen die Klinik mit seinem Brot beliefert. Und ich, der ich Grahambrot sonst eher langweilig finde, bestätige gern, jenes von Franz Weber mag ich. Jeden Morgen könnte ich's zum Frühstück nehmen. Ja, ich bedaure fast, dass ich nicht in der Nähe von Mammern wohne ...

Aber das Grahambrot ist natürlich nicht die einzige Spezialität des Hauses. So kann man in der hübschen Wirtsstube oder in der Gartenwirtschaft einen ausgezeichneten Apfelfladen (aus eigenen Boskopäpfeln) essen, und von weit her kommen Leute in

Die Webers in ihrem heimeligen Café

241

den „Sternen", um Bierstengel, Mammerngrüssli mit dem heiligen Nepomuk drauf (eine Schoggikreation) oder die legendären Amaretti zu kaufen, die wie jene der erwähnten „Blume" zu den besten der Schweiz gehören dürften. Ein eigentliches Menue gibt es dagegen nicht. Nach meinem Dafürhalten ist dies gut so: So hat man mehr Zeit, die heimelige Stube auf sich wirken zu lassen.* Und dass hier ein Bäcker arbeitet, der kein Brot tieffrieren will, weil es dadurch an Qualität verliert, macht einen Besuch erst recht zu einem guten Erlebnis. Seinem Vater war die Wirtschaft wichtiger, ihm die Bäckerei. Der heutigen Wirtin beides.

Im Schaffhausischen entdeckt …

Vom „Grüntal" ins Stammertal

(wb) Auch im *Schaffhausischen* haben wir für Sie die eine oder andere besondere Wirtschaft entdeckt. So etwa das **„Grüntal"** vom Dörfchen Willisdorf nahe bei Diessenhofen. Ein älteres Ehepaar wirtet in dem einfachen Wirtschäftchen, das fast ohne Bilder auskommt und neben einer Kapelle steht. Es ist nur zu Fuss oder mit dem Auto erreichbar. Früher wurde hier auch Landwirtschaft betrieben. Und Herr und Frau Guldimann bringen hungrigen Wanderern daher gerne kalte Bauernspezialitäten oder verschiedene Salate auf den Tisch. Man spürt, dass die beiden gern wirten. Erst mittags um zwölf wird allerdings die kleine Bauernbeiz geöffnet; und Montag und Dienstag ist das „Grüntal" ganz geschlossen.

Vor oder nach dem Besuch im „Grüntal", rate ich – allerdings

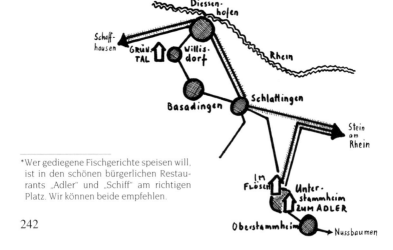

*Wer gediegene Fischgerichte speisen will, ist in den schönen bürgerlichen Restaurants „Adler" und „Schiff" am richtigen Platz. Wir können beide empfehlen.

Das chambre séparée vom „Adler"

ehemaligen Stall Wein von eigenen Reben (Flösch Beerli Wy, Stämmer Riesling), eigenen Most und selber hergestellte Fleischwaren an, und zwar vom Speck und Rohschinken bis hin zu Würsten. Vom 1. November bis zum 1. Mai ist ihre Besenwirtschaft geschlossen, ebenfalls am Montag und immer zwischen 12 bis 15 Uhr. Was aber den Winter betrifft: Da wird bei den Langharts intensiv geräuchert (052' 745 14 08).

Vor allem Wanderer, die Reben und Hopfen, Landweine und Bier

eher im Auto – einen Abstecher ins Zürcher Unterland, nach Unterstammheim zu machen. Dort findet man die ausgezeichnete bürgerliche Wirtschaft **„Zum Adler"**. Als vierte Generation wirtet in dieser die Familie Frei. Man kann auch im Gasthaus von Marianne und Thomas Frei übernachten (052' 745 14 71). Nur am Mittwoch und Donnerstag ist er geschlossen. Herrlich zudem die Gartenwirtschaft unter einem Kastanienbaum und vor der für Pferde von Reitern offenen Stallung. Die Wirtschaft lohnt eine Besichtigung. Besonders das sogenannte chambre séparée hinter dem Kachelofen wird gerne fotografiert. Wer weiss, ob nicht auch von Ihnen?

Die vermutlich erste Besenwirtschaft der Ostschweiz ist in Unterstammheim zu finden. Nämlich *im Flösch*, nahe der Hauptstrasse. Renate und Werner Langhart bieten draussen und bei schlechtem Wetter im

Bese-Beiz im Flösch

lieben, sollten den Weg nach Stammheim finden. Es gibt nämlich eine richtige Hopfenstrasse und vor allem viele Weinberge. Wer aber zu viel Alkohol erwischt, könnte sich in den nahegelegenen Seen (Nussbaumer- und Hüttwilersee) etwas abkühlen. Wo dies im Naturschutzgebiet erlaubt ist, erfährt man am besten in den Wirtschaften.

243

Die Einsamkeit von Oberwald

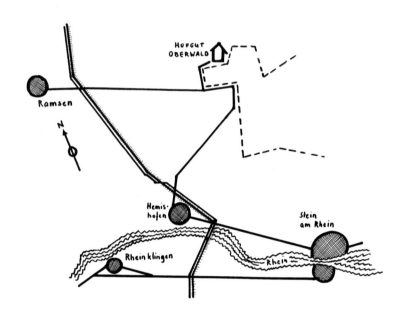

(wb) Eine eigentliche Trouvaille ist für uns das Hofgut „Oberwald", das man von Stein am Rhein über Hemishofen oder von Ramsen zu Fuss oder per Auto auf Waldstrassen erreichen kann. Der mächtige Bauernhof steht, wie zwei andere Höfe, die allesamt der Stadt Stein gehören, auf einer riesigen Waldwiese des Schienerberges, der sich von Ramsen bis weit nach Deutschland hinein erstreckt. Einsam ist's hier, manchmal sind sogar Wildsauen zu sehen. Und wer auf den fern vom Stress gelegenen Weiden flaniert, weiss nie ganz genau, ob er nun in Deutschland oder in der Schweiz sei (empfehlenswert also, einen Pass dabei zu haben). Achtgeben sollte man vor allem, dass man sich nicht in den schier endlosen Wäldern verliert. Ich kann aus eigener Erfahrung reden. Vom Herrentisch aus, etwa sechzig Meter über Oberwald, können Sie sich allerdings ziemlich gut orientieren.

Seit über vierzig Jahren wirten und arbeiten im Oberwald die Zimmermanns. Oswald Zimmermann besorgt vor allem seine zahlreichen Kühe (Muttertierhaltung) und sorgt dafür, dass es an

Speck, Schinken und Bureschüblig nie mangelt. Seine Frau dagegen widmet sich ihren Gästen, sei es in der Gartenwirtschaft oder in der hohen, von einem Kachelofen dominierten Gaststube; auch ein Sohn und eine Tochter helfen im Familienbetrieb intensiv mit. Auf Bestellung gibt es heissen Schinken mit Kartoffelsalat, hausgemachte Gerstensuppe oder, vor allem im Herbst, Rippli mit Kraut. Auch Metzgeten finden hin und wieder in einem grossen Zelt statt – aber stets ohne Werbung.

Kälbern den Angusstier *Swiss Baron*. Der wurde nämlich 1999 im Verlauf der Rinderausstellung auf dem Pfannenstiel als bester Angusstier der Schweiz ausgezeichnet. Klar, dass dieser Muni der Stolz von Züchter Oswald Zimmermann ist; bereits wurden

Bauernwirtschaft „Oberwald"
Familie Zimmermann
8261 Hemishofen
Tel. 052' 741 24 21
Ruhetag: Donnerstag und Freitag
Geschlossen vom Dezember bis
und mit Februar

Doch wichtiger als das Kulinarische: Die nur selten von Landwirtschaftsmaschinen und dem Gemuhe der Kühe gestörte Ruhe in Ober- und Unterwald. Und ebenso die Tatsache, dass hier auf 600 m oft die Sonne scheint, während unten am Rhein der Nebel förmlich kleben bleibt.

Mit andern Worten: In gut anderthalb Stunden von Stein am Rhein zur über hundert Jahre alten Wirtschaft hochzuwandern, kann zum unvergesslichen Erlebnis werden. Auch dann, wenn man sich (wie ich einmal) in dieser Gegend, in der vielleicht Hänsel und Gretel ihre Abenteuer erlebt haben, wie erwähnt verirren sollte. Irgendwann findet man bestimmt diese tolle Bauernwirtschaft und die drei prächtigen Bauernhöfe von Oberwald. Und wer weiss, vielleicht erblickt man auf einer der umzäunten Weiden sogar zusammen mit Kühen und

zahlreiche Samen des Stiers für spätere Generationen von Angusrindern tiefgefroren. Jetzt, während ich diese Zeilen schreibe und hoffentlich noch etwas länger, lebt der tausend Kilogramm schwere Muni noch wie 33 Angusrinder, deren Kälber und weitere Stiere auf den Wiesen von Oberwald. Ihr Fleisch (Natura-Beef) kann man übrigens auf dem Hof nach Bestellung gut verpackt kaufen (Braten, Entrecôtes, Voressen, Filet usw.). Ehe die Tiere den Weg in die Metzgerei gehen müssen, leben sie aber ein wirklich tiergerechtes Leben. Die Zimmermanns halten sich streng an die Vorschriften der „Schweizerischen Vereinigung der Ammen- und Mutterkuhhalter"; diese verlangen, dass Kühe, Stiere, Rinder und Kälber im Sommer stets frei weiden und im Winter in einem Offenstall mit Winterauslauf gehalten werden. Kurz, man kann bei den Zim-

Ein Gast will ins Restaurant „Oberwald"

mermanns richtige Angusherden beobachten, ebenso Schweine, Schafe und Geissen.

Wirklich eine Trouvaille, die Bauernwirtschaft „Oberwald" samt ihrer weitgehend unberühr-ten Umgebung. Ich werde noch öfters hingehen. Keine Frage. Vielleicht auch an einem 1. Mai. Dann kommt es in Oberwald mei-stens zu einem eigentlichen Aus-flugsfest.

Einst Ferienpensionen, heute schöne Wirtschaften mit Gästezimmern

(wb) Im toggenburgischen Hemberg sollte man nicht nur das **„Bad zur Traube"** besuchen (sh. S. 101), ebenso erfreuen Liebhaber schöner Bauernwirtschaften die zwei ehemaligen Pensionen **„Frohheim"** und **„Frohwies"**, in denen einst sonnenhungrige Städter ihre Ferien verbrachten und sich von ihren Gastgebern kulinarisch verwöhnen liessen.

Heute sind beide Pensionen stattliche Wirtschaften; allerdings kann man weiterhin in ihnen übernachten und, falls man will, längere Zeit bleiben. Besonders nach Musikanlässen dürfte dies sehr erwünscht sein; denn sowohl im „Frohheim" wie in der „Frohwies" ist Ländlermusik Trumpf.

Aufmerksam gemacht hat uns der Balgacher Bildhauer Jürg Jenny auf diese Wirtschaften; und gemeinsam mit ihm haben wir sie, noch lag Schnee auf den Wiesen, besucht. Sie gehören zum weit verstreuten Weiler Bächli,

mehr als hundert Meter unterhalb des kleinen, auf einer Krete gelegenen Dorfkerns von Hemberg.

Gasthof „Frohheim"
Vreni und Moritz Büchel
9128 Bächli-Hemberg
Tel. 071' 377 11 60/Fax: 377 12 50
Ruhetag: Montag und Dienstag

Herrlich eingebettet ins Nekkertal finden wir auf einer Höhe von rund 850 m das Restaurant **„Frohheim"**, in einem Haus, das 1645 erbaut wurde und erst seit 1983 als eigentliche Wirtschaft geführt wird. Umgeben von Wiesen und mit Blick auf die einmalige Hügel- und Berglandschaft wirten hier nun seit vielen Jahren Vreni und Moritz Büchel, die zuvor im appenzellischen Wald gelebt haben. Im heimeligen Restaurant können Wanderer und sonstige Gäste im Gegensatz zu manch anderen Bauernwirtschaften vorzüglich und günstig essen. Gerühmt wird vor allem die Rösti, von der die Ex-Wetterfee

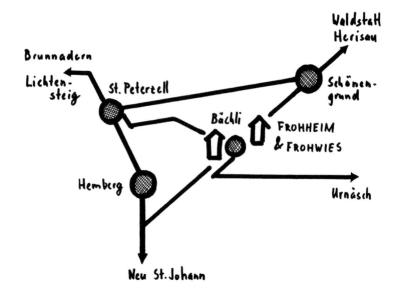

Bettina Walch behauptet, „die beste Rösti der ganzen Schweiz gibt es bei der Vreni im 'Frohheim'". Diesbezüglich, so meine ich schlichtweg, traf sie besser als bei zahlreichen ihrer Wetterprognosen.

Wie immer, wer im Säli des „Frohheims" oder auf dessen Terrasse einen privaten Anlass feiern möchte, für den gibt es zahlreiche Menuevorschläge. Wer hingegen einige Tage im schmukken Bauernhaus bei Büchels verbringen will, für den stehen heute sechs hübsche Zimmer zur Verfügung (Fr. 45.- mit Frühstück). Gründe, sich im „Frohheim" vom Alltagsstress erholen zu wollen, gibt es etliche: So locken im Sommer Wanderungen im Alpsteingebiet, im Winter, sofern der Schnee nicht ausbleibt, Ski- und Langlaufpisten, ebenso

Schlittenfahrten – und immer die Ruhe, der kleine Fischteich in der Nähe und die bereits erwähnte gute Küche. Toggenburger Schlorzifladen, ein Gebäck aus Mürbeteig und Birnenfüllung, sei nur als Reizwort genannt; Vreni Büchel backt diesen selber – nach einem Rezept, das sie gerne verrät. Auch das im grünen Kachelofen selbstgebackene Brot darf nicht vergessen werden, ein Kachelofen übrigens, der Wirtschaft wie Säli heizt. Von den währschaften Menues hingegen reden wir gar nicht. Sie müssen sie einfach mal ausprobieren.

Besonders bekannt geworden ist das „Frohheim" als Treffpunkt von Volksmusikern. Im Sommer bieten Vreni und Moritz Büchel ein eigentliches Programm mit Gruppen aus der näheren und weiterer Umgebung, aber auch

Das „Frohheim" von Bächli … (Jürg Jenny)

solchen aus der Innerschweiz an; hin und wieder wird zudem spontan aufgespielt. Hierfür verantwortlich ist in erster Linie Moritz Büchel, der sowohl als Bassgeiger wie als Salat-Koch weit herum bekannt wurde (für die sonstige recht währschafte Küche ist Vreni Büchel verantwortlich). Manchmal tritt er mit der Kapelle Klarer-Kunz oder mit anderen Ländlerformationen auf. Selbst im fernen Indien hat er zusammen mit Elisabeth Kunz und Franz Klarer als Musiker schon Furore gemacht. Übringens: Im Herbst kann es sogar geschehen, dass ungarische Musiker und ein ungarischer Spitzenkoch im „Frohheim" auftauchen. Wann, dies kann man telefonisch erfahren.

Ein Haus mit Hausgemachtem

Etwa einen Kilometer vom „Frohheim" entfernt findet sich das Gasthaus mit dem ähnlichen Namen **„Frohwies"**, zwei Namen, die aus jenen Zeiten stammen, als man halt frohe Ferien im Toggenburg verbringen wollte und „Frohes" (Nationalsozialismus) bei uns noch keinen fatalen Anklang hatte.

Dass beide Gasthöfe von Fremden oft miteinander verwechselt werden, dürfte kaum erstaunen; da aber die Wirtefamilien ohnehin bei vollem Haus Gäste von einem frohen Haus zum nächsten schicken, ist dies für beide Familien kein Problem. Anders als im „Frohheim" tritt Ernst Müller in der „Frohwies" zugleich als Koch und Bauer auf. Uns gegenüber hat er lachend behauptet, als Landwirt arbeite er halt am Dienstag und Mittwoch; dann nämlich ist sein Gasthaus, das man von einem alleeartigen Strässchen her erreicht, geschlossen. Was jedoch voll und ganz zutrifft: Ernst Müller führt, wie er es selber nennen darf, ein Haus mit Hausgemachtem. Das Fleisch kommt aus dem eigenen Betrieb, die Suppen sind allesamt Eigenkreationen, das Gemüse und verschiedene Beeren wuchsen und reiften im Garten und der Saft verdient zurecht das Prädikat Eigenbau.

Und genau wie bei Vreni und Moritz Büchel hat die Volksmusik auf der „Frohwies" auch eine Hei-

mat gefunden. Der Wirt komponiert sogar und tritt als begnadeter Handörgeler mit dem von ihm begründeten „Echo Hemberg"

Gasthaus „Frohwies"
Familie Müller
9128 Bächli-Hemberg
Tel. 071' 377 11 43/Fax 377 18 17
Ruhetag: Dienstag und Mittwoch

auf; ebenso sind öfters andere Formationen zu Gast. Wer aber einmal das mächtige Senntum beim Eingang gesehen hat und schon vor der schönen Fensterfront einen Saft oder einen Halben getrunken hat, kehrt gewiss mehr als nur einmal bei Ernst Müller ein, dessen Katzen einem bereits auf der Laube neben der Tür begrüssen.

... und die „Frowies"   (Jürg Jenny)

Eine weitere Attraktion wird übrigens angeboten: Die seit Jahrzehnten betriebene automatische Kegelbahn neben dem grossen Gasthaus mit seinen vielen Gästezimmern (Fr. 48.- mit Frühstück). „Frohwies" und „Froh-heim" sind Besuche wert. Nur vor dem geplanten Campingplatz in der Nähe des „Frohheims" möge man das Bächli verschonen. In dieser Landschaft wäre er eine glatte Faust aufs Auge.

Etwas ganz Besonderes – der Chapf und sein Köbi

(wb) Nicht wenige Wanderer, aber auch Journalisten sind begeistert, wenn sie den heutigen Landwirt und früheren Fuhrmann Köbi Frei vom Chapf kennenlernen, den alle Welt nur „Chapf-Köbi" nennt. Seine Originalität und Pfiffigkeit, sein Humor und seine Naturverbundenheit animieren sie, Artikel über ihn zu schreiben oder gar – wie Paolo Schoop – kostspielige Broschüren auf Glanzpapier herauszugeben, etwas, was eigentlich zu diesem Mann gar nicht passt.

Auch wir haben ihn für Sie in seiner Bergheimet besucht, hoch über Hemberg und noch höher über dem Neckertal und dem Tellbach. Wer gut zu Fuss ist, kann den Chapf von Hemberg oder von Urnäsch aus anpeilen (der Chapf gehört knapp zum St. Gallischen Hemberg). Dennoch raten wir, mit dem Auto von Urnäsch bis zum Gross-Langboden zu fahren, von dem aus die Hochalp nur noch zu Fuss erreicht werden sollte (Fahrverbot). Zweigt man dort rechts ab, erreicht man etwa in vierzig oder fünfzig Minuten mühelos, meist auf einer ebenen Naturstrasse, den das ganze Jahr bewirtschafteten Hof Chapf, der eine tolle Sicht zum Wilket, ins Toggenburg und ins Zürcher Oberland erlaubt oder, wenn

Bergwirtschaft „Zum Chapf"
Ruth und Jakob Frei (Chapf-Köbi)
9107 Bindli-Urnäsch/AR
(Gemeinde Hemberg/SG)
Tel. 071' 377 13 04
Offen: Immer

man sich etwas dreht, zur Hochalp, zum Hochhamm, zur Hundwilerhöhi oder bis zum Feldberg im Schwarzwald. Anders gesagt: Der Name Chapf trifft vollends zu. Die Aargauer Dichterin Erika Burkart, die im Freiamt auch auf einem Kapf, auf einer Moräne wohnt, verriet mir nämlich, dass das Wort Kapf von kapfen kommt, von herausschauen. Und

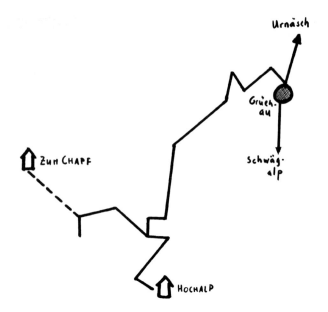

Urnäsch

Zum CHAPF

Grüech-
au

Schwäg-
alp

HOCHALP

das kann man bei den Hemberger Chäpflern. Die schauen wirklich übers Land ...

Nur, warum in die Ferne
schweifen! Es reicht, die Augen
auf die Nähe zu richten: Auf die
Alpwiesen, die Wälder, die wei-
denden Geissen vom „Chapf-
Köbi", auf seine Kühe und Pferde.
Und wenn Sie Glück haben, bekommen Sie mit, wie ihr Besitzer
sie einzeln mit ihren Namen in
den Stall ruft oder sie herbeijo-
delt. Er muss seine Tiere, wenn
es Zeit zum Melken ist oder wenn
ein Sturm naht, auf den zerklüfte-
ten Weiden nie selber holen, sie
kommen auf seinen Ruf hin.

Gewirtet wird auf dem Chapf
offiziell erst seit 1997. Ob bereits früher, entzieht sich meiner
Kenntnis. Ein Waldarbeiter meinte jedenfalls zum Fotografen und
zu mir: „Fahren Sie ruhig trotz

Fahrverbotstafel mit dem Auto
hoch, der Chapf ist ein Bermuda-
dreieck, so etwas wie eine zoll-
freie Zone." Dass wir aber trotzdem zu Fuss gegangen sind, sei
nicht verschwiegen. Sich dem
Chapf behutsam anzunähern,
bringt mehr. Aus vielerlei Gründen ...

Am 31. Juli 1992 brannte nämlich nach einem Blitzschlag das
Heimet der Familie Frei samt
Stall ab; und wenn es nach einer
Kurve plötzlich vor einem steht,
kann man es nicht glauben. Ohne
Architekt, nur gemeinsam mit
einem Zimmermann, hat Köbi
Frei das neue Haus selber geplant und erstellt – und erblickt
man es zum erstenmal, ohne
etwas von dieser Katastrophe zu
wissen, meint man, das Berghei-
metli der Frei sei ein altes, sehr
gemütliches Bauernhaus.

Hier geht's zum „Chapf"

Gemütlich trifft zu. In den beiden kleinen, nach Holz riechenden Wirtsstuben, die von der Familie mitbenutzt werden, könnte es heimeliger nicht sein. Und am Abend sitzt man im Scheine von Petrollampen an einem der vier Tische. Kein Strom erreicht nämlich den Chapf. Es wird mit Holz geheizt (in einem Kachelofen) und ebenso mit Holz gekocht. Einzig die „Chäsi" unten im Keller wird mit einer alten Autobatterie betrieben.

Und obwohl Sie es vermutlich erst nach einem Besuch glauben, ich behaupte schlankwegs: Der „Chapf-Köbi" produziert in seinem Holzofen-Kessi einen der besten Appenzellerkäse, den Sie je gegessen haben dürften; und auch der Geschmack seines feinen Geissenkäses begleitet einem lange. Dass man auf dem Chapf zudem neben diesen beiden Käsen auch Kräuterziger und Stockbutter günstig kaufen kann, sei nur am Rande erwähnt. Von seinem Vater hat er das Käsen gelernt. In Kursen, die er später absolvierte, lernte er nach eigener Aussage höchstens, auf welche Weise man einen Kessel blitzblank reibt. Nichts sonst ...

Mit dem einstigen Kutscher zu reden, wird für viele zu einem Gewinn. Man lernt, dass es auch in der heutigen Welt ohne PC, ohne Internet, ohne E-Mail, ohne Handy und selbst ohne Auto geht (niemand von den Freis kann autofahren) – und dass es Fernsehen und Radio letztlich nicht braucht, um glücklich zu werden.

Zufrieden zu sein, sei wichtiger als Geld en masse, predigt der „Chapf-Köbi", ohne je in einen Predigerton zu fallen. Und wie

Der „Chapf" im Winter

das Wetter wird, hierfür braucht man auf dem Chapf keine Wetter- prognosen, die trotz modernsten Apparaturen ohnehin von Jahr zu Jahr seltener ins Schwarze tref- fen. Der ganzen Familie zeigt die hinter dem Haus stehende Fahne, was für ein Wetter sie am nächsten Tag erwartet. Je nach- dem, nach welcher Seite und wie sie weht ...

Wer länger auf dem Chapf blei- ben möchte, kann es. Zwei nach frisch gebügelter Wäsche und Holz riechende Zimmer warten auf ihn; sogar ein neues Himmel- bett, das ebenfalls der Hausherr gezimmert hat, kann als Schlafla- ger gewählt werden.

Normalerweise gibt es auf dem Chapf vor allem Geiss- und Appenzeller-Chäs (und zum Des- sert frischen Fruchtsalat oder Meringues). Aber auf Bestellung bringt Ruth Frei Chäshörnli mit Öpfelmus oder einen Härdöpfel- salat mit Schüblig auf den Tisch, im Winter dann eher kräftige Suppen. Und gut seien auch die Öpfelchüechli von Tochter Moni- ka ...

Wenn Schnee auf dem Weg liegt, kann es manchmal ein Pro- blem bedeuten, zum Chapf zu stapfen oder ihn zu verlassen. Die zwei schweren Holländer Wallache und der Schlitten vom „Chapf-Köbi" sorgen aber dafür, dass die Strasse zum Chapf nach heftigen Schneefällen zumindest erkennbar ist. Und falls Gäste gar den Wirt dazu überreden können, sie für ein Entgelt mit dem Pfer- deschlitten bis zum Langboden zu kutschieren, wird man um ein

Der „Chapf-Köbi", seine Gattin und seine Tochter (alle Fotos von Irene Bosshart)

grosses Erlebnis reicher. Ich sel- ber habe es erlebt: Wir fuhren beim Eindunkeln durch eine vom Mond beschienene Schneeland- schaft, verloren unterwegs den einen oder andern Passagier (und luden ihn wieder auf) und hatten das Gefühl, irgendwo im fernen Sibirien durch die Taiga zu fliegen. Wölfe heulten zwar zum Glück nicht links und rechts vom Schlitten auf, dafür meine zwei Hunde. Die Pferde und Köbi lies- sen sich davon nicht irritieren. Wir erreichten unser Ziel. Und träumen von der nächsten nächt- lichen Schlittenfahrt ...

Sollte es allerdings einmal zu stark schneien, dürfte es kaum zum Schlimmsten gehören, eini- ge Tage im Chapf eingeschneit zu sein. Es gibt Ärgeres auf unserer Welt. Die vier Kinder der Freis fahren übrigens die gut zehn Kilometer mit dem Töffli nach Urnäsch, bleiben aber im Winter oder bei stürmischem Wetter oft im Tal unten.

Wir aber, die wir den Klauen des sogenannt modernen Stresses höchst selten entkommen, können nur davon träumen, unsern eigenen Chapf zu entdecken. Darum sollte man hin und wieder zum Chapf der Familie Frei hinaufwandern und erkennen, wie relativ so manches ist, was uns normalerweise umtreibt. Und bei einem von Frau Frei servierten Chapf-Kafi vergisst man allfällige Sorgen ohnehin. Ebenso bei einer Flasche Hüttwyler Stadtschryber. Ich kann's beim Leben meiner (verstorbenen) Grossmutter schwören. Vielleicht wird man gar, wenigstens für Stunden, wie der „Chapf-Köbi" zum Chäpfler, zum übers Land Schauenden ...

Eine Bauernwirtschaft mit Wetter- und Betzeitglöcklein

(wb) Seit mehr als sechzig Jahren wirtet die Familie Loser im winzigen Weiler Wiesen, der wiederum zum nur wenig grösseren Dörfchen Dreien gehört. Und das Markante am „Schäfli", das hin und wieder von Besuchern auch „Schäfle" genannt wird, ist nicht nur der Blick durchs sogenannte Mosnanger Gebirge zum höchsten Berg des Kantons Zürich hinauf, zum Schnebelhorn; ebenso erstaunt das Türmchen auf dem wunderschönen Haus der Wirtschaft. Es dient als Wetter- und Betzeitglöcklein vom Schulkreis Wiesen und wird entweder vom Wirt oder von seiner Frau aus dem Osttirol bedient.

Das gut 300 Jahre alte Haus mit den Butzenscheiben findet freilich nur, wer den Weg kennt. Das schmale, wenig bekannte und idyllische Tälchen, zu dem Wiesen gehört, erreicht man entweder von Bazenheid/Müselbach oder von Bütschwil/Mosnang her, indem man bis nach Dreien fährt (oder geht) und von dort

Restaurant Schäfli
Hanspeter Loser und Maria Bstieler
Wiesen
9612 Dreien
Tel. 071'983 16 22
Ruhetag: Donnerstag

nach Wiesen. Stammgäste und Liebhaber des Alt-Toggenburgs und des Zürcher Oberlandes kennen es jedoch bestens als gemütliche Zwischenstation von langen Wanderungen zum Schnebelhorn oder zu den herrliche Aussichten bietenden Bergwirt-

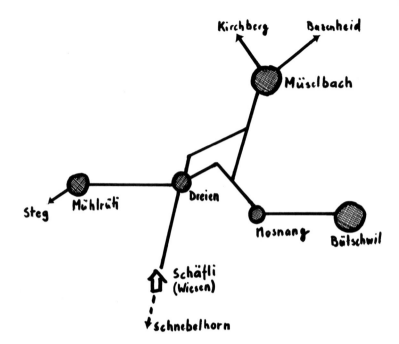

schaften der näheren und weiteren Umgebung des „Schäfli", etwa zum Tierhag, zur Meiersalp, zum Schindelberg, zur Kreuzegg, dem Schwämmli, dem Hörnli oder dem Unteren Älpli.

Und das Besondere: In der im Winter von einem Kachelofen geheizten Gaststube fühlt man sich nicht nur zu Hause, wer Lust auf ein gediegenes Essen verspürt, ist bei den Losers, die zugleich einen Bauernhof betreiben, gut aufgehoben. Die Küche ist exzellent: Fischspezialitäten kann man bestellen, Pferdefilets, Tomatensalat mit Halb-Geisskäse und, wer den Alpstein mag, dazu ein „Quöllfrisch"-Bier aus Appenzell trinken.

Im „Schäfli" von Wiesen, wird zum Teil Fleisch aus der eigenen Landwirtschaft serviert – und morgens um sechs, vormittags um elf und abends um sieben Uhr kann man das Glöcklein läuten hören. Aber auch wenn ein Gewitter sich ankündigt, betätigen sich die Losers als Glöckner vom Mosnanger Gebirge. Weil man nämlich in Wiesen statt einer Kapelle seinerzeit ein Schulhaus gebaut hat (immer noch in Betrieb), muss eben die weit und breit einzige Wirtschaft (772 m ü.M.) diese Funktion bis zum heutigen Tag übernehmen. Und wenn ein Bewohner vom Schulkreis Wiesen gestorben ist, wird im „Schäfli" endgeläutet – ein Brauch, der zeigt, dass es im Zeitalter von Handy, E-Mail, In-

Das „Schäfli" in Wiesen (nach einer Originalzeichnung von H. R. Schmid, 1982)

ternet usw. selbst in der Schweiz glücklicherweise die eine oder andere Oase gibt, wo Nachbarschaft und Zusammengehörigkeit ihre Bedeutung noch nicht vollends eingebüsst haben.

Auch Zürchern sei übrigens wärmstens empfohlen, das Schnebelhorn einmal von dieser Seite her zu „bezwingen" und im „Schäfli" oder in dessen kleiner Gartenwirtschaft eine längere oder kürzere Pause einzulegen. Drei, nein, vier und vielleicht gar mehr Wege führen auf fast 1300 Meter hinauf – und durch eine Landschaft, deren grüne Wiesen und Wälder zum Verweilen locken.

Eine weitere Bauernwirtschaft findet sich zwischen dem malerischen, leider vom Verkehr durchtosten Städtchen Lichtensteig und dem abgelegenen Dorf Krin-

au. Ehe man das Bauerndorf erreicht, muss man links auf eine Waldstrasse abzweigen, die zum Restaurant **„Freudenberg"** hinaufführt, bei Kennern besser unter dem Namen „Grueben" bekannt. Es steht aber trotzdem nicht in einer Grube oder Senke, sondern bietet eine grossartige Sicht auf den Säntis, den Speer und die Churfirsten und zu meinem Bedauern auch auf die drei Schwestern, die gleich hinter Wattwil den Eingang zum eigentlichen Toggenburg zu bewachen scheinen. Ich meine damit drei unglaubliche Hochhäuser, die das Tal verschandeln.

Als wir freilich den „Freudenberg" besuchten, empfing uns in dieser Bergwirtschaft, zu der ebenfalls eine Landwirtschaft gehört, eine Serviertochter im Minirock, die mit ihrer Art nicht

Mosnanger Gebirge

Gasthaus
Schäfli

Das Mosnanger Gebirge zieht sich zum Schnebelhorn hinauf (Ausschnitt)

unbedingt in den Kontext hinein-
passen wollte. Dennoch, die Aussicht entschädigte für vieles; und
wer Ländlermusik liebt, sollte an
einem Mittwochabend hochfahren. Dann gibt es jeweils bei der
Familie Brunner eine Musikstu-

bete. Diese lässt unter Umständen die heute weltweit verbreite-
ten Plastikstühle auf der Veranda
vergessen, deren Entsorgung in
näherer Zukunft grosse Probleme
bereiten dürften …

In der „Hub" über Rebstein regieren Generäle

(wb) Auch in der rheintalischen
Gemeinde Rebstein gibt es für In-
sider und Wanderer eine schöne
Bauernbeiz – die „Hub" vom Winzer und Wirt Alfred Graf. Und obwohl der einstige Landwirt bereits die Achtzig überschritten
hat, wirtet er stets gutgelaunt
weiter, unterstützt von seiner
zehn Jahre jüngeren Frau Theres,
die es vor manchen Jahrzehnten

aus der Steiermark ins Rheintal
verschlagen hat und die nach eigenen Worten nach Rebstein
„kam, sah und siegte".

Man müsse, so wurde ich vor-
gewarnt, die Rauchschwaden regelrecht zur Seite stossen, wenn
man die kleine Wirtsstube betre-
te. So schlimm war's aber bei
meinem ersten (abendlichen)
Besuch nicht. In fröhlicher Stim-

mung wurde ich vom Wirt und seinen Gästen empfangen; und nachdem ich durch die Fensterfront auf die Lichter von Rebstein hinuntergeschaut hatte, wünschte ich nur, dass die Eigenheime, die bereits in den Hang hineingebaut sind und in Zukunft noch hineingebaut werden dürften, nicht in baldiger Zukunft dieses schöne Bauernhaus mit seinen unvergleichlichen Stuben umzingeln.

Allerhand gibt es bei Alfred Graf zu bestaunen, der sich mit Stolz als grösster privater Winzer von Rebstein bezeichnen darf. So etwa das Säli, dessen alte Tische von den Konterfeis strammer und weniger strammer, aber stets streng in die Welt blickenden Schweizer Generalitäten flankiert sind; oder in einem Stübchen Stabellen, von Alfred Graf – in seinem Alter – noch

kürzlich in mühsamer Handarbeit aus eigenem Föhrenholz hergestellt.

Und für ihn ist wichtig, dass in der Wirtschaft, die er 1942 von seinen Eltern übernahm, nichts verändert wird: Damit der Täfer keine Risse bekommt, heizt er ganz bewusst nur mit dem Kachelofen. Er weiss eben, was für ein gutes und schönes Haus seine Vorfahren am 12. Mai 1902 gekauft haben.

Auch am Abend kann es einem in der „Hub" gefallen. Manchmal wird sogar gesungen. Besonders wenn der Balgacher Künstler und Sänger Jürg Jenny auftaucht und sich zusammen mit Alfred Graf

Wirtschaft „Hub"
Theres und Alfred Graf
9445 Rebstein
Tel. 071' 777 12 41
Ruhetag: Dienstag

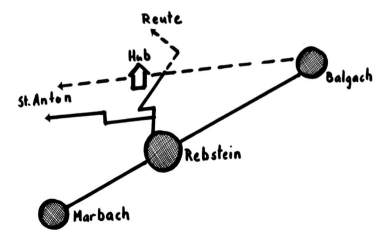

als neuer Elvis präsentiert. Wer Gluscht auf ein Plättli hat, kann dieses telefonisch bestellen, und falls Sie wandern möchten (nachts weniger zu empfehlen): Gleich oberhalb der Hub stossen Sie auf den Wanderweg, der zuerst ins appenzellische Mohren und dann durch riesige Wälder auf den gut 600 m höher gelegenen St. Anton hinaufführt – mit einer Sicht (etwa beim Kappeli), die bis zum Bodensee, den Alpstein, den Bündner Alpen und eben auch hinunter ins Rheintal reicht. Den umgekehrten Weg möchte ich allerdings eher anraten. Eine so heimelige Beiz wie die „Hub" findet man nämlich auf Obereggs St. Anton nirgends.

Theres Graf vor dem Buffet

Die „Hub" oberhalb von Rebstein   (Jürg Jenny)

Dank an unsere Mitarbeiter/innen

Zum Gelingen dieses Buches haben nicht nur die beiden Autoren und Erika Koller mit ihren Fotografien beigetragen, sondern vor allem Irene Bosshart, dann aber auch Peter Eggenberger, Brigitte Gegner, Jürg Jenny, Virgilio Masciadri (Kroki), Othmar Rütsche, Ruedi Rüegg (Designalltag) und Ueli Schenker. Ihnen allen gilt unser Dank. Sämtliche Fotos, unter denen kein Name angemerkt ist, sind von Erika Koller. wb

Literaturverzeichnis

„Ausflugsziele im Hinterthurgau und Umgebung" (Druck und Verlag von J. Wehrli-Büchi, Eschlikon, Autor und Publikationsjahr nicht eruierbar)

„Barockes Fischingen" (Herausgegeben vom Verein St.Iddazell, Fischingen, 1991)

Karen Bischof und Monica Filthaut (Herausgeberinnen): „Geheimtip für Geniesser im Alltag", 135 Restaurants rund um Zürich (Werd Verlag, Zürich, 1997)

Alfred Dübendorfer: „Auf Wanderwegen im Zürcher Oberland und Tösstal" (Buchverlag Neue Zürcher Zeitung, 1982)

Jon Durschei: „Mord über Waldstatt" (1988), „War's Mord auf der Meldegg?" (1992), „Mord am Walensee" (1993), „Mord im Zürcher Oberland" (1995) und „Mord in Stein am Rhein" (in Vorbereitung, alle orte-Verlag, Zelg-Wolfhalden AR)

Albert Ernst: „Appenzell" (Herausgeberin: Rentenanstalt, Zürich, 1991)

Pater Dr. Ferdinand Fuchs/Hans Schläpfer: „Festbräuche im Appenzellerland" (Verlag Appenzeller Hefte, Herisau, 1980)

Thomas Fuchs/Peter Witschi: „Der Herisauer Schwänberg", Menschen, Geschichte, Häuser (Verlag Appenzeller Hefte, Herisau, 1995)

Hermann Grosser: „Im Herzen des Alpsteins: Die Meglisalp"

Hans Heierli: „Der geologische Wanderweg Hoher Kasten - Stauberen - Saxerlücke" (Verlag Fehr'sche Buchhandlung)

Hans Heierli/Theo Kempf: „Bau und Entstehung des Alpsteins" (Verlag Fehr'sche Buchhandlung)

Pater Desiderius Hugentobler: „Unsere Liebe Frau vom Ahorn" (Genossenschafts-Buchdruckerei, Appenzell, 2. Auflage 1982)

Albert Knoepfli: „Stein am Rhein" (Schweizerischer Kunstführer, herausgegeben von der Gesellschaft für Schweizerische Kunstgeschichte)

Ida Lüthold-Minder: „Heilige Idda von Toggenburg" (Wendelinsverlag, Einsiedeln)

Amelia Magro (Fotos)/Louis Mettler (Text): „Phantastisches Appenzellerland" (Schläpfer & Co., Herisau, 1994)

Hans Peter Mathis (Herausgeber): „Pilgerwege der Schweiz: Schwabenweg Konstanz-Einsiedeln" (Verlag Thurdruck AG, Frauenfeld, 1993)

Jakob Nater: „Kartause Ittingen" (Stiftung Kartause Ittingen, 2. Auflage 1979)

Otto Schaufelberger: „Menschen am Schnebelhorn", Aus dem Tagebuch des Schulmeisters von Strahlegg (Verlag AG Buchdruckerei Wetzikon und Rüti, mehrere Auflagen)

Richi Spillmann: „Bergrestaurants am Höhenweg" (Spillmann Verlag, Zürich, mehrere veränderte Neuauflagen)

„Stein am Rhein", Kostbarkeiten (Verlag U. Nüssli, Stein am Rhein)

Yvonne Steiner: „Von Äbisegg bis Zwislen", Orts- und Flurnamen im Appenzellerland (Appenzeller Verlag, Herisau, 1997)

Hannes Stricker: „Von der Höll' ins Paradies", 60 Vorschläge für die schönsten Schulreisen, Vereinsausflüge und Familienwanderungen in der Ostschweiz (Huber Verlag, Frauenfeld, 1995)

„Toggenburger Höhenweg" (Tourismusverband St.Gallerland/Toggenburger Verkehrsverband)

Walter Züst: „Der Weg zum Richtplatz", Die letzte Hinrichtung im Appenzellerland (Roman, E. Löpfe-Benz AG, Rorschach, 1994)

Die Wirtschaften und Gasthäuser in diesem Buch:

Neu aufgenommene Wirtschaften (3. Auflage):

Inhaltsverzeichnis

Für Sie neu entdeckt (3. Auflage)

orte-KRIMIreihe:

Jon Durschei

Mord in Mompé
von Jon Durschei und Irmgard Hierdeis
Fr. 14.-/DM 17.-
„Die beiden Autoren erzeugen die Spannung um das
Mordopfer Gabi Andermatt weniger mit Action als mit
Psychologie." *SonntagsZeitung, Zürich*

Mord über Waldstatt
Fr. 16.-/DM 19.20
„Was Durschei schafft, ist mehr als ein intellektueller
Krimi: Er versöhnt Anzengruber mit James Joyce."
Tip, Berliner Magazin

War's Mord auf der Meldegg?
Fr. 22.-/DM 26.40
„Ein spannender, provokativer Krimi und ein literari-
scher Wurf!" *Peter Morger, Appenzeller Zeitung*

Mord am Walensee
Fr. 24.-/DM 28.80
„Jon Durschei gelingt es wunderbar, die eindrückliche
Gegend am Walensee, das Dorf, das nur per Schiff zu
erreichen ist, zu beschreiben." *Der kleine Bund*

Mord in Luzern
Fr. 26.-/DM 31.20
„… ein Ambrosius in Hochform …" *Beobachter*

Mord im Zürcher Oberland
Fr. 26.-/DM 31.20
Anders als in den früheren Krimi lehnt sich der Benediktinerpater nicht gegen Ereignisse auf, in die er invol-
viert wird. Er nimmt an, was nicht anders sein kann und
erlebt am eigenen Leib Todesangst.

Mord in Stein am Rhein
Fr. 26.-/DM 31.20
„Endlich wieder ein neuer Durschei" *Bund, Bern*

Heidy Gasser

Schwarze Röcke

trag ich nicht

Nach den beiden in der Presse hervorragend aufgenommenen
Titeln „Saure Suppe" und „Das Mägdli", die dem bisherigen
Leben von Heidy Gassers Mutter gelten, schenkt uns die
Obwaldner Dichterin mit „Schwarze Röcke trag ich nicht"
eine Fortsetzung der Lebensgeschichte von Friederike Elisabeth
Gasser. Und wie seine zwei Vorgänger kann auch dieses Buch
ohne Kenntnis der andern Bücher gelesen werden. Gleichwohl
schliesst es aber die Trilogie über ein Schicksal ab, das wohl
keinen Leser, keine Leserin kaltlassen wird.

orte-Verlag, CH · 9427 Zelg-Wolfhalden

Heidy Gasser
Saure Suppe

… ein starkes, eindrückliches und doch stilles Buch …
(Appenzeller Zeitung)

In der Schlichtheit, Unmittelbarkeit und Wahrheit dieser der Vergessenheit entrissenen Erinnerungen liegt ein besonderer Zauber.
(Barbara Traber)

Die unsentimentalen Lebenserinnerungen, die es in dieser Form im reichen Westen nicht mehr gibt …
(Guy Lang, "Blick")

Heidy Gasser gelang es, ihre Mutter aus der Sprachlosigkeit zu locken. *(Tiroler Tageszeitung)*

Das Mägdli

Das Buch strahlt Würde aus und Grösse, Poesie auch und Schalk.
(Berner Rundschau)

Wir staunen und lachen, zwischendurch wischen wir eine Träne weg.
(Beobachter)

Obwohl jeglicher "Thrill" fehlt, wird der Leser in den Bann der handelnden Personen geschlagen. *(Tip, Berlin)*